KB202103

인공지능과 금융

FiREC 금융총서 01

Artificial Intelligence and Finance

한국금융연구센터
기획

서근우
여은정
강경훈
이경원
한재준
지음

금융인을 위한 인공지능 해설과 전망

한울
아카데미

차례

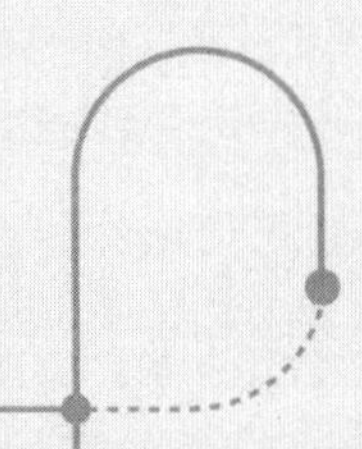

추천사

‘인공지능과 금융’, 한 가지는 전공 분야고 한 가지는 잘 모르는 분야이다. 두 가지 모두 자주 듣게 되는 단어지만, 몇 년 공부한다고 잘 알 수 있는 분야는 아니다. 그동안 이 일 저 일에 관심을 뺏기면서 살다 보니, 이제는 전공 분야인 금융마저도 점점 생소해지는 느낌이다. 잘 알던 분야도 정신을 집중해 추이를 따라가지 않으면 꼬리마저 놓치게 되는 세상이다.

금년 초에 오래된 제자인 서근우 박사가 불쑥 전화를 해 왔다. ‘금융연구회’ 멤버들이 『인공지능과 금융: 금융인을 위한 인공지능 해설과 전망』이라는 책을 썼는데, 추천사를 써 주면 책이 잘 팔릴 것 같다는 이야기였다. ‘금융연구회’는 내가 1990년 말에 금융을 전공하는 제자들과 함께 ‘금융 현실’을 공부하기 위해 만든 모임이다. 지금은 ‘한국금융연구센터’라는 명칭의 연구소로 활발하게 운영되고 있다. ‘금융연구회’ 멤버들이 책을 썼다면 함부로 쓰지는 않았을 것이다. 그렇지만 내용도 모르면서 무작정 추천사를 써 주겠다고 할 일도 아니었다. 제자들이 논문을 엉터리로 쓰면 잘 고치도록 지도하는 것이 교수의 입장인데, 나도 모르는 내용을 고쳐 줄 수는 없는 일이었다. 그래서 출판용 원고의 초고라도 읽어 보고 나서 추천사를 쓸지 말지 결정하자고 생각했다.

사실, ‘인공지능과 금융’이라는 제목의 책이 있다면 어떤 내용인지 한 번

읽어 보고 싶기도 했다. '인공지능'이란 무엇인가에 관한 책이라면 아마 관심이 별로 없었을 것이다. 알아듣기도 어려운 아폴로 우주과학 같은 내용으로 가득 찬 책을 읽는 것은 나에게는 고문에 가까운 일이다. 다행히도 초고의 내용은 아폴로 우주과학은 아니었다. 그보다는 '금융'의 입장에서 '인공지능'을 이해하고 금융에 미칠 영향을 '전망'하는 내용이었다. 더 정확하게는 '인공지능'으로 인해 금융부문이 겪을 변화를 전망하고, 이에 따른 대책을 만들기 위해 필요한 수준에서 '인공지능'을 소개하는 내용이었다.

한 가지 반갑고도 놀라운 사실은 제1장의 제목이 '하이에크의 변명'이라는 점이었다. 하이에크는 1980년대 초 서울대학교에서 조순 선생의 주재로, 나를 포함한 교수 몇 명과 훗날 '금융연구회' 멤버가 된 몇몇 대학원생들이 함께 '강독'을 했던 경제학자 중 한 명이다. 그때 읽었던 하이에크의 책은 『가격과 생산(Prices and Production)』이었고, '인공지능'과는 아무 상관이 없는 경제학 저서였다. 그런 하이에크가 '인공지능'을 설명하는 데 등장한다는 사실은 놀라운 일이었다. 더구나 하이에크가 '인공지능'이 현재처럼 발전하는 데 핵심적 기여를 한 책을 저술했다는 이야기는, 하이에크가 일반적인 통념에서 벗어나는 독자적인 주장을 펼치는 경제학자라는 인상을 갖고 있던 나에게도 조금은 당황스러운 '사실'이었다.

하이에크는 깊은 사고를 통해 평범한 경제학자들이 미처 생각하지 못하는 영역까지 분석의 대상으로 삼는 경제학자였기 때문에 '통념'에 익숙한 경제학자나 경제정책 담당자에게는 다소 불친절한 경제학자로 알려지기도 했던 인물이다. 이러한 인상을 남긴 경제학자가 인간의 '지능 활동'의 성격을 밝히는 책을 냈고, 이 책이 오늘날의 '뉴럴 네트워크', '딥러닝' 등 인공지능 지식과 기술의 이론적 기반이 되었다는 『인공지능과 금융』의 설명은 나의 관심을 끌어당겼다. 다만 인간의 '지능 활동'에 대한 하이에크의 저작을 바로 읽어 보는 것은 쉽지 않은 일일 것 같다. 그의 책 제목이 『인식의 차원(The Sensory Order)』이라는 것만 보아도 이론적·추상적 논리 전개로 꽉 차 있을 가능성이 높다. 하이에크의 책을 읽기 전에 『인공지능과 금융』부터 먼저 읽기를 추천한다.

내가 금융을 공부하던 시절과 비교하면 금융의 '현실'은 많이 바뀌었고, 금융 현실을 설명하는 금융 '이론'도 면모가 많이 바뀌었다. 은행이 소비자인 '가계'로부터 잉여자금을 모아서 생산자인 '기업'에 대출하며, 이때 적용되는 가격이 '이자율'이던 금융의 '현실'은 이제 중요한 관심사가 아닌 듯하다. 생산자인 '기업'이 가계 등으로부터 직접 '주식' 형태로 자본을 조달하는 현상이 일반화되었고, 은행은 '가계'의 주거용 부동산 '투자'를 위한 자금을 공급하는 등 소비자 금융에 힘을 기울이고 있다. 그렇다면, 그동안 '이자율' 수준의 결정에 자금 수요자로서 참여하고, 결정된 이자율에 따라 자본 투자를 결정하던 '기업가'는 은행 중심의 금융 '현실'에서는 사라졌고, 주거용 부동산 등 내구재 구매와 관련된 의사결정을 하는 '소비자'가 금융 '현실'의 주역이라는 이야기인데, 이런 금융 '현실'을 어떻게 분석하고 전망할지에 대해서는 별다른 아이디어가 없었다.

『인공지능과 금융』은 이상과 같은 금융 '현실'의 변화와 관련해 '인공지능' 지식과 기술이, 변화된 금융 '현실'을 분석하고 전망하는 수단으로 활용될 수 있을 것이라는 주장을 펼치고 있다. '인공지능' 지식과 기술이 제대로 자리 잡은 상황도 아니고, 금융의 '현실' 또한 매우 유동적이기 때문에 이러한 '주장'이 얼마나 실현 가능한 이야기인지는 잘 모르겠다. 다만 전통적 금융 이론의 틀과 바뀐 '현실'이 조화를 이루는 '새로운' 금융 이론이 등장해야 할 때인 것만은 사실이다. 이제 '금융 현실과 이론'에 관심 있는 모든 이들이 이 책을 읽어 보고 나서 함께 고민해 볼 주제라고 생각한다.

그동안 살면서 사람을 믿었다가 힘든 경험을 한 경우가 적지 않았다. 그런데 이번에도 '내용'을 잘 모르면서 책을 쓴 저자들을 믿고 추천사를 쓴다. 내가 믿은 만큼의 내용이 되지 않았다면 이 책의 저자들은 스스로 공부해 '내용'을 개정하리라 믿는다. 독자 여러분들의 질정을 기다린다.

2022년 2월

사단법인 동반성장연구소 이사장 정운찬

서문

최근 몇 년간 인공지능 지식과 기술이 급격하게 발전하면서 인간 삶의 다양한 분야로 인공지능 기술의 적용 범위가 확장되고 있다. 이러한 상황은 금융부문의 경우에도 예외가 아니며, 이미 많은 금융기관들이 인공지능 기술에 기반한 서비스를 제공하고 있다. 예를 들어 증권 관련 업무에서는 로보어드바이저 서비스가 활발하게 보급되고 있으며, 이런 추세가 이어지다 보면 금융업무의 전 분야에 걸쳐서 인공지능 지식과 기술을 활용하는 방식으로 금융서비스가 제공될 날도 멀지 않은 것처럼 보인다.

문제는 인공지능 지식과 기술에 대한 세상의 뜨거운 관심은 이번이 처음이 아니라는 점이다. 처음이 아니라는 사실은 뜨거운 관심이 차갑게 식었던 적이 있었음을 말해 준다. 지금은 인공지능이 세상을 바꿀 신기술로 각광을 받고 있지만, 어느 날 갑자기 예산만 축내고 이렇다할 성과는 보여 주지 못하는 애물단지로 전락할 가능성도 있다는 이야기이다. 실제로 인공지능 지식과 기술의 개발 초기단계였던 1950년대 후반 무렵의 사회적 관심은 대단했다. 하지만 투자에 비해 기대한 것만큼 성과가 나오지 않자 쏟아진 비난은 인공지능 분야가 마땅히 겪어야 할 수준을 넘어서는 것이었다. 인공지능 분야가 겪었던 부침의 정도는 지나치게 극단적이어서 지구가 겪었던 몇 차례의 빙하기에 비유될 정도였다.

인공지능 지식과 기술이 이처럼 극단적으로 왔다 갔다 하는 평가를 받게 된 데는 인공지능 지식과 기술이 '인공지능'이라고 하는 명칭을 사용하고 있기 때문일 수 있다. 사람들은 모두 각기 지능을 갖고 있기 때문에 지능에 대해서 잘 알고 있다고 생각하는 경향이 있다. 따라서 인공지능이란 자신들을 포함하여 누구나 잘 알고 있는 '지능'을 '인공적'으로 만들어 내는 것에 불과하기 때문에 충분히 노력하면 언젠가는 인공적으로 지능을 재현할 수 있는 것으로 오해하는 사람들도 적지 않다.

그러나 사람들이 생각하는 것과 달리 인간 지능의 과학적 실체는 그동안의 많은 노력에도 불구하고 컴퓨터 기술 등을 이용하여 인공적으로 재현해 낼 수 있을 만큼 구체적으로 확인되지 않은 상태라고 한다. 다시 말해서 지능에 대해서 여전히 잘 모르는 상태이기 때문에 인간의 지능을 인공적으로 재현하는 일은 갈 길이 먼 상태이다. 사실이 그렇다면 오늘날 우리가 막연히 생각하고 있는 인공지능과 컴퓨팅 기술 등을 이용하여 현실에서 구현되고 있는 인공지능은 서로 다른 것일 수 있다. 또한 인공지능 지식과 기술이 일반 사회로부터 받고 있는 기대와 관심은 꽤 부담스러운 것이 될 수 있으며, 금융부문에서 인공지능에 대해 갖는 각종 기대와 우려도 현장에서 활용되고 있는 인공지능 지식과 기술의 실상과 상관없이 만들어진 것일 수 있다.

『인공지능과 금융』은 이러한 상황에서 인공지능 지식과 기술의 실체를 금융부문 종사자 등 인공지능 비전문가들에게 알기 쉽게 설명하기 위해 쓴 책이다. 경제학을 누구나 알기 쉽게 설명하려는 시도에 비해 인공지능을 누구나 알기 쉽게 설명하려는 시도가 훨씬 더 무모한 일이라는 것은 누구나 알 수 있을 것 같다. 그럼에도 불구하고 한국금융연구센터(이하 센터)가 이 책을 내기로 결심하게 된 일차적인 이유는 인공지능 지식과 기술을 금융분야에 적용하려는 시도가 한국 금융산업의 발전 방향에 지대한 영향을 미칠 수도 있을 것이라고 보았기 때문이다. 이에 더해 인공지능 지식과 기술이 인간 생활의 다양한 측면에 본격적으로 적용되기 시작하면서 금융부문 종사자들의 인공지능 지식과 기술에 대한 이해도와 상관없이 '가까운' 미래에 인공지능 지식과 기술이 금융부문에 본격적으로 적용될 것이라고 판단했기 때문이다. 불충분하더라도 인공지능을 설명하는 책이 시급히 필요하게 된 이유이다.

이 책은 크게 2부로 나누어 작성되었다. 제1부는 저자들이 금융부문 종사자 등을 대신하여 인공지능 지식과 기술에 대해 공부한 내용을 간략하게 정리한 것이 주를 이룬다. 제2부는 제1부의 내용과 관련해 금융부문의 인공지능 지식과 기술의 도입 현황, 데이터 축적 및 활용 문제, 금융산업 내 경쟁구조 변화 및 대응 방안, 금융부문의 고용구조 변화 전망 및 대응 방안을 정리한 것이다. 제1부의 제1, 2, 3장은 센터의 이사인 서근우 교수(동국대학교 경영학과)가, 제2부의 제4장은 센터의 금융정책 패널 위원인 여은정 교수(중앙대학교 경영학부)가, 제5장은 센터의 운영위원 겸 금융정책 패널 위원장인 강경훈 교수(동국대학교 경영학과)가, 제6장은 센터의 운영위원 겸 사무국장인 이경원 교수(동국대학교 경제학과)가, 제7장은 센터의 운영위원인 한재준 교수(인하대학교 글로벌금융학과)가 작성했다.

인공지능 분야의 전공자가 아닌 금융부문 전공자들이 인공지능 지식과 기술을 소개하는 것이 저자들에게는 위험한 일이라는 점을 이야기하고 싶다. 다행히 제대로 된 글을 써서 독자들에게 조금이나마 도움이 된다면 저자들에게도 좋은 일이겠지만, 부실한 지식과 정보로 지면만 메꾼 결과가 되고 말 경우 각자의 분야에서 쌓았던 성과마저 의심받을 수 있기 때문이다. 이러한 위험성에도 불구하고 저술 작업을 담당한 저자들과 초고를 읽어 보고 원고의 문제점과 수정 방향을 제시하는 데 노력을 아끼지 않은 정지만 교수(센터 감사, 상명대학교 경제금융학부)에게 깊은 감사를 드린다.

마지막으로 경제학 분야에서 지울 수 없는 업적을 남겼을 뿐만 아니라 현재까지도 자본주의 경제체제 운용 방향에 관한 한 심대한 영향력을 미치고 있는 프리드리히 A. 하이에크(Friedrich A. Hayek)가 인간의 지능현상을 연구한 저작에서 남긴 말을 전하며 서문을 마무리하고자 한다.

"인공지능 기계를 만드는 일은 인간이 풀지 못했던 문제를 대신 풀어 줄 수 있는 계산기를 만드는 일과 같다."

2022년 2월

사단법인 한국금융연구센터 이사장 임희택

제1부

인공지능에 대한 이해

제1장 하이에크의 변명

제2장 합리주의와 경험주의의 대결

제3장 알 수 없는 미래와 금융산업

제1장

하이에크의 변명

1. 금융부문 인공지능의 미래

최근 몇 년간 인공지능 지식과 기술이 급속도로 발전하고 있음을 보여 주는 행사들이 잇따르고 있다. 이러한 행사들에 대한 보도를 접하면서 금융인들은 금융부문에서도 인공지능 지식과 기술이 본격적으로 적용될 날이 멀지 않았음을 예감한다. 사실 이미 여러 금융기관들이 자신들이 제공하는 서비스 중 많은 부분이 첨단 인공지능 기술에 기반한 것이라고 홍보하고 있다. 젊은 층을 상대로 활발하게 보급되고 있는 로보어드바이저 서비스가 인공지능 기술을 이용하여 구현되는 금융서비스의 대표적인 사례이다.

인공지능에 기반하여 작동하는 컴퓨팅 시스템이 금융부문에 본격적으로 활용되면 금융서비스 제공 양상에도 커다란 변화가 나타날 수밖에 없을 것이다. 현재 본격적으로 도입되는 컴퓨팅 지식과 기술이 '인공지능'이라는 명칭을 사용하고 있기 때문에 아마도 가장 큰 변화는 인력 고용의 측면에서 나타날 것이라고 보는 시각이 일반적이다. '인간 지능'을 대신하는 것이 '인공지능'이라면, '인간 지능'의 주체인 '인간'이 대체될 수 있다는 것은 쉽게 예상할 수 있는 일이다.

이렇게 볼 때 인간의 지능 활동을 대체하는 기술이 본격적으로 도입되면 금융업무 등 사무직 일자리도 대규모로 대체될 것이라는 전망이 가능해진다. 이러한 전망과 관련하여 금융산업에서 나타나는 갑작스러운 변화로 인해 야기되는 각종 문제점을 방지하고자 단계적으로 어떤 일까지 인공지능이 담당하도록 허용하는 것이 적정할지를 미리 걱정하는 금융 전문가들도 있다. 그러나 신기술 도입에 따른 사회적 변화의 속도를 조절하려는 시도는 별로 성공하지 못했다는 것이 역사적 경험이다. 인공지능 지식과 기술의 도입에 대해 걱정을 하고 제한을 두려는 생각보다는 인공지능 지식과 기술을 이용하여 금융산업과 금융인이 무엇을 할 수 있을까를 고민하고, 이렇게 찾아낸 전망을 바탕으로 미래의 변화에 대응하는 것이 더 현명한 자세일지도 모른다. 이 책은 이러한 관점에서 금융부문에 대한 인공지능 지식과 기술의 영향을 고민하고 전망해 본 것을 정리한 자료이다.

저자들이 이 책을 작성할 때 어려움은 인공지능 지식과 기술의 핵심 특성을 잘 알 수 없었다는 데 있었다. 인공지능 지식과 기술에 대해 전공자만큼 이해도를 갖기는 어렵다고 할지라도 각종 오해와 억측이 섞여 있는 일반상식 수준보다는 좀 더 깊이 인공지능 지식과 기술에 대해 이해하고 있을 때 비로소 인공지능 지식과 기술이 금융산업에 미치는 영향을 분석하는 작업이 가능할 것이다. 문제는 인공지능 지식과 기술의 체계가 컴퓨팅 관련 지식과 기술 체계 중에서 상대적으로 새로운 영역인 데다, 기존의 컴퓨팅 과학 체계와는 사뭇 다른 이론적·기술적 틀을 사용하고 있는 관계로 전통적인 이론모형 체계에 익숙한 저자들로서는 이해가 쉽지 않았다. 이러한 어려움은 논리적 사고방식에 익숙한 대부분의 전문직 종사자들에게 일반적인 상황일 것으로 판단된다. 만약 전문직 종사자 사이에서 인공지능 지식과 기술에 대한 낮은 이해도가 일반적 현상이라면 금융분야를 비롯한 다양한 전문 분야에서 인공지능 지식과 기술의 발전이 초래할 영향에 대한 전망 작업은 한동안 혼란 상태가 이어질 수 있다.

사실 인공지능의 실체에 대해 금융산업 등 인공지능 지식과 기술의 잠재적 응용 분야에서 일하는 사람들이 잘 알아들을 수 있게 설명하는 것은 쉽지 않은 일이다. 금융인 등 인공지능 비전문가들의 경우 인공지능 지식과 기술을 이해하는 데 필요한 기초적인 배경지식마저 갖고 있지 않은 경우가 많다. 그런가 하면 반대로 다양한 분야의 전문가들이 인공지능 전문가들에게 자신들 업무의 핵심 특성과 업무 수행방법을 알기 쉽게 설명하기도 쉽지 않다. 어느 분야이든 해당 분야의 핵심 특성을 알게 되는 데는 많은 노력과 시간이 소요되기 때문이다. 결과적으로 어느 업무, 어느 산업에서나 공통적으로 사용되는 지식과 기능의 영역에서는 인공지능의 활용이 상대적으로 용이하지만, 각 전문 분야의 핵심 영역에서는 인공지능 지식과 기술의 활용에 시간이 걸릴 전망이다.

금융산업의 예를 들자면, 글자나 숫자 인식, 음성인식 등 범용 인공지능 시스템을 활용하여 고객과의 채팅을 통해 입출금 서비스를 하는 일이 가능한 상태에 있고, 이미 많은 금융기관이 활용하고 있다고 알려져 있다. 반면, 금융산업의 부가가치 창출의 핵심이 되는 업무 영역에서는 아직까지 인공지능 지식과 기술의 적용이 용이하지 않은 상태이다. 의료산업의 경우에도 각종 영상 의료장비의 운용과 관련하여 인간 전문가보다 인공지능 기술 기반의 의료 광학장비가 더 판독을 잘 할 수 있다는 이야기가 들린다. 다만 이 경우 인공지능이 하는 일은 주어진 영상 데이터가 의학 전문가들이 이미 만들어 둔 질병의 범주 중 어디에 속하는지를 판단하는 기능일 것으로 생각된다. 즉, 인공지능으로 작동하는 각종 영상 의료장비는 이미 확인된 질병의 징후 등을 빠르고 정확하게 관찰하고 확인하는 기구로 활용되고 있는 것이다. 반면, 새로운 질병의 양상을 분석하고 분류하여 이름을 붙이며, 질병에 대한 적절한 대응 방안을 만들어 내는 등 의료 서비스의 핵심적 기능은 여전히 의학 전문가들에 의해 행해지고 있다.

금융산업의 핵심 서비스에 본격적으로 인공지능 지식과 기술을 적용하지 못하고 있는 상황이기 때문에 금융부문에 본격적으로 인공지능 지식과 기술을 활용하기 위해 필요한 환경 요인에 대해서도 의견이 잘 정리되어 있지는 않다. 지금까지 컴퓨팅 기술을 이용하여 금융업무를 수행해 오던 경험을 바탕으로 숫자와 문자 형태로 작성된 정보 데이터가 많을수록 금융산업에서 인공지능 지식과 기술의 활용이 활발해질 수 있을 것이라는 기대 정도가 있을 뿐이다. 인공지능 지식과 기술을 적용하기 이전에 효과가 있었던 일을 열심히 하면 인공지능 지식과 기술을 활용하는 경우에도 어느 정도는 도움이 되지 않을까 기대하고 있는 정도라고 볼 수 있다.

예를 들어 자동차 산업이 본격화되기 이전에 마차가 주요 운송수단이었을 때는 좋은 품종의 말을 키우고 훈련시키는 목장이 있어야 운송산업이 발달할 수 있었다. 자동차를 이용한 운송산업이 핵심인 오늘날은 좋은 말을 키우는 일보다는 도로망, 주유소, 전기 충전소, 신호등에 대한 투자가 운송산업의 경쟁력을 높일 수 있을 것이다. 즉, 기술과 지식의 변화에 따라 요구되는 인프라의 종류도 달라지고, 필요한 데이터의 종류와 특성 또한 달라질 수 있음에도 특정 지식과 기술의 도입 초기에는 새로운 지식과 기술의 핵심 특징이 잘 알려져 있지 않기 때문에 과거 방식의 노력을 계속하면 새로운 기술의 활용에도 어느 정도 도움이 될 것이라는 생각을 하게 될 수도 있다.

금융산업의 경우 전통적인 방식으로 컴퓨터를 운용하는 시대에 필요한 금융정보는 잘 정리된 금융 거래내역 데이터, 나이, 자산 규모, 학력, 경력 등 객관적으로 비교, 분석, 확인될 수 있는 구조화된 정보였다. 반면 딥러닝 등 인공지능 기술을 금융분야에 활용하는 시대에는 금융기관과 금융시장에서 자금을 차입하는 기업 경영자의 얼굴과 모습을 보여 주는 정지 사진 혹은 동영상 자료와 음성 파일이 중요한 정보일 수도 있다. 중국의 어느 인터넷 금융기관은 차입자의 신용도를 판단하는 데 차입 신청과정에서 얻게 되는 잠재적 채무자의 인터뷰 동영상 데이터로 채무 불이행 가능성을 판단하는 인공지능 기술을 개발하여 활용한다고 알려져 있다. 이는 여신 심사업무에 인공지능을 활용하는 경우 채무자의 재산 상태 등 각종 재무적·객관적 정보도 중요하지만, 차입 신청과정에서 얻게 되는 인터뷰 동영상 데이터도 핵심적인 여신 심사자료가 될 수 있음을 알려 주는 하나의 사례라고 볼 수 있다.[1]

인공지능 방식의 금융업무를 위해 필요한 정보와 데이터가 과거 방식의 금융업무 추진 과정에서 중요하게 여겨졌던 것과 달라질 수 있는 이유는 논리적 연산밖에 할 수 없는 컴퓨팅 지식과 기술을 이용할 경우에는 논리적 연산 기능을 이용하여 처리하거나 관리, 공유, 조회할 수 있는 데이터만이 활용 가능했지만, 딥러닝 등 현재 성과를 보이고 있는 인공기술은 각종 시각, 청각 데이터를 활용할 수 있기 때문이다. 예를 들어 철기시대가 오기 이전에는 철광석이 가치가 없고 동광석이 더 중요한 자원이었던 것처럼 그 시대의 핵심 기술과 지식이 어떤 것이냐에 따라 필요한 정보 혹은 데이터도 달라질 수 있다. 철광석 제련 기술이 실용 가능해지면서 철광석 자체도 중요해졌을 뿐 아니라 철광석 제련에 필요한 석탄 등의 연료 또한 그 중요성이 커졌다. 마찬가지로 컴퓨터를 논리적 연산의 도구로 활용하는 기존 방식의 금융업에서는 재무 데이터 등 각종 숫자와 경영자에 대한 여러 가지 정보 중 문자화된 정보자료 등 구조화된 자료가 핵심적인 데이터였지만, 인공지능 지식과 기술에 기반한 컴퓨팅 시스템을 활용하는 금융업의 경우에는 그림, 동영상 등 비구조화된 데이터가 중요해질 수도 있는 것이다.

현재 좋은 성과를 보이고 있는 딥러닝, 뉴럴 네트워크 방식의 인공지능 지식과 기술은 그동안 인간이 의식적·논리적 추론과 탐구를 통해 만들어 냈던 이론들을 입증하기 위해 필요로 했던 각종 정보와 데이터를 더 많이 활용할수록 더 좋은 성과가 나오는 방식이 아닐 수 있다. 현재의 인공지능 지식과 기술은 인간이 만든 논리모형을 기반으로 컴퓨터가 빠른 속도로 논리적으로 구조화된 데이터를 처리하여 성과를 내는 방식이 아니다. 현재 성과를 보이는 딥러닝 방식의 인공지능은 인간이 이성적 두뇌활동을 통해 만들어 낸 논리모형을 기반으로 작동하는 기술이 아닌 것이다. 그보다는 논리적·이성적 판단의 영역 밖에서 작동하는 인간의 두뇌활동이 여러 현상들 간에 존재하는 관계의 패턴을 찾아내고 이용하는 방식을 응용하는 기술이다.

따라서 딥러닝 등 인공지능 지식과 기술을 활용할 경우 기존의 논리모형 컴퓨팅에 의해 활용되던 정보와 유사한 성격을 갖는 데이터를 더 자세하게 분류하거나 더 잦은 주기로 모아서 더 빨리 처리하려는 노력은 그다지 도움이 되지 않는다. 더 자세한 정보를 더 많이 모아서 처리하는 방식은 기존의 컴퓨팅 방식으로도 할 수 있을 뿐만 아니라 데이터의 종류와 양이 많다고 해서 인공지능 기술을 활용해 더 높은 예측 성과를 낼 수 있는 것도 아니다.

사실 인간의 두뇌에서는 논리적으로 분석하고 판단 가능한 정보만이 처리되고, 이 처리 결과에 따라 인간이 대응 방안을 결정하는 것이 아니다. 인간이 자신의 생존 가능성을 높일 수 있도록 행동 방향을 결정할 때 두뇌에서 활용되는 정보에는 논리적으로 분석할 수 있는 정보뿐만 아니라 감각기관을 통해 들어온 거의 모든 자극이 포함된다. 이러한 외부자극은 자극을 받아들인 인간의 경험과 지식에 따라 서로 다른 현상으로 인식, 판단되어 행동을 결정하는 데 영향을 미칠 뿐만 아니라, 두뇌 속에 기억되어 있다가 나중에 받아들인 외부 자극의 해석과 새로운 행동 결정에 영향을 미치기도 한다.

여기서 우리가 유의해야 할 사실은 이러한 두뇌활동의 아주 많은 부분이 인간이 의식적·논리적으로 통제할 수 없는 상태에서 행해진다는 점이다. 현재 시각 정보, 음성 정보, 외국어 번역 등의 처리에 있어서 뚜렷한 성과를 보여 주고 있는 인공지능 지식과 기술 역시 논리적 법칙을 발견하고 이를 알고리즘으로 만들어 컴퓨터의 빠른 연산능력과 대용량의 기억능력 등을 활용하는 방식이 아니다. 따라서 논리적·수학적인 모형에 의해 작동 원리를 설명하기는 쉽지 않다. 그렇지만 인간의 두뇌 속에서 지능 활동을 담당하고 있는 뉴런 간 연결 원리를 흉내 낸 뉴럴 네트워크 방식은 인간이 직접 의식할 수 없는 지능 활동의 방식까지 인공지능 기술의 구현에 활용함으로써 뚜렷한 성과를 보여 주고 있다.

금융부문이 업무를 수행하는 과정에서 여타 부문의 추종을 불허할 정도로 컴퓨팅에 대한 의존도가 높지만 많은 경우 금융거래와 관련된 기록을 유지하고, 이자 및 세금 계산 등을 정확하고 신속하게 처리하며, 관련된 리스크 요소들을 합산하여 의사결정에 참고하는 등 사무관리 분야의 활용도가 높았다. 반면 금융산업의 핵심적인 부가가치를 창출하는 업무에 속하는 분야로서 금융기관의 핵심 고객인 기업가의 위기극복 능력, 혁신 능력, 조직관리 능력, 경쟁에서 살아남는 능력 등에 대한 정확한 판단 업무는 전통적으로 금융인들의 경험과 재량적 판단에 맡겨져 왔다.

문제는 금융기관의 업무 수행과정에 컴퓨팅에 대한 의존도가 더욱 높아지고 금융기관의 의사결정에 투명성이 요구되면서 차입자의 신용도를 예측하는 업무에서도 차입자의 과거 경영실적에 관한 정보를 중요하게 생각하는 경향이 나타나게 되었다는 점이다. 이러한 경향이 지나치게 되면 과거에 실적이 좋았던 차입자가 미래에도 실적이 좋을 것이라는 예측이 일반적으로 수용되는 현상이 나타날 수 있다. 만약 모든 금융기관들이 과거 실적자료에 근거하여 예측하고 이를 바탕으로 가격 정책을 수립한다면 과거 데이터는 이미 확정되어 있고, 금융기관 간 정보가 공유되는 비중이 충분히 높다면 거의 모든 금융기관들의 미래 전망이 동일해지는 문제가 생길 수 있다. 이 경우 금융기관별로 여신 심사능력에 근본적인 차이가 나타나지 않게 될 가능성이 높아지며, 동시에 과거 데이터를 이용한 미래 예측방식이 실패하는 비율만큼 모든 금융기관의 부실자산이 발생할 수 있다. 지난 2009년 글로벌 금융위기 당시를 상기해 보면 컴퓨팅 시스템을 운용하고 있는 대형 금융기관들의 예측 능력이 한결같이 유의미한 성과를 보여 주지 못했음을 알 수 있다. 금융기관들이 객관적으로 확인되고 논리적으로 설명할 수 있는 과거 실적 데이터를 기반으로 차입자의 미래를 전망하려 했기 때문에 발생한 문제일 수 있다.

정리하면, 금융기관의 컴퓨팅을 이용한 업무 추진의 결과, 이자 계산, 송금 등 컴퓨터의 연산능력, 통신기능, 기억장치를 주로 활용하는 분야에서는 놀라운 성과가 나타났지만, 은행 등 금융기관의 업무에서 가장 핵심적인 부가가치 창출 업무인 여신 심사업무 등 자산운용 부문의 성과가 높지 않았던 것은 컴퓨팅 업무 처리에 적합한 데이터만을 이용하여 여신 심사업무를 처리하는 방식으로 업무 행태가 발전해 왔기 때문이다. 컴퓨팅이 금융업무에 본격적으로 도입된 이후 금융기관이 의존해 왔던 전산화된 신용평가 모형은 경제학적 합리성에 근거하여 완전히 논리적인 방식으로 선택의 결과를 예측해 왔다. 컴퓨팅에 의존하는 여신 심사는 인간인 여신 심사역보다 더 빨리,

더 정확하게 계산 결과를 보여 주기는 했다. 그러나 컴퓨터에 비해 정보 처리속도가 훨씬 느리고 단순한 계산 문제를 푸는 데도 오류를 피할 수 없지만, 대신에 기업 분석경험이 풍부한 여신 심사역의 판단을 대체하는 데 한계가 있었던 것이다.

금융산업 종사자들도 이러한 상황을 이해하고 있었기 때문에 컴퓨터에 입력된 신용평점 모형을 이용하여 여신 심사를 처리하는 것은 주거용 부동산 담보 대출처럼 객관적으로 확인되는 데이터에 의해 신용도 계산이 가능한 업무에 집중되었다. 주거용 부동산 담보 대출보다 복잡하고 더 규모가 큰 기업 여신심사의 경우에는 여신 심사역이 사업체 현장을 방문하여 최고 경영자, 자금 담당자 등 기업체의 사업 전망을 판단하는 데 필요한 대답을 해주거나 확인해 줄 수 있는 관계자들과의 면담뿐만 아니라, 사업장의 실제 운영 상황 등을 확인한 후 결정되었다. 현장을 방문한 심사역이 객관적 자료와 함께 자신의 느낌을 종합하여 내부적으로 보고하고, 수많은 심사 경험이 있는 상급자의 의견을 듣고, 여신 규모가 더 큰 경우에는 임원들로 구성된 심사위원회를 거쳐 해당 회사에 대한 신용 공여여부가 결정되어 왔다. 즉, 어떤 한 사람의 판단력만이 아니라, 논리적으로 설명하기는 어렵지만 다양한 경험과 판단 과정을 겪으면서 금융기관 내부의 여러 사람의 두뇌가 갖게 된 판단과 분석을 종합하여 결정되었다.

여기서 반드시 명심해야 할 사실은 금융기관에서 심사 업무를 담당하는 여러 사람들의 두뇌에서 일어나는 지능 활동은 논리적으로 투명하게 설명이 가능한 방식으로만 작동하는 것은 아니라는 점이다. 불확실성으로 인해 가장 리스크가 크다고 볼 수 있는 기업의 미래에 대한 전망 업무를 기계적·논리적·수학적으로 투명하게 수행할 수는 없다. 이로 인해 그동안 개발되었던 수많은 신용평가 모형은 참고자료일 뿐 금융기관의 심사 담당조직의 구성원인 금융인의 역할을 배제하지 못했으며 금융기관별로 동일한 차입자에 대한 평가가 서로 다르게 나타나는 것도 지극히 정상적인 현상이었다.

하나 더 짚고 넘어가야 할 중요한 점은 이상에서 살펴본 것처럼 수학적 모형에 기반하여 컴퓨팅을 통해 신용평점이 만들어지는 방식의 대출이 금융기관 여신에서 압도적 비중을 차지하게 되면 금융기관, 더 나아가 금융산업 전반에 걸쳐 대출 고객으로서의 개인과 기업의 신용도에 대한 전망 능력이 현저하게 약화될 수 있다는 점이다. 주거용 부동산 담보 대출 업무는 개별 금융기관들이 소규모로 취급할 경우 대출 자산가치의 예측 업무가 비교적 단순하고 용이하다는 특성을 갖고 있었다. 그러나 주거용 부동산 담보 대출 업무도 수많은 금융기관이 동시다발적으로 추진하여 개별 금융기관의 자산 구성에서 압도적인 비중을 차지하게 되고, 금융산업 전체 혹은 실물경제 전반의 관점에서도 주거용 부동산 담보 대출의 비중이 압도적인 상태가 되면 어떤 금융기관도 자신이 취급한 자산의 미래가치를 예측하지 못하게 될 수도 있다.

금융기관들이 부수적인 업무로서 소액으로 여러 사람에게 분산된 업무로 추진하던 주거용 부동산 담보 대출 업무가 전 금융기관, 전국, 전 세계적으로 확산되면, 주거용 부동산 시장에서의 투자자들과 건축업자, 개인의 투자 행태, 금융기관들의 대출 태도, 여타 부문의 경기 변동 등이 어우러져 매우 복잡한 자금 흐름과 가격 변동, 이로 인한 경기 변동이 급격하게 나타날 수 있다. 이러한 변화는 차입자의 현재 소득수준과 현재의 부동산 자산가치를 단순하게 비교하는 정도의 단순한 심사모형으로는 예측이 불가능한 일이다. 2009년의 세계적 경기 불황은 이처럼 복잡한 양상으로 발전해 버린 주거용 부동산 담보 대출 업무를 여전히 논리적·의식적으로 이해할 수 있고, 간편하게 운용되며, 금융기관별로 작동하는 컴퓨터 심사모형에 의존하여 처리하는 가운데 발생했다고 볼 수도 있다.

실제의 주거용 부동산 담보 대출 시장에서는 은행 차입을 통해 주거용 부동산을 구입하여 투자 소득을 올리려 하는 개인, 손쉽게 마진을 확보할 수 있는 대출 거래를 인건비 투입을 최소화하는 방식으로 처리하려는 금융기관, 주택 신축 사업과 관련된 건축 자재 산업, 건설 장비 산업, 건축 장비 운용과 관련된 에너지 산업 등 온갖 관련 이해관계자들의 복잡한 이익 추구 행태가 동태적으로 섞여 돌아가고 있을 수 있다. 만약 부동산 담보 대출 시장의 현실이 이처럼 다양한 경제 주체들의 동태적 반응에 의해서 복잡하게 돌아가고 있는 상황이라면 주거용 부동산 담보 대출 업무에서 개별 주거용 부동산의 현재 가격 혹은 차입자 개인의 신용도만을 고려하는 전형적인 신용분석 모형만으로는 예측이 매우 어려운 복잡계 상황이었을 수 있다. 같은 이유로 경제 주체들의 행태를 단기적으로 고정되어 있는 계수로 파악하는 전통 방식의 경제학이 2009년의 경제위기를 예측하지 못한 것은 어쩌면 피할 수 없는 일이었는지도 모른다.

그렇다면 현재처럼 대규모 기업 몇 개에 대한 거액 여신심사만 열심히 하면 금융기관의 리스크 관리에 큰 어려움이 없는 전통적인 경제모형에서 상정하는 경제환경이 아니고 수없이 많은 차입자와 대규모 및 중소 규모 금융기관의 영업 행태, 관련 투자자, 사업자 등의 행태가 모두 맞물려서 작동하여 흐름이 만들어지는 오늘날의 경제환경에서 2009년의 경제위기 같은 상황이 또 올 것인지 아닌지를 예측하기 위해서는 어떤 일이 필요할까? 그리고 이러한 업무를 추진하는 데는 어떤 인프라가 필요할까? 현재와 같이 금융기관들이 수없이 많은 불특정 차주들을 대상으로 여신 업무를 취급하는 상황에서는 개별 금융기관들이 자신의 여신 행위로 인해 기업으로서 자신들의 성과가 어떤 변화를 겪게 될지 예측하기 어려우며, 개별 차입자의 경우에도 자신들의 금융 차입을 통한 주거용 부동산 투자가 어떤 결과를 가져올지 예측하기는 어려울 것으로 판단된다.

이상의 문제에 대해 어떤 해결책이 있는지는 아직 의견들이 정리되지 않은 상태이다. 다만 전 세계적으로 정보를 교환하고, 자신의 지역에 대한 세부적인 기온, 습도 등 기상정보에 대한 빅데이터를 수집하여 대규모 슈퍼 컴퓨터를 이용하여 시시각각 변화하는 날씨 예측정보를 제공하는 것과 유사한 시스템을 마련하는 것이 필요한 상황일 수 있다는 짐작은 가능할 것 같다. 이러한 예측 업무에 활용할 수 있는 컴퓨터 모형은 지나치게 개념적이고 단순화된 거시경제 모형은 아닐 것이며, 아마도 딥러닝과 뉴럴 네트워크 모형을 이용하여 대규모 경제·금융 예측모형을 만들고, 국제적으로 데이터를 교환·공유하는 슈퍼 컴퓨터를 운용하는 방식이 대안이 될 수 있을 것으로 예상된다.

이상에서 살펴본 각종 문제점과 우려에도 불구하고 금융업무에 인공지능 지식과 기술이 본격적으로 활용될 날은 멀지 않은 것 같다. 금융업무에 인공지능이 본격적으로 도입될 경우 긍정적인 측면은 인공지능을 이용한 금융부문 컴퓨팅 시스템이 그동안 금융인이 직접 수행하느라 많은 시간을 투입해야 했던 업무들을 대신 수행하는 반면, 금융인이 고객을 대상으로 수행하는 업무는 좀 더 깊고 다양한 영역으로 확장 가능할 것이라는 점이다. 사실 이러한 범주에 들어가는 업무가 대강 어떤 것들인지 알아야 금융인 혹은 금융산업 입장에서도 대처가 가능할 것이다. 여기서 대처 방안에는 기계에게 업무를 내준 금융인들이 새롭게 할 수 있는 일이 무엇인지를 알아내는 것도 포함되어야 할 것이다. 현재로서는 확실하게 알 수 없지만, 우리에 비해 앞서간 선진 은행들의 경우와 우리의 현실을 비교해 보면 향후 추세를 어느 정도는 짐작할 수 있고, 이러한 추세로 인해 야기될 문제점을 예상하고 동시에 대처 방안을 생각해 볼 수도 있을 것이다.

다만 이러한 고민을 본격적으로 하기 전에 공통적으로 이해하고 있어야 할 사항이 몇 가지 있다. 첫째, 인공지능 지식과 기술을 기반으로 한 금융 IT 시스템의 모습은 이러한 것의 활용 정도와 범위를 결정할 금융인들의 결정에 달려 있다. 결국, 금융 인공지능의 미래에 대한 전망 작업은 금융인들의 행태를 예상하는 것이 관건이다. "인공지능이란 이런 것이기 때문에 이런 일이 있을 것이다"라는 식의 전망 작업은 좋은 전망 성과를 내기 어렵다. 인공지능이란 이런 것이며, 현재 금융산업 관련자들이 인공지능 기술을 이용하여 이런저런 일을 하고 있고, 앞으로 이런 일까지 할지도 모르지만, 여러 가지 경제적 측면을 고려할 때 이 정도까지가 실제로 실현될 가능성이 높다고 보는 작업이 주요한 내용이 될 것이다. 인공지능은 많은 사람들이 걱정하는 것과 달리 살아 있는 생명체가 아니기 때문에 스스로의 의지로 결정하거나 인공지능에게 부여되어 있는 운명에 의해 무엇인가를 하게 되지는 않는다. 결국 금융산업 종사자, 정책 당국, 금융 소비자가 인공지능 지식과 기술을 이용하여 금융부문에서 무슨 일을 할 것인가를 결정할 것이며, 어떤 일을 할 수 있도록 인공지능 지식과 기술을 발전시켜 나갈 것인가의 과제가 있을 뿐이다.

둘째, 인간의 지능을 대신할 인공지능 기술이 개발되고 나면, 즉 인간처럼 생각하고 공부할 수 있는데 인간과 달리 지치지도 않고 계산에 오류도 별로 없는 인공지능이 보통지능밖에 갖고 있지 않는 현실의 인간들을 능력 면에서 능가하여 보통지능을 가진 생물학적 인간의 일을 빼앗고 더 멀리는 생물학적 인간을 지배하게 될지도 모른다는 걱정은 지나친 우려라는 점이다. 컴퓨팅이 업무에 이용되면 많은 사람들이 실직할 것이라고 걱정했지만 컴퓨터로 인해 일자리가 늘어났을 뿐 줄어들지 않았다는 것이 지난 몇십 년간의 경험이다. 컴퓨팅 기술을 이용하여 더 좋고 더 많은 금융서비스가 가능한 세상이 되었을 뿐이다. 결과적으로 인간의 기술과 능력만으로 금융업무를 할 때 할 수 없었던 일이 가능해졌다. 금융인들이 옛날처럼 손으로 통장을 쓰고 있었다면 금융인 대부분은 글씨를 쓰고 숫자를 계산하는 일 정도의 부가가치밖에 생산할 수 없었을 것이다. 지금은 고객들에게 수만 리 밖의 금융자산에 투자하는 일을 서비스하고 있다. 컴퓨팅을 이용한 업무 추진방식이 인간 사회에 초래한 변화는 인쇄술이 처음 개발되었을 때의 사람들의 예상과 역사적으로 확인된 인쇄술의 영향이 서로 크게 다른 것과 유사하다.

다만 인공지능 기술이 현재의 인간이 할 수 있는 모든 일을 완전하게 대체할 수 있는 단계까지 갈 경우를 상상하면 이야기가 달라질 수 있다. 그렇지만, 미래의 언젠가 이런 인공지능 기술이 만들어질 가능성은 극히 낮은 것으로 알려져 있다. 다시 말해서 일부 선지자형 지식인과 전문가들이 걱정하는 것만큼 인공지능 지식과 기술이 가시적인 기간 내에 발달할 수는 없다는 이야기이다. 이 점에서 "인공지능 기계를 만드는 일은 인간이 풀지 못했던 문제를 대신 풀어 줄 수 있는 계산기를 만드는 일과 같은 일"임을 갈파한 프리드리히 하이에크의 말은 많은 시사점을 준다. 그의 주장의 골자는 인공지능 지식과 기술이 아무리 발전해도 인간은 자신의 지능으로 이해할 수 없는 문제를 이해하고 해결책을 찾을 수 있는 지능을 인공적으로 만들 수는 없다는 것이다.[2]

2. 새로운 지식과 기술 체계로서의 인공지능

새로운 지식과 기술이 특정 산업 분야에 적용되기 시작할 때 해당 산업 분야 종사자들이 관련된 새로운 지식과 기술을 충분히 이해하고 활용할 준비가 된 상태인 경우가 일반적인 상황은 아닐 것이다. 개별 사업자들은 새로운 지식과 기술에 대한 이해가 불충분한 상태에서도 해당 산업 분야에서 경쟁력 우위를 확보하기 위해 새로운 지식과 기술을 사업에 적용하려 하는 것이 일반적이다. 이때 사업자들은 기술적 불확실성과 투자에 따른 위험성을 감수하게 된다. 자본주의 경제에 경쟁이 있는 한 사업자들은 경쟁관계에 있는 사업자들을 압도하기 위해서 남보다 먼저 신기술을 도입할 수밖에 없고, 그 과정에서 사업자가 부담하는 불확실성은 불가피한 측면이 있다. 따라서 어떤 금융 사업자가 인공지능에 대한 이해가 충분하지 않은 상태에서 관련된 지식과 기술을 도입하는 선택과 투자를 했다가 크게 실패하더라도 사업자 자신의 책임이라는 점은 어쩔 수 없는 측면이 있다고 할 일이다.

마찬가지로 금융부문을 연구하는 전문가 입장에서 보면 조만간에 금융부문에 큰 충격을 가져올 수도 있을 것으로 예상되는 인공지능 지식과 기술의 도입 문제에 대해 나름대로 의견을 제시하지 않을 수 없다. 연구자들의 예상과 전망이 잘못되어 스스로에 대한 사회적 평가가 크게 나빠질 가능성이 있더라도 인공지능 지식과 기술이 금융부문의 미래에 미칠 영향에 대해 어느 정도 확신이 서면 적극적으로 자신들의 생각을 제시하는 것이 연구자들이 해야 하는 일이기 때문이다. 시간과 노력, 경제적 투자의 성과에 대해 스스로 책임질 수밖에 없는 것은 사업자, 연구자, 정책 당국자 모두 피할 수 없는 일이라고 하겠다.

이러한 상황에서 인공지능 지식과 기술의 전문가들이 인공지능 지식과 기술이 금융부문에 적용될 경우 나타날 수 있는 여러 가지 변화와 이에 대한 대응 방안들을 제시해 준다면 금융산업 종사자와 정책 당국자, 연구자들은 고민거리를 크게 덜 수 있을 것이다. 문제는 인공지능 지식과 기술의 발전

속도에 가속도가 붙으면서 인공지능 전문가들은 자신들의 전문 영역에서 제기되는 문제를 해결하기에도 바쁘다는 점이다. 다시 말해서 인공지능 전문가들이 금융부문의 인공지능 지식과 기술의 도입이 초래할 변화와 문제점의 해결 방안을 고민할 여유가 없다는 점이 인공지능 비전공자인 저자들이 나서게 된 가장 큰 이유이다. 저자들이 그나마 위안으로 삼을 수 있는 것은 최근 들어 인공지능 지식과 기술의 금융분야에 대한 적용 가능성을 분석하고 예상되는 변화와 대응 방안을 제시하는 금융분야 연구자들이 출현하기 시작했다는 사실이다.[3] 아마도 인공지능과 금융부문의 관계에 대한 저작은 이제부터 본격적으로 출현할 가능성이 있다.

금융부문과 인공지능의 관계에 대한 최근의 연구동향 변화 외에도 세계적으로 유명한 경제학자가 인공지능 연구에서 핵심적 기여를 한 연구 성과를 낸 적이 있다는 점이 저자들에게 용기를 내게 한 하나의 배경이 되었다. 경제학 분야에서 지울 수 없는 업적을 남겼을 뿐 아니라 현재까지도 자본주의 경제체제 운용 방향에 관한 한 심대한 영향력을 갖고 있는 하이에크가 그의 전문 분야로 보기 어려운 이론심리학 분야의 책을 저술한 적이 있다는 것은 놀라운 사실이다. 그뿐만 아니라 하이에크의 이론심리학 분야의 저술이 인공지능 연구방향 설정에도 크게 기여했다는 점이 저자들에게 용기를 주었다.[4]

하이에크는 이론심리학 분야의 저술을 출판하면서 자신은 심리학 분야에서 망가질 명성이 없기 때문에 젊은 시절부터 지속적으로 공부해 오던 이론심리학 분야의 '새로운 영역'에 대한 저술을 감히 출판하게 되었다는 변명을 했다. 하이에크의 변명은 하이에크보다는 저자들에게 오히려 더 필요한 변명일 수 있다. 이에 더하여 오늘날 인공지능 지식과 기술의 핵심 개념 중 하나인 퍼셉트론(perceptron) 모델을 제시한 프랭크 로젠블랫(Frank Rosenblatt)이 자신의 연구 분야의 선구적 연구 업적으로 하이에크의 저작을 제시하고 있다는 사실[5]은 저자들을 더욱 고무시켰다. 하이에크의 연구는 비교적 새로운 분야인 관계로 연구 방향이 완전히 확립되기 이전 단계인 인공지능 지식과 기술의 경우 인공지능 분야를 전공하지 않은 사람들도 인공지능 연구의 발전 방향, 특히 금융부문 등에 대한 응용연구 분야에는 기여할 가능성이 있다는 위안을 준다. 하이에크의 저술을 읽어 보면 인간의 지능 활동에 대한 그의 설명이 자기 나름의 과학적 실험과 관찰 결과에 기초한 것은 아니라고 하더라도 인간의 지능 활동에 대한 하이에크의 이론모형이 딥러닝, 뉴럴 네트워크 등 최근 인공지능 연구의 대세를 이루는 이론 체계를 거의 대부분 예측하고 있다는 사실에 놀라게 된다.

3. 상상세계 밖의 인공지능

중국어로 컴퓨터는 电脑이다. 컴퓨터라는 기계의 중국어 명칭을 만들어 낸 사람들이 보기에는 이 새로운 기계를 중국인들이 가장 쉽고 정확하게 이해하게 할 수 있는 명칭은 '전기'로 작동하는 '두뇌'였다. 따라서 중국에서 电脑로 불리게 된 컴퓨터는 중국인들이 보기에는 처음부터 인공지능을 구현하는 기계로 인식되었을 수 있다. 컴퓨터에 电脑라는 이름이 붙었던 시절의 중국인들 중에 그 당시 컴퓨터가 요즘 말하는 인공지능 지식과 기술에 기반한 성능은 갖지 못한 인공두뇌로서의 한계를 가진 기계라고 생각했던 사람은 별로 없었을 것이다. 그런가 하면 현재 사용 중인 인공지능을 구현하는 지식과 기술이 현대의 중국인들이 사용하고 있는 '전기' 두뇌로서 电脑의 하드웨어와 운영 체제에 의해 어느 정도는 가능한 일이라는 것을 아는 사람도 많지 않다.

중국어로 컴퓨터를 电脑라고 이름 붙이는 것이 자연스러웠던 것처럼, 다른 나라 사람들의 컴퓨터와 인공지능에 대한 인식 역시 인공지능을 구현하는 기술의 특성에 대한 정확한 인식과 무관하게 형성되는 경우가 많다. 컴퓨터의 작동 방식에 대한 적절한 경험과 지식이 없는 일반인들의 입장에서 볼 때 사람만이 할 수 있는 것으로 믿어 왔던 일을 기계가 수행하면 그 기계는 인공지능을 갖고 있다고 생각할 수 있다. 라디오와 텔레비전 속에 작은 인간들이 들어 앉아 있다고 생각하는 성인은 요즘은 별로 없다. 그러나 어린아이들은 여전히 라디오와 텔레비전을 처음 접한 사람들이 가졌던 것과 유사한 생각을 할 수도 있다. 움직이는 자동차를 보고 2개의 눈을 가진 살아 있는 생물이라고 인식하는 아이들도 적지 않다고 한다. 이 아이들은 자신이 차도에 뛰어들어도 자동차가 스스로 피할 수 있다고 생각할 수 있다. 재미있는 사실은 아이들의 이러한 오해가 현실이 되어 가고 있다는 점이다. 스스로 장애물을 인식하고 교통신호를 읽어서 자동으로 자동차를 운전할 수 있는 컴퓨터 지식과 기술이 실용 단계에 와 있다. 인공지능 기술이 가져온 비현실의 현실화 상황이다.

전문가들이 보기에는 평범한 일도 보통 사람들이 보기에는 기적처럼 보이는 경우가 많다. 경제학자라면 거의 대부분이 익숙하게 생각하는 통계학 지식과 기술도 대단한 전문지식과 기술로 생각하는 사람들이 적지 않다. 컴퓨터 지식과 기술의 경우도 마찬가지이다. 미로 찾기와 같은 단순한 알고리즘을 이용한 로봇을 보고 대단한 인공지능이라고 생각하는 사람도 있고, 얼굴을 인식하는 출입통제 방식이 제대로 작동하지 않을 때 인공지능 알고리즘의 한계라고 생각하는 사람은 많지 않다. 지문 인식이 카드 키와 동일한 출입통제 방식이라고 생각하기도 한다.

인공지능 지식과 기술을 전공하지 않은 사람들이 인공지능 지식과 기술을 알고 싶어 하는 이유는 인공지능 지식과 기술이 새로운 시대를 여는 데 필요한 핵심적 지식과 기술인 것으로 알려져 있기 때문이다. 또한 인공지능 지식과 기술은 컴퓨터 과학 등 특수한 분야에서만 적용 가능성이 있는 지식과 기술이 아니고, 인간 사회의 모든 분야에 광범위한 영향을 미칠 것으로 알려지고 있다. 이러한 사실은 지난 몇 년간 '4차 산업혁명' 등의 이름으로 정부, 민간 할 것 없이 수많은 기관들의 보고서에서 여러 번 강조되어 왔다.

문제는 인공지능 지식과 기술의 중요성에 대해서는 더 강조할 수 없을 정도로 알려져 있음에도 불구하고 금융분야 등 인공지능 밖의 분야에 종사하는 사람들의 경우에는 인공지능 지식과 기술의 실체에 대해 대중매체를 통해 알려지는 피상적인 지식과 정보만을 갖고 있다는 점이다. 이로 인해 특정 분야, 예를 들어 금융분야에 인공지능 지식과 기술이 본격적으로 적용될 경우 어떤 변화가 예상되고, 이러한 전망과 관련하여 정책방향 전환 등 사전에 어떤 준비가 필요하며 예상되는 문제점은 어떻게 해결할지 등에 대한 이야기를 하기 어렵다. 이러한 이유로 인해 저자들이 인공지능 지식과 기술의 기본적 특성에 대한 나름대로의 이해를 갖고자 하는 목적에서 이 연구를 시작하게 되었다고도 할 수 있다.

금융인 등 비전문가들이 인공지능 지식과 기술에 대해 이해하기 어려운 이유는 인공지능 지식과 기술이 컴퓨터 과학을 포함한 일반적인 자연과학 지식과 기술이 다루는 대상과 완전히 다른 특성을 지닌 대상을 다루고 있기 때문이다. 대부분의 자연과학은 인간의 지능 활동을 통해 객관적으로 확인 가능한 대상을 다룬다. 인간이 가진 감각기관의 능력만으로는 객관적으로 크기를 확인할 수 없는 대상이라고 할지라도 인간이 만든 측정 기구를 이용하면 누구나 동일한 측정 결과를 얻을 수 있는 대상들 간의 관계를 다룬다. 예를 들어 어떤 비열을 가진 물질에 어느 정도의 열이 가해지면 물질의 온도가 어떤 변화를 하고, 물질의 상태는 어떤 변화를 보이는지 관찰하고, 이러한 변수 간의 관계를 연구하는 것이 자연과학이라고 할 것이다.

한편 인간의 인식 기능을 통해 두뇌 속에 형성된 사실 인식 간의 관계를 다루는 분야를 사회과학이라고 부른다. 사회과학은 물리적 실체의 동일성을 확인하기 위해 객관적 측정 장비를 활용하는 문제에 대해서는 별로 관심이 없다. 동일한 무게와 순도를 지닌 물질이라 할지라도 개인별로 가치 인식이 다를 수 있고, 이러한 개인들의 가치 인식이 지역별·국가별로 형성된 시장을 통해 조정되어 가격이라는 새로운 사실로 인식되는 것을 당연하다고 생각한다. 물리적 실체 그 자체보다는 물리적 실체에 대해 사람들의 머릿속에 만들어진 인식 간의 관계가 더 중요하다. 즉, 사람들 머릿속에 만들어져 있는 물리적 사실에 대한 인식을 분석 대상으로 하기 때문에 사람들이 갖고 있는 특정 사실에 대한 인식이 어떤 모습이며, 이렇게 알아낸 인식 간에 어떠한 관계가 있는지를 탐구한다. 따라서 사회과학은 자연과학적으로 완전히 동일한 대상에 대해 사람마다 혹은 집단마다 완전히 다르게 인식하는 것을 자연스럽게 받아들인다.

인공지능 지식과 기술은 인간의 인식 기능으로는 객관적 확인이 불가능한 인식 기능 자체를 컴퓨터라는 기계를 이용하여 재현해 보려고 하는 학문 체계이다. 자연과학의 연구 대상은 인간의 인식 기능 밖에 존재하는 각종 장치를 통해 객관적으로 측정할 수 있다. 사회과학의 연구 대상은 특정 물리적 실체에 대해 이미 만들어져 있는 인간의 인식 결과를 확인하고 이들 간의 관계를 분석한다. 따라서 자연과학과 사회과학은 분석 대상에 대한 정보가 부정확할 수는 있지만 분석 대상 자체에 대한 인식이 불가능하지는 않다. 반면 인공지능 지식과 기술은 객관적으로 인식할 수도 없는 대상을 어떻게든 인공적으로 만들어 보고, 이를 작동시켜서 인간이 갖고 있는 자연 상태의 지능과 유사한 기능을 하게 하려는 매우 어려운 목표를 갖고 있다.

아쉽게도 아직까지 인간의 두뇌에서 일어나고 있는 생각의 내용을 기계를 이용하여 객관적으로 읽어 낼 수 있는 장치를 만든 사람은 없는 것 같다. 역사적으로 독심술을 갖고 있다고 주장하는 사람들은 몇몇 있었다고 알려져 있으나 믿을 만한 사실은 아니다. 인간의 두뇌 속에서 일어나는 사고 작용의 내용을 알 수 있는 주체는 사고 작용의 당사자뿐이다. 이에 더하여 인간의 두뇌 속에서 행해지는 지능 활동 중 거의 대부분은 인간이 의식하지 못하는 상태에서 이루어진다고 알려져 있다. 인간이 아무리 자신의 지능 활동의 내용에 대해 자신의 모든 의식 역량을 집중시켜 파악해 보려고 해도 알아내기 어려운 이유가 바로 여기에 있다. 또한 바로 이 점이 인공지능 지식과 기술 연구가 어려워지고 대부분의 일반인들이 인공지능이 무엇인지를 이해할 수 없게 만드는 핵심적인 이유이다.

인간의 지능 활동이 어떻게 이루어지는지를 일반적·객관적으로 확인할 수 없기 때문에 인간의 지능 활동의 실체에 대해서는 많은 이론과 주장이 생겨날 수밖에 없었다. 인간의 지능 활동의 실체에 대한 논의의 많은 부분이 자연과학적이라기보다는 철학적 분석으로 채워지게 되는 이유가 바로 여기에 있다. 사실 어떤 현상이나 실체를 객관적으로 관찰하기 위해서는 관찰 대상 밖으로 나가야 한다.[6] 다시 말해서 관찰 대상과 개념적으로 분리될 수 있는 존재만이 객관적 관찰을 할 수 있다.

예를 들어 우주 안에 존재하는 인간들로서는 우주라는 존재를 객관적으로 관찰할 수 없다. 우주가 아닌 곳, 혹은 우주 밖으로 나갈 수 있을 때 우주라는 존재를 관찰할 수 있는데, 현재의 지식과 기술을 이용해서는 우주 밖으로 나갈 수 없기 때문에 우리 인간은 우주의 실체를 관찰할 수 없고, 따라서 우주라는 개념을 구체화하기 어렵다. 마찬가지로 인간의 사고 기능은 자신의 사고 기능 밖으로 나갈 수 없는 상태이기 때문에 사고 기능 자체를 관찰할 수 없다는 한계가 있다.[7] 이로 인해 인간의 사고 기능을 객관적으로 관찰하고, 그 관찰 결과를 바탕으로 인간의 사고 기능을 재현하는 물리적 기계를 만들어 내기 어렵다.

이처럼 관련된 개념 자체가 첫 단계부터 이해하기 어려운 인공지능 지식과 기술에 대해 비전문가들이 정확한 이해를 갖는 것은 현실적으로 어려운 일이다. 따라서 인공지능 기술이 적용되었다고 주장하는 다양한 형태의 기계와 장치들을 보면서 대부분의 인공지능 비전문가들은 기계장치 속에 무엇인가 인간의 사고 작용을 대신할 수 있는, 그러나 작동 원리는 쉽게 알 수 없는 어떤 장치가 있어서 사람의 말을 알아듣거나 스스로 판단하여 작동하는 것으로 생각한다. 그렇지만 인간의 사고 작용을 하는 것처럼 보이는 기계장치를 작동하게 하는 방식에 인공지능이라는 이름을 붙이는 것이 적절한지 아닌지에 대한 판단을 하지는 못한다. 이에 더하여 인간이 스스로의 지능 활동을 관찰할 수 없다는 명제를 받아들인다면, 현재까지 만들어진 각종 인공지능 기계장치는 그 기계의 일부 기능이 마치 인간 지능을 이용하여 작동하는 것처럼 보이는 것일 뿐 진정한 의미의 인간 지능 복제품의 작동에 의한 것은 아니라는 명제 역시 받아들여야 한다. 결국 인공지능 기계장치에 대한 보통 사람들의 현실적인 평가는 그 기계의 작동 원리가 인간의 지능 활동을 진정으로 복제한 것인지 아닌지에 관계없이 마치 실제의 인간이 하는 것처럼 보이면 되는 것이라고 하겠다.

이처럼 일반인들이 쉽게 친숙해지기 어려운 개념을 갖고 있는 관계로 지난 수십 년 동안 첨단과학의 영역에 머물러 있었던 인공지능 지식과 기술이 최근 들어서는 대중들과 친근한 분야에서 본격적으로 활용되고 있다. 공상과학을 주제로 한 영화와 소설 속에서나 가능할 것으로 여겨졌던 일들이 현실에서 실현되면서 인공지능 지식과 기술은 더 이상 전문가들 사이에서만 언급되는 주제가 아니게 되었다. 예를 들어 인공지능 기술에 의해 작동하는 바둑 프로그램의 등장은 소수의 프로 바둑기사의 커리어에만 영향을 미치는 사건이지만, 자율주행자동차의 등장은 수많은 일반인들의 생활에 직접적 영향을 미칠 수 있는 사건이기 때문에 인공지능 기술의 도입은 더 이상 나와 관련 없는 사건이 아니게 된 것이다.

일부 국가에서는 자율주행자동차가 이미 실용 단계인 것으로 알려지고 있고, 사고 발생에 따른 인명 피해가 상대적으로 적은 화물운송 분야에서부터 자율주행자동차가 활용될 수 있을 것이라는 이야기도 들린다. 자동차 운전 기능에 의지하여 생계를 유지하는 사람들이라면 당장에 뭔가 다른 일을 찾아봐야 할 것 같은 심리적 부담감을 갖게 되었을 수도 있다. 자동차 운전을 직업으로 하지 않는 사람들의 경우에는 더 이상 운전 기술을 배울 필요가 없을 수도 있겠다는 정도의 느낌을 갖게 되었겠지만, 대다수 국민들의 고용 안정이라는 과제를 떠안고 있는 고위 정책 당국자, 기업의 경영자 혹은 경제학자들은 인공지능 지식과 기술에 의해 작동하는 자율주행자동차의 등장이 초래할 사회경제적 변화에 대해 걱정을 하게 되었을 것이다.

이러한 상황 전개와 관련하여 많은 사람들이 인공지능 지식과 기술이 가져올 긍정적 변화에 대해 많은 기대를 하고 있기도 하지만, 상당수의 사람들이 걱정을 하고 있는 이유는 인공지능 지식과 기술에 의해 작동하는 각종 기계 기구와 장치들이 어느 정도까지 인류의 생활 방식에 변화를 가져올지 예측하기 어렵다는 점 때문이다. 증기기관이나 내연기관 자동차의 등장이 인간 사회에 많은 변화를 가져오기는 했지만, 그 이전까지 마차를 끌던 말의 역할을 축소한 것에 불과했다. 마차를 몰던 마부의 기능이 기차나 자동차를 운전하는 기능으로 바뀐 것이라고 볼 수 있었다. 반면, 인간의 사고 기능을 대신할 것으로 예상되는 인공지능 지식과 기술의 경우에는 증기기관이나 내연기관의 등장이 가져온 변화, 즉 축력 대신 증기기관이나 내연기관의 힘을 이용하는 지식과 기술의 발전과는 차원이 다른 변화를 초래할 것 같은 불안감이 있는 것이다.

우선, 인공지능에 대해 잘 모르는 경우에도 인공지능 지식과 기술이 본격적으로 활용될 경우 인간이 직접 운전하지 않아도 자동차를 운행할 수 있을 것 같다는 정도의 짐작은 할 수 있을 것이다. 그러나 인공지능 지식과 기술에 기반하여 현재까지 사용해 본 적이 없는 새로운 기계 기구와 장치가 만들어져서 본격적으로 활용될 경우 인류 사회에 나타날 변화에 대해서는 인공지능 전문가들도 예측하기 어려울 정도로 불확실한 상태에 있다. 그 이유는 인간 사회가 다른 동물들에게는 없고 인간만이 갖고 있는 것으로 여겨지는 '생각하는 능력'을 대신할 기계를 만들어서 본격적으로 사용해 본 적이 없기 때문이다.[8]

물론 현재 새로운 기술인 인공지능 기술을 둘러싸고 일어나는 혼란과 혼선은 인공지능의 경우에만 특수하게 나타나는 현상은 아니다. 개화기에 미국의 흑선을 처음 본 일본인들이 괴물이 나타난 것처럼 놀랐던 일이나, 조선에 증기기관차가 처음 등장했을 때 많은 논란이 있었던 상황과 놀라움과 당황의 정도에 있어서는 크게 다를 바 없다. 아마도 일정 시간이 지나서 인공지능 기술과 지식에 대한 일반인들의 이해가 높아지면 지금과 같은 관심이나 걱정도 크게 완화될 것으로 전망된다.

인간의 근육의 힘을 다른 동물 혹은 내연기관의 힘으로 대체하는 기술이 초래할 수 있는 인류 사회의 변화는 인간의 지적 능력에 기반을 둔 관찰과 사고 활동을 통해 어느 정도는 예측할 수 있었다. 그러나 인공지능 기술은 감각기관을 이용한 관찰과 의식적 노력만으로는 작동 방식을 알아내기 어려운 인간의 지적 능력을 재현하려는 기술이다. 인간의 지적 능력의 실체가 과학적으로 확인되고 나면 인공지능 기술 연구는 실제의 인간 지능을 컴퓨터 기술 등을 이용해 재현하는 것이 될 것이다. 그렇지만 인간 지능의 실체 자체가 알려지지 않은 현재로서는 인공지능 기술의 개발 방향이 장님들이 코끼리 신체의 일부를 만지고 나서 각자 서로 다른 주장을 하는 상황과 유사한 형태로 매우 다양하고 복잡한 양상으로 발전해 나가고 있다.

이로 인해 인공지능 기반의 각종 기계장비가 주변에서 흔히 볼 수 있을 정도로 보급되더라도 일반 대중이 인공지능 기기의 작동 방식을 확실하게 이해하고 이러한 기계 장비의 등장이 자신들의 생활에 미칠 영향을 판단하기는 쉽지 않을 것 같다.

따라서 인공지능 지식과 기술이 갖는 본질적 특성을 제대로 이해하는 전문가들이 인공지능 비전문가들도 이해할 수 있을 정도로 체계적이고 쉽게 인공지능 지식과 기술이 할 수 있는 일과 할 수 없는 일에 대해서 설명해 줄 때 인공지능에 의해서 대체되거나 심각하게 영향을 받을 것으로 예상되는 각종 분야의 종사자나 경영자, 정책 당국자, 연구자들도 부작용을 줄이면서 인공지능 지식과 기술을 인류의 복지 향상을 극대화화는 방향으로 활용할 수 있을 것이다. 역사적으로 등장했던 많은 종류의 신기술과 달리 인공지능 지식과 기술의 경우에는 시간이 지나서 익숙해지면 인공지능에 대해 갖고 있는 불안감과 혼선이 저절로 해결될 것이라고 막연히 낙관하기보다는 가능한 한 많은 비전공자들이 인공지능의 실체에 대해 충분히 이해할 수 있도록 도움을 주는 사회적 노력이 필요하다.

일반적으로 인류 사회에 새로운 기술들이 처음 등장할 때는 대부분의 경우 새로운 기술에 대해 잘 아는 사람들이 많지 않았기 때문에 새로운 기술이 가져올 사회적 변화를 예측하기 어려웠다. 또한 새로운 기술이 적용된 각종 기계 기구와 장치들이 사회적으로 확산되고 자리를 잡는 데는 다양한 형태의 저항과 거부가 있었다. 그러나 이러한 저항과 거부가 새로운 지식과 기술이 너무나 생소했기 때문이었을 것이라고 볼 수는 없다. 그보다는 일자리가 없어지는 등 기존 형태의 기계 장비에 이해관계가 걸려 있는 사람이 많았기 때문일 수 있다. 그동안 역사적으로 등장했던 새로운 발명품들을 보면, 이미 인간들이 만들어 사용하고 있던 기계 기구와 장치들의 동력원을 바꾸는 방식으로 인간의 힘을 대체시킨 변화가 대부분이었다. 따라서 새로운 기계 장비가 노동시장에 미칠 영향은 쉽게 예상할 수 있는 일이었고, 자신의 이익이 침해되었거나 침해당할 가능성이 높다고 생각하는 사람들은 자신이 동원할 수 있는 방법으로 저항했을 것이다.

예를 들어 인간들이 오랫동안 인력이나 축력, 풍력 등을 이용하여 움직이게 하고 있던 마차와 선박 등을 증기기관과 내연기관이 만들어 내는 힘을 이용하여 운행할 수 있도록 개조한 발명이 기차나 자동차, 증기선 등이었다. 자동차, 기차, 비행기, 증기선 등의 새로운 문물이 인간 사회에서 누구나 쉽게 이해하고 사용하는 기기로 자리 잡는 데 아주 오랜 시간이 걸리지 않은 이유는 이들이 등장하기 이전에 유사한 원리로 작동되는 다른 기기들이 있었기 때문이다.

내연기관 자동차가 등장하기 이전에는 마차가 있었다. 이들 기계의 작동 상태는 인간의 감각기관인 눈, 코, 귀, 피부 등을 통해 확인할 수 있다. 따라서 어느 정도 상식을 가진 사람이면 자동차라는 기기의 운영 원리를 이해할 수 있었다. 또한 자동차 시대에는 마차에 의존하여 살아가던 때에 비해 이동 속도가 빨라졌고, 대량 운송이 가능해졌으며, 자동차의 운행에 필요한 사회적 인프라와 관련된 규범 등이 크게 바뀌기는 했지만, 도로망, 이용 방식, 운용 관계자 조직 등의 경우에는 마차를 이용하는 것과 기본 틀이 같았기 때문에 새로운 기계 장비에도 용이하게 적응할 수 있었던 반면, 새로운 기계 장비의 본격적인 도입에 대한 저항도 상대적으로 컸다.

자동차, 마차 등과 달리 지난 세기 동안 갑자기 출현하여 인간의 삶에서 없어서는 안 될 존재로 자리 잡은 컴퓨터는 대부분의 사람들이 기계의 작동 원리를 짐작할 수 없는 기계였다. 오늘날 거의 모든 가정과 사무실에 컴퓨터가 보급되었지만 컴퓨터는 여전히 작동 원리를 알기 어려운 기계라고 볼 수 있다. 따라서 대부분의 사람들이 컴퓨터라는 기계에 접할 일이 없었던 컴퓨터 도입 초기에는 컴퓨터가 얼마만큼 인간 사회의 작동 방식을 바꿀지 짐작하기가 어려웠다.

새롭고 신기하지만 매우 비싼 타자기로 오해받기도 한 컴퓨터가 인류 사회의 생활 방식을 이렇게까지 크게 바꿀 것이라고 예상한 사람은 많지 않았다. 기계식 타자기를 버리고 전동식 타자기로 옮아갔다가 이번에는 컴퓨터의 워드 프로세서를 사용하는 정도로 발전했다고 이해하는 사람들이 적지 않았다. 실제로 많은 사람들이 현재도 컴퓨터를 타자기나 단순한 계산기, 전자식 사전, 통신수단으로만 사용하고 있다.

이렇게 된 가장 큰 이유는 인류 역사상 있었던 각종 과학기술의 발전 성과에 기초하여 만들어진 기계 기구와 장치들이 인간의 감각기관으로 어느 정도는 인식할 수 있는 '자연현상 간의 관계'에 대한 관찰과 연구를 기반으로 만들어졌던 반면, 컴퓨터는 인간의 오감으로 확인할 수 없는 전기·전자공학의 하드웨어 영역과 통계학·수학 지식과 기술이 합쳐진 소프트웨어에 의해 작동하기 때문이었다. 눈과 귀, 손끝의 감각 등을 이용하면 어느 정도는 작동 원리가 이해되는 일반적인 기계 장비와 달리, 사람의 눈과 귀, 손끝의 감각 등에 의해서는 알아내기 어려운 방식으로 작동되는 각종 전자장비는 일상생활에서 흔히 사용하고 있더라도 그 작동 원리를 터득하기가 쉽지 않았다. 그것은 해당 전자장비들이 별도로 공부하지 않고는 알 수 없는 수학, 물리학 등의 과학 이론에 기초하여 작동하기 때문이다.

컴퓨터 역시 각종 전기·전자공학 기술을 기반으로 만들어진 각종 부품으로 이루어져 있기 때문에 기계 내부의 작동 방식을 눈으로 확인할 수도 없고, 손으로 만질 수도 없어서 인간이 가진 감각만으로는 작동 원리를 이해하기 어렵다. 눈과 귀 등을 통한 인식 기능으로는 알 수 없는 전기·전자 기기의 작동 상황은 과학적 측정 장비의 운용을 통해서만 알 수 있고, 이러한 측정 장비의 운용과 측정 결과에 대한 이해는 전기·전자 현상에 대한 이론적·학문적 학습을 통해 해당 분야에 대한 지식과 기술이 있어야만 가능한 일이다. 전자·전기공학적 기술에 대한 이해도 어려운 상태에서 컴퓨터는 한 걸음 더 나아가 인간이 완전히 논리적·수학적으로 만들어 낸 각종 소프트웨어의 작동을 통해 기능하는 부분까지 추가되기 때문에 컴퓨터를 분해하여 열심히 들여다보는 방식으로는 작동 원리를 알아내는 일이 거의 불가능하다.

그렇지만, 기본적으로 전통적인 컴퓨터는 인간의 감각기관으로 직접 인식할 수 있는 현상이든 아니든 간에 궁극적으로는 인간이 각종 측정 장비를 사용한다면 적어도 객관적으로 인식할 수 있는 법칙에 따라 작동하는 기계였다. 즉, 어떤 형태로든 인간의 의식 기능에 의해서 현실이 왜곡될 수 없는 자연현상 간에 존재하는 각종 법칙에 의존하여 작동하는 기계였다. 반면, 전통적인 방식의 컴퓨터에 비해 인공지능 지식과 기계 장비의 경우에는 비전문가들이 구조를 이해하기 어려운 컴퓨터라는 블랙박스에 추가하여 인간의 지능 활동에 대한 이해하기 어려운 이론들에 근거한 기능이 추가되기 때문에 전기·전자공학자들도 작동 원리를 이해하기 어려울 정도이다. 이렇게 볼 때 일반인들이 인공지능 지식과 기술에 기반한 각종 기계 장비들이 미래에 어떤 일까지 하게 될 것인지를 예상하고 대처하기를 바라는 것은 무리라고 할 수 있다.

특히 인공지능 지식과 기술의 초창기인 1950년대와 달리 최근 들어 각광받고 있는 딥러닝 등 인공지능 지식과 기술 분야에서는 소프트웨어 개발자마저 의식적 판단과 노력에 의해 최종 결과를 완전하게 통제할 수 없는 방식으로 코딩 작업이 이루어지고 있다. 1950년대 주류 인공지능 연구자들의 연구 방향은 인간의 의식과 논리를 탐구함으로써 알아낸 인간 지능의 기본적인 작동 방식 혹은 지능 활동의 모형을 알고리즘으로 만들고, 이를 심화 발전시켜, 인간의 감각기관과 신체 기능을 대신할 각종 주변 기기들과 결합하면 지능을 가진 인공지능 기기를 제작할 수 있다고 생각했다.

반면, 요즘 성과를 내고 있는 인공지능 연구 방식은 인간의 의식적·논리적 지능 활동과는 상당한 거리가 있다. 즉, 현재의 딥러닝, 뉴럴 네트워크 등 인공지능 지식과 기술은 각종 데이터를 이용한 '학습 과정'을 통해 '인공지능' 프로그램을 작성하는 과정은 논리적으로 설명할 수 있지만, '학습 과정'을 통해 만들어진 '인공지능' 프로그램의 '내용'은 논리적으로 작동 원리를 설명하기 어려운 방식이다. 따라서 비전문가인 일반인들에게 인공지능 지식과 기술의 작동 원리를 설명하는 것은 초기의 인공지능 연구 단계보다 더욱 어려워지고 말았다.

이러한 변화로 인해 인공지능 연구의 초기 단계에 비교적 활발했던 각종 논쟁, 예를 들어 인공지능이란 무엇인가를 두고 나타났던 차이니스 룸 논쟁 같은 것도 이제는 찾아보기 어려워졌다. 이런 상황에서 인공지능 비전문가인 금융인들을 상대로 인공지능 지식과 기술의 본질에 대해서 설명하고, 이러한 지식과 기술의 개발과 도입, 활용이 금융 분야에 미칠 영향을 설명하기는 매우 어려운 일이 되었다. 반면, 인공지능 지식과 기술이 금융부문 등에 가져올 변화를 예측하고 정책적 대응 방안을 만드는 일은 오히려 더 중요한 일이 되었다고도 볼 수 있다.

4. 이상과 현실

이상에서 살펴본 것처럼 인공지능 지식과 기술은 개념 자체부터 파악하기 어려운 존재일 뿐만 아니라 실제 인공지능을 구현하는 지식과 기술 자체도 쉽게 이해할 수 있는 분야가 아니다. 그럼에도 불구하고 최근 들어 인공지능 지식과 기술에 대해 일반 대중의 관심도가 크게 높아진 이유는 인공지능 지식과 기술을 기반으로 개발된 바둑 프로그램인 알파고가 세계적인 명성을 가진 프로기사를 이긴 사건 때문이다. 사실 알파고가 등장하기 이전에 사람의 손글씨를 읽거나 사람의 음성을 받아 적는 프로그램 등이 생활 현장에서 이미 활용되고 있었음에도 불구하고 이러한 기술이 인공지능 지식과 기술에 기반한 것인지 아닌지를 판단할 수 있는 사람은 별로 없었다. 사실 인공지능 지식과 기술의 발전 상황에 대해 관심을 가진 사람들도 많지 않았다. 왜냐하면 앞서 살펴본 것처럼 인공지능 지식과 기술의 실체는 대부분의 비전문가들에게는 너무나 파악하기 어려운 존재여서 대부분 사람들의 관심권 밖에 있었다.

어쨌거나 알파고의 출현은 사람들에게 공상과학 소설이나 영화 속에서 찾아볼 수 있었던 인공지능 기반의 기계가 현실 생활에서 본격적으로 활용될 날이 멀지 않았다는 인식을 심어 주었다. 알파고가 유명한 프로 바둑기사를 쉽게 이기는 것을 보면서 사람들은 인공지능 기계가 인간의 지능보다 더 우수할 수 있다는 생각을 하게 되었는데, 사실 컴퓨터가 인간의 계산 능력을 크게 뛰어넘는 것은 반드시 인공지능 지식과 기술을 동원하지 않더라도 오래전에 확인된 사실이다. 심지어 바둑과 유사한 게임인 체스에서 컴퓨터 체스 프로그램이 세계적인 체스 선수를 이긴 사건은 인공지능 연구의 초기 단계인 '전문가 시스템'만으로도 가능한 일이었다. 인공지능 기계가 성공하기 위해서는 현실의 평균적인 인간의 지능 활동을 흉내 내는 정도가 아니라 평균적인 인간의 지능을 뛰어넘는 성적을 보여야 하고, 평균적인 인간과 달리 지치지 않고 그런 일을 할 수 있어야 하는 것이다.

그렇다면 최근 들어 인공지능에 대한 일반 대중의 관심을 끌 만한 사건들이 출현하는 이유는 무엇일까? 그것은 인공지능 연구가 갑자기 눈부신 발전 속도를 보였기 때문만은 아니다. 그것보다는 혼란 상태에 빠져 있던 인공지능 지식과 기술 연구의 방향이 특정 방향으로 안정화되면서 대세를 이루는 인공지능 지식과 기술의 이정표를 보여 주는 사건이 필요했기 때문이라고 해석하는 것이 타당할 것이다. 예를 들면, 1997년 IBM이 개발한 체스 프로그램 딥블루(Deep Blue)가 러시아 체스 챔피언 가리 카스파로프(Garry Kasparov)를 이긴 사건은 당시의 인공지능 기술의 핵심이었던 '전문가 시스템' 방식의 성과를 보여 준다는 의미가 있었다.

마찬가지로 구글의 딥마인드가 만든 알파고가 2016년 3월 세계적인 프로 바둑기사 이세돌을 이긴 사건은 '뉴럴 네트워크' 방식의 인공지능 지식과 기술의 성과를 상징적으로 보여 주는 것이었다고 할 수 있다. 엄청난 비용을 투자해서 만든 인공지능 바둑 프로그램이 단순히 프로 바둑기사를 이기기 위해서 만들어졌다고 생각한다면 오늘날 다른 개발자들을 앞서기 위해 막대한 규모의 투자를 행하는 인공지능 전문 기업이 왜 그런 일을 하고 있는지 전혀 이해하지 못한 것이다. 구글이 프로 바둑기사를 이길 정도로 대단한 능력을 가진 인공지능 바둑 프로그램을 개발하고, 세계적인 프로 바둑기사를 초청하여 바둑 시합을 개최하고, 그 시합의 전 과정과 결과를 각종 미디어를 통해 알리는 이유는 자신들이 가진 인공지능 지식과 기술의 수준을 홍보하는 것이며, 결국은 이러한 홍보를 통해 얻는 평판 등을 이용하여 수익을 얻기 위해서라고 볼 수 있다.

사실 1950년대 후반 연구 개발이 시작된 인공지능 분야는 초기 단계부터 구체적인 업무를 추진하기 위해서 개발되었다. 연구자들의 지적 관심사를 추구하기 위해서 인공지능 지식과 기술의 개발이 이루어진 것은 아니라는 이야기이다. 인공지능 지식과 기술의 개발에는 처음부터 사회적 기대가 높았었을 뿐만 아니라, 실제로 미국 국방성의 연구비 지원 등 많은 자원이 투입되었다.

구체적으로는 냉전시대에 상대방 진영의 언어로 작성된 문서 자료를 빠른 시간에 해독하기 위한 인공지능 번역 시스템을 만드는 프로그램 개발에 막대한 자원이 투입되었다. 그러나 엄청난 규모의 투자에도 불구하고 인공지능 번역 프로그램은 기대한 만큼의 성과를 보여 주지 못했다. 왜냐하면 인간들이 현실에서 사용하고 있는 언어는 '규칙'대로 움직이지 않는 측면이 너무 빈번했기 때문이다. 다시 말해서 인간의 지능 활동을 몇 가지 규칙으로 정의하고 이를 바탕으로 프로그램을 만드는 일은 외국어 번역이라는 현실의 프로젝트 수행을 통해 테스트해본 결과, 제대로 작동하지 않는다는 것이 확인되었던 것이다.

정부 예산 등 막대한 규모의 투자에 비해 성과가 나지 않는 데다, '퍼셉트론'이라는 개념을 중심축으로 하여 구현되는 인공지능 지식과 기술을 둘러싼 연구자 간 혼선은 인공지능 연구의 성공 가능성에 대한 의구심을 불러일으켰고, 이를 계기로 인공지능 지식과 기술 연구에 대한 정부의 지원과 대중의 관심은 급격하게 축소되었다.[9] 그렇다고 해서 인공지능 연구가 아예 중단된 것은 아니었다. 다만 개발 실패에 따라 인공지능이라는 명칭이 갖게 된 부정적 이미지 때문에 딥러닝이라는 다른 명칭을 사용하면서 연구 개발의 노력을 계속했다.

사실 딥러닝, 뉴럴 네트워크 등은 인공지능 연구의 거의 첫 단계에서부터 존재했던 개념이었다. 자연 상태의 인간 지능 활동이 두뇌 속의 뉴런 간 상호작용 형태로 이루어진다는 사실은 이미 심리학(혹은 뇌과학)에서 밝혀져 있었다. 따라서 인공지능이라는 명칭이 처음 사용되었을 뿐만 아니라 인공지능 분야 연구를 주도한 연구자 집단이 처음으로 등장한 다트머스 회의의 제안서에서도 이미 등장하고 있고, 퍼셉트론의 개념을 창시한 로젠블랫의 1958년 논문에서도 등장하고 있다.

그러나 컴퓨터의 초기 단계부터 발전을 주도해 온 연구자들은 논리적 측면을 인간 지능활동의 핵심이라고 보았다. 서양 철학에서 인간의 이성만큼 중요한 것은 없었고, 서양의 근대 과학은 사실 거의 대부분 자연현상에 대한 이성적·논리적·과학적 연구의 성과였다. 인간의 두뇌 속에서 작동하고 있는 지능 활동 역시 논리적·이성적·과학적 법칙을 따를 수밖에 없으므로 과학적 연구 방법론을 적용하여 꾸준히 연구하다 보면 언젠가는 인간 지능활동의 실체를 밝혀낼 수 있을 것이고, 그렇게 되면 인간 지능활동을 과학적 법칙에 따라 작동하는 기계로 구현할 수 있으리라 기대했던 것으로 판단된다.

초기 단계에 인공지능 연구를 주도했던 전문가들의 기본적 사고방식에 따르자면, 일단 인간 지능활동을 간단한 수식으로 만들어 활용해 보고 성과가 좋으면 좀 더 복잡한 현실 상황에서도 작동시켜 보자고 판단했다. 무엇인가 지능 활동의 핵심이 되는 일반적인 법칙을 찾고, 이러한 법칙이 현실 상황에서도 잘 적용될 수 있도록 환경 정보를 잘 정리하여 컴퓨터에 입력하려 했고, 현실의 인간들이 갖고 있는 지식과 정보를 잘 정리하여 컴퓨터에 제공하려고 했다. 만약 이상의 노력이 제대로 된 성과를 보인다면 아마도 공상과학

소설과 영화에 등장하는, 사람처럼 생각하고 판단하고 움직이는 로봇도 만들 수 있으리라 전망했던 것 같다.

그러나 인공지능 연구의 초기 단계부터 현재까지 엄청난 투자와 노력에도 불구하고 아직까지 이상의 방식은 뚜렷한 성과를 보여 주지 못하고 있다. 인간 지능활동을 구현하는 일반적 법칙은 찾아내지 못했고, 일반적인 인공지능이 작동할 환경 정보와 참고하거나 활용해야 할 지식과 정보의 양은 엄청난 용량을 가진 컴퓨터로도 관리할 수 없을 만큼 너무 많았으며, 그나마도 계속 변화하고 있어서 컴퓨터의 기억장치에 입력하는 일에 너무나 큰 기술적·경제적인 어려움이 있었다. 그렇지만 이러한 연구 방법이 성공을 거둘 경우 자연 상태의 인간 지능이 광범위한 영역에서 작동하듯이 적용 범위가 제한되지는 않을 것이므로 정통 컴퓨터 과학자들은 이를 일반 혹은 강한 인공지능이라고 부른다.[10]

이상의 연구 방식은 인간의 사고 기능을 컴퓨터의 연산장치와 프로그램의 조합 정도로 이해하고, 나머지 지식과 기술, 환경 요인 등은 기억장치에 입력하여 활용되는 정보로 분리할 수 있다는 가설에 근거한 것처럼 보인다. 그러나 실제 현실에서 인간의 사고 작용은 사고 기능과 기억 기능으로 나눠져 작동하는 것은 아닌 것 같다. 즉, 인간의 기억장치는 사고 장치로서의 기능을 동시에 수행하며, 새로운 사고는 새로운 기억을 만들고, 새로운 기억은 새로운 사고를 하게 하는 방식으로 얽혀 있는 것이다. 이러한 전제를 받아들이면 경험과 학습의 결과가 사고 기능의 모습을 결정하게 되며, 각종 감각기관을 통해 두뇌 속으로 들어오는 시각, 청각 데이터 등의 모습이 궁극적으로 사고 기능의 모습을 규정하게 된다고 볼 수 있다.

이러한 가설에 기초한 인공지능 지식과 기술은 최근 인간의 개별적인 사고 기능의 측면에서 매우 좋은 성과를 보여 주고 있어 가설의 부분적 타당성을 입증하고 있다. 다시 말해서 현재 나름대로 뚜렷한 성과를 보이고 있는 연구 방향은 인간의 일반적 지능 활동을 논리적·과학적으로 구현해 보려는 노력이 아니라 인간 지능활동의 일부인 시각, 청각 기능 등을 통한 외부정보 획득과 이에 대한 해석, 인식 기능을 기계로 구현하는 시스템인 좁은 혹은 약한 인공지능 프로그램들이다.

인간 지능활동의 특정한 측면만을 딥러닝 방식의 컴퓨터 프로그램으로 재현하는 연구 방향은 손글씨 인식, 음성인식 기술 분야에서 뚜렷한 성과를 내면서 실생활에 이미 활용되고 있을 뿐만 아니라 이러한 방식을 언어 번역에도 활용한 결과, 과거의 과학적 논리적 법칙에 근거한 번역에 비해 훨씬 자연스러운 번역을 가능하게 하는 성과를 보이고 있다. 세계적인 프로 바둑기사를 이긴 알파고 프로그램 역시 전통적인 서치 트리 방식과 딥 뉴럴 네트워크 방식을 조합해서 만들어진 것으로 알려지고 있다.

다만 딥러닝 방식의 인공지능은 그동안 인공지능 과학자들이 추구해 왔던 인간의 일반지능에 상당하는 지능은 아니다. 이러한 인공지능 연구의 성과에 대해 스탠퍼드대학교의 유명한 인공지능 연구자인 페이페이 리(Fei-Fei Li) 교수는 "현대의 인공지능은 화재가 발생한 집 안에서 완벽한 바둑 한 수를 두는 기계를 의미한다"라고 설명한다.[11] 리 교수는 현재 활용되고 있는 인공지능 지식과 기술이 범용성을 결여하고 있고, 주변 환경에 대한 인식 기능이 없어서 작동 환경에 대한 맥락을 이해하지 못하는 한계를 지니고 있다고 지적한다.

그렇다면 현재까지 개발, 활용되고 있는 좁고 약한 인공지능의 한계를 뛰어넘어 일반적이고 강한 인공지능을 개발할 가능성은 얼마나 될까? 1950년대 후반에 시작된 인공지능 연구가 60여 년이 지난 지금까지 일반적이고 강한 인공지능을 개발하지 못했으니 앞으로도 어려울 것이라고 보아야 할까?

인공지능 분야의 비전문가인 저자들이 이 문제를 판단하기란 거의 불가능하다. 다만 오늘날 좁고 약한 인공지능 연구의 핵심 아이디어와 이론모형을 제시한 로젠블랫은 자신의 연구 방향의 핵심이 인간 지능활동의 논리적·과학적·이성적 사고방식을 재현하려는 것이 아니라 '경험주의적' 입장에서 인간의 지능 활동을 관찰하고 이를 재현하려는 것이라고 주장한 바 있다.[12]

로젠블랫이 '경험주의적' 인공지능 연구의 선구자로 거론하는 경제학자 하이에크에 따르면, '인간의 지능 활동'의 핵심은 '사물과 현상'에 대해 카테고리를 만드는 방식으로 '인식'하는 일인데, 인간은 '인간의 지능 활동'을 통해 같은 차원의 존재인 '인간의 지능 활동'이라는 '사물과 현상'을 인식할 수 없으며, 따라서 인간의 지능 활동을 기계로 재현할 수 없다는 결론을 내리고 있다.[13] 이렇게 분석한 하이에크의 설명이 옳다면 지금까지 강한 혹은 일반 인공지능을 만들고자 했던 노력은 인간의 지능으로는 인간의 지능을 파악할 수 없기 때문에 이루어질 수 없는 것이고, 앞으로도 인간의 능력과 노력만으로는 불가능하다고 할 수 있다. 그렇지만 그동안의 과학적 발견과 연구 성과가 무수한 노력의 과정에서 나타난 우연에 기초한 경우가 적지 않았음을 고려할 때, 일반 인공지능 연구라는 목표도 열심히 연구하는 사람에 의해서 우연한 발견을 통해 달성될 가능성이 없지 않다.

제2장

합리주의와 경험주의의 대결

1. 지능과 인공지능의 관계

인공지능을 정의하기 위해서는 인간의 지능에 대한 이해가 우선적으로 필요하다. 지능은 복잡한 현실 데이터로부터 추상적 특성을 발견해 내는 능력이다. 전문적으로 이야기하자면 사람은 현실을 관찰하고 이를 자신의 의식, 즉 머릿속에 나타낸다. 복잡한 현실을 있는 그대로 인식할 수 있는 것이 아니기 때문에 자신이 필요한 만큼, 혹은 자신이 감당할 수 있는 범위 내에서 추상화하고 간소화하여 나름대로 의식적 모형을 만들어 머릿속에 그리는 것이다. 사람들은 그렇게 만든 의식적 모형을 머릿속에서 논리적으로 변형하거나 논리 실험을 해 보는 방법 등을 동원하여 해결하고자 하는 문제에 대한 답을 찾는다. 결국 사람들이 머리 좋다고 하는 사람은 적중력이 높은 예측용 모형을 잘 만들고, 이를 잘 운용하여 적중력 높은 결론을 이끌어 내는 사람이다. 지식이 많고, 경험이 많고, 머리가 좋은 사람이 전략을 짜면 아무래도 유리한 결과가 나오기 쉽다. 물론 외부 환경이 예측한 사람의 뜻대로 모두 움직이지는 않기 때문에 제갈공명도 패전을 피할 수 없기는 하다.

한편 지능이 좋은 동물은 기억해야 할 데이터의 양을 대폭 줄일 수 있다. 예를 들어 모형의 구조와 변수에 적용되는 계수(parameter)만 기억하면 된다. 이러한 방식은 기억력의 낭비를 방지할 수 있고, 일반화된 모형을 이용하여 미래 예측이 용이해지게 할 수 있다. 기억된 데이터가 많아도 모형을 만들지 못하면 기억력 낭비가 불가피하기 때문에 예측력이 좋아지기 어렵다. 인간의 두뇌는 처리 능력에 한계가 있어 현실을 이해하고 예측하는 데 영향을 미치는 모든 요소를 고려할 수는 없다. 더 정확하게는 모든 요소를 고려하려면 두뇌의 용량이 더욱 커져야 하는데, 현재 인간의 두뇌 용량으로는 중요한 몇 가지만을 고려할 수 있다. 소위 단기 기억으로 가질 수 있는 항목의 수는 대략 7개를 벗어나지 못한다고 알려져 있다.[1] 따라서 의식적 예측 활동을 가능하게 하기 위해 의식에서 고려하는 변수의 개수를 줄이거나 아니면 무의식의 세계로 보내서 해결책을 찾는다. 복잡한 문제에 대한 답이 며칠 지난 후 갑자기 머릿속, 더 정확하게는 의식하에 들어오거나, 기억 속을 뒤져도 알기 어려웠던 사람 이름이 불현듯 떠오르기도 한다. 사람의 지적판단 능력은 의식과 무의식을 모두 포함하는 것이기 때문에 논리적으로 설명하지 못하는 예측도 사실은 두뇌 (혹은 신경계통)의 활동 결과이다.

이렇게 작동하는 두뇌 활동의 원리에 따르면, 일정한 정도의 지능을 가진 살아 있는 인간의 경우 스스로 원하지 않는데도 어떤 일을 저절로 잘 하게 되는 경우는 없고, 반대로 스스로 원하기만 하면 어떤 일이 저절로 이루어지는 경우도 없다. 성인이 된 인간의 경우 그들이 저절로 잘 하게 된 줄로 알고 있는 많은 일들이 사실은 많은 노력과 훈련을 통해서 가능해진 것이다. 마술처럼 저절로 되는 일이 없다는 점은 어느 정도 세상 경험이 있는 사람이면 누구나 안다.

인간을 포함한 다른 동물들이 지능을 갖게 된 이유는 스스로 생존 가능성을 높이기 위해서라고 알려져 있다. 심지어 일부 식충식물도 지능을 가진 것처럼 행동하기도 하는 데, 지능의 정의를 어떻게 하느냐에 따라 식물의 경우에도 지능이 있다고 할 수 있다. 인간을 포함한 동물들은 지능을 갖고 있으며, 그중에서도 인간은 이 지능을 기반으로 지식과 기술을 만들어 발전시키고 교육을 통해 주변 사람 및 후손들에게 전파하여 생존 가능성을 더욱 높여왔다. 지능 활동은 인간만이 갖고 있는 특성은 아니고 살아서 움직이는 대부분의 동물들이 공통으로 갖고 있는 능력으로서 자연계에서 생존을 유지하고 있는 수많은 종류의 동물들이 갖고 있는 속성이라고 할 것이다.

따라서 생명체가 아닌 존재는 스스로의 생존을 위해 지능을 이용할 이유가 없고, 스스로 지능을 발전시켜 나갈 인센티브가 없다. 즉, 인공지능이 스스로 지능을 발전시켜 나갈 이유는 없다고 할 수 있다. 만약 인공지능 연구에 의해 장기적으로 생명체처럼 스스로의 생존을 유지, 발전시키려는 목표를 갖는 인공지능이 만들어지고 이것이 스스로의 생존을 위해 복제, 성장, 발전을 한다면 전혀 다른 차원의 이야기가 된다. 그러나 현재의 인공지능 수준은 이러한 걱정과는 아무 상관이 없을 정도로 미미하다.

현재 인간의 지능에 대한 연구 수준은 데카르트의 이원론 등 인간 지능에 대한 개념의 정립 단계를 조금씩 넘어서고 있는 것 같다. 지능을 구성하는 하위 요소로서 서로 병렬적으로 돌아가는 개별 모듈들의 운영 원리를 파악해 나가는 수준이며, 동시에 종합적·수직적 사고 작용에 필요한 '의식'에 대한 연구 등이 진행되고 있다. 르네상스 시대 이후 인간의 이성에 의해 근대 과학문명이 발전했고 이러한 사실에 힘 입어 많은 사람들은 인간이라는 동물이 다른 동물과 달리 이성을 갖고 있으며, 이 이성이 생각하는 힘, 즉 지능 그 자체라고 생각할 정도였다. 심지어 인간의 두뇌 속에 있는 특정 장기, 예를 들어 송과선(Pineal Gland)이 이성과 사고 기능을 담당하며, 이 장기의 작동 방식을 물시계 혹은 자동 전화 교환기 등과 같은 기계로 재현하면 인간의 사고 기능, 즉 지능도 기계로 만들 수 있을 것이라 생각했다.[2]

인간의 지능에 대한 연구가 오랜 세월 많은 연구자들의 주요한 관심사였고, 엄청난 노력이 투입되었음에도 불구하고 최근에 들어서야 눈에 띄는 진전을 이루게 된 것은 인간 등의 동물이 갖고 있는 지능 활동(두뇌 활동)은 인간의 의식적 노력을 통해 파악하기 어렵다는 문제점이 있었기 때문이다. 인간의 두뇌 활동의 대부분이 인간의 의식하에 일어나는 것이 아니기 때문에 인간은 자신의 두뇌 속에서 이러한 기능이 작동하고 있는지를 알 수 없었고, 또 그랬기 때문에 논리적·과학적 연구 대상으로 삼을 수도 없었다. 이러한 두뇌 기능(지능 활동)이 본격적인 연구 대상으로 등장한 것은 fMRI(Functional magnetic resonance imaging, 기능적 자기 공명 영상), EEG(Electroencephalogram Test, 뇌전도), rCBF(regional Cerebral Blood Flow, 지역적 대뇌 혈류), PET Scan (Positron Emission Tomography Scan, 양전자 단층 촬영) 등의 기술이 발전한 결과, 살아 있는 사람들의 지능 활동을 연구할 수 있게 되면서부터라고 알려져 있다.

인간의 지능 활동을 좀 더 쉽게 이해하기 위해 자동차 운전과 관련된 지능 활동을 예로 들어 보자. 인간의 운전 행위는 교통 규칙을 숙지하는 것도 중요하지만 많은 부분이 위험을 피하기 위한 의식적·무의식적 반복 행동에 의존한다. 특히 도로에서 발생하는 각종 돌발사태에 대응하는 운전자의 반응과 조치는 거의 무의식적으로 구사하는 운전 기술과 반사작용의 결과라고 할 것이다. 인간의 신경계통은 일단 감각기관을 통해 정해진 위험이 감지되면 생존 가능성을 높이기 위해 의식적 판단에 따라 어떤 행동을 할 것이냐를 결정하기 전에 이미 정해져 있는 대응 방안에 따라 신체 반응을 나타낸다. 한편 인체 내부기관의 움직임은 공간적 움직임이 거의 없고 연관되어 움직이는 신체 기관 간 관계가 거의 변하지 않기 때문에 대부분의 과정이 무의식 상태에서 행해진다. 결과적으로 두뇌 및 신경계통 활동의 대다수가 무의식 상태에서 이루어진다.

반면 신체 기관의 운동이 정해진 틀의 범위를 크게 벗어나면 각종 통증과 불쾌감 등이 의식하에 들어오면서 신체적 조치를 요구하게 된다. 이때 신체 각 부분이 원만하게 작동하는지 아닌지를 종합적으로 알려 주는 지표가 바로 '감정'이라는 정신 작용이라고 설명하는 연구자도 있다. 인간이 지능을 이용해서 하는 일 중에 가장 기본적인 일은 신체적인 생존 가능성을 느끼는 것이라고 한다. 이러한 느낌이 인간 감정의 근본 요소라고 보는 연구 흐름이 있다. 그 연구자들에 의하면 내감(interoception)이 핵심적인 두뇌의 기능이다. 내감은 신체 내부의 상태를 느끼는 것인데, 무의식적이든 의식적이든 신체 내부의 생리학적인 상태를 인식하는 것이다. 이 분야의 연구자들은 내감이 인간이 가진 감정의 기본이며, 이러한 내감이 궁극적으로 인간의 지능 활동을 좌우한다고 생각한다. 아울러 인간은 감각기관을 통해 받아들인 외부 자극에 의한 정보를 지능 활동을 통해 현상으로 인식한다. 이런 인체 내부 및 외부의 상태에 대한 인식은 생명체가 생존을 유지하기 위해서 갖고 있는 기능이다.[3]

반면, 초기 인공지능 개발자들은 일반지능을 IQ 테스트로 파악할 수 있는 정도의 것으로 간단하게 이해하고 컴퓨터로 재현해 보고자 했던 것 같다. 초기 연구자들의 생각과 달리 현재까지도 인간이 가진 지능 자체에 대한 연구는 여전히 충분하지 않은 상태이며, 인간의 지능이 논리적 판단의 결과만으로 구성되어 있지도 않은 것으로 알려지고 있다. 예를 들어 감정적 판단이 논리적 판단보다 상위의 지배력을 갖고 있는 것으로 보는 연구들이 확립되어 가고 있으며, 이로 인해 논리 체계에 따라 작동하는 기계인 컴퓨터 하드웨어와 소프트웨어로 인간의 일반지능을 구현하기는 쉽지 않다고 보고 있다.

벤 괴르첼(Ben Goertzel)에 따르면 일반 인공지능(artificial general intelligence: AGI, 일명 Strong AI) 연구는 많은 연구자들의 노력에도 불구하고 아직은 연구자들의 영감에 근거한 설계 수준에 머물고 있어 실용 단계에 들어가고 있는 좁은 혹은 약한 인공지능에 비해 크게 부진한 상태이다. 다만 많은 과학적 발명들이 AGI 연구 방식처럼 과학자들의 개인적 영감에 의해 이루어진 경우도 많기 때문에 지금의 연구 방식이 반드시 성과를 내지 못할 것이라고 단정할 일은 아니라고 한다. 즉, 누군가의 노력에 의해 일반 인공지능이 만들어질 날이 올 수도 있다는 것이다.[4]

인공지능 연구의 초기 단계의 연구자들은 인간의 지능 활동이 두뇌 속의 특정 기관이 아니라 뉴런이라고 하는 뇌세포들 간의 작용에 의해 일어난다는 것까지는 알았지만, 역시 인간의 지능 활동을 물리적 현상이라고 인식했기 때문에 사고 작용의 기본 원리 혹은 법칙을 알아내면 언젠가는 복잡한 인간의 사고 기능을 기계로 구현할 수 있을 것이라고 생각했던 것 같다. 만약 이러한 생각이 타당하다면, 충분한 시간이 주어지면 언젠가는 인간의 지능 활동을 기계로 구현하여 일반지능을 인공적으로 만드는 일반 인공지능이 실현될 수 있을 것이다.

그러나 이 같은 생각은 인공지능 연구에 있어서 아직까지는 그다지 성공적인 결과를 가져오지 못했다. 우선, 가장 큰 난관은 인간의 사고방식이 사람마다 모두 다르다는 점 때문에 생겨났다. 비록 지능 활동이 일반적인 원리에 의해서 작동한다고 하더라도 지능이 구현되는 형태는 사고 기능을 하는 특정 사람의 경험과 지식, 발육 상태 등 수없이 많은 요인에 따라 서로 다르게 형성된 뉴런의 구조를 따르게 된다. 또한 사람이 살아 있는 한 특정 개인의 사고 기능 자체도 특정 형태와 구조로 고정되어 있지 않고 계속해서 바뀌게 된다.

물리법칙에 따라 기능하는 지능 활동의 일반 원리가 있고, 이를 기계로 재현한다고 하더라도 현실에 살아 있는 인간의 지능 활동은 선천적인 두뇌 구조에 더해 성장 과정에서 겪게 되는 수많은 경험과 학습, 그리고 사고 작용의 결과에 의해 개인별로 너무나 다른 형태로 바뀌어 버리기 때문에 이를 기계로 재현하기는 불가능할 수도 있고, 의미가 없을 수도 있다.[5] 인간을 대신하여 특정 기능을 지치지 않고 되풀이할 수 있는 것이 기계라면, 불특정 다수의 기능을 할 수 있는 범용성 기계, 즉 인간과 똑같은 로봇을 만드는 것은 개념적으로 불가능하다. 왜냐하면 인간은 모두 같지 않기 때문에 어떤 인간을 완전히 똑같이 복제하더라도 모든 인간의 기능을 대신할 수 있는 범용 인조인간은 만들 수 없는 것이다.

즉, 인간 지능활동의 기본 기능을 대신할 수 있는 기계를 만들고, 이 기계에게 가능한 한 다양한 학습을 시킨다고 하더라도 결국 그 인공지능 기계는 특정 경험과 지식을 가진 기계일 뿐이다. 이러한 문제에 대해 하이에크는, 인간은 사고 기능만으로 인간의 사고 기능 자체를 인식할 수 없기 때문에 자기 자신의 사고 기능, 더 정확하게는 의식 활동 밖으로 나가서 자신의 의식 활동 내용을 관찰할 수 없다고 설명했다. 그의 설명을 받아들인다면 인간의 지능에는 의식활동 내용을 객관적으로 인식할 수 없는 한계가 있다고 정리할 수 있다.

더 근본적인 문제는 인간은 자신의 두뇌 속에서 일어나는 각종 작용 중에 의식하에 들어온 현상만을 인식할 수 있고, 무의식적으로 일어나는 각종 현상(예를 들어 감정적 변화 등)에 대해서는 스스로도 논리적·의식적인 법칙을 찾아낼 수 없다는 점이다. 더구나 자신이 아닌 타인의 두뇌 속에서 일어나는 각종 의식적·무의식적 두뇌 작용에 대해서는 의식이라는 행위 자체가 아예 불가능한 상태이므로 수많은 인간 두뇌에서 일어나는 지능 현상의 원리를 파악하여 인공지능 지식과 기술을 개발하는 것은 사실 처음부터 성공하기 매우 어려운 과제였다.

2. 인공지능의 정의

인공지능과 금융의 관계를 이야기하기 이전에 반드시 짚고 넘어가야 하는 문제는 인공지능을 어떻게 정의할 것이냐의 문제이다. 인공지능의 범위를 최대한 넓게 보면 컴퓨터와 금융의 관계에 대한 이야기가 될 것이고, 가장 좁게 보면 현재 인공지능 기술 분야에서 각광을 받고 있는 딥러닝 기술과 금융의 관계에 대한 이야기가 될 수도 있다. 이처럼 인공지능의 정의가 분명하게 정립되기 어렵기 때문에, 대부분의 금융기관들이 이미 인공지능 기술에 의해 작동하는 컴퓨터 관련 기기를 도입하여 활용하고 있다는 주장은 모두 맞는 말이기도 하고, 특정 인공기술의 측면에서 보면 금융기관들은 인공지능 기반의 기기를 전혀 사용하지 않는다고 볼 수도 있다.

문제는 이러한 기준은 기계가 할 수 있는 일의 범위에 대한 사회적 통념이 달라질 때마다 인공지능의 범위를 변경시킨다는 것이다. 예를 들어 스위치만 누르면 모든 것이 자동으로 작동하는 세탁기를 인공지능으로 작동하는 세탁기라고 주장했을 때 그것이 시중에서 처음 나온 것이었다면 그 주장의 타당성을 입증하려고 특별히 애쓸 필요가 없었을 것이다. 반면, 가정에서 자동으로 작동하는 로봇 청소기를 흔하게 볼 수 있게 된 오늘날, 자동 전기 세탁기가 실제로는 첨단 인공지능 기술로 작동되고 있다 해도 소비자들은 별로 관심을 갖지 않을 것이며, 인공지능이라는 명칭을 사용하면 오히려 거부감을 갖게 될 가능성이 높다. 아마 인공지능이라는 기술적 표현이 소비자들에게 신뢰를 주기 때문에 광고용으로 인공지능이라는 표현을 남용하고 있다고 생각할 뿐 가정용 전기 제품에 대단한 인공지능 기술이 사용되었으리라고는 믿지 않을 것이기 때문이다.

이미 사용한 역사가 수십 년에 달하지만, 한때 값비싼 컴퓨터를 활용하는 핵심 영역으로 이해되었던 광학마크인식(optical mark recognition: OMR) 혹은 광학문자인식(optical character recognition: OCR) 기술의 예를 들어 보자. OMR, OCR 기술이 도입되어 활용되기 시작할 무렵에는 컴퓨터 기술의 엄청난 성과로 인식되었고, 인간의 기능을 대신하되, 지치지도 않고 오류도 없는 대단한 기술로 평가되었다. 그리고 당연히 인공지능 기술의 성과로 인식되었다.

요즘은 어떠한가? 휴대폰 화면에 손톱으로 쓴 한자를 인식하는 프로그램을 사용하는 것이 당연하고 OMR, OCR 기능을 두고 인간이 하던 일 혹은 인간만이 할 수 있었던 일을 컴퓨터가 대신하게 되었다는 인식 자체가 별로 없다. 지루하고 답답하고 반복적인 일을 기계가 대신하고 있는 것일 뿐 애초에 인간 지능으로 하던 일이기 때문에 인공지능 기술의 중요한 성과라고 보는 사람은 드물다. 이미 컴퓨터라고 하는 기계가 할 수 있고, 할 수 있어야 하며, 인간이 할 일은 아니라는 사회적 통념이 형성되었기 때문이다. 주관식 문제를 채점하지 못하는 OMR, OCR 기능의 한계가 지적되고 있을 뿐이다. OMR, OCR이라는 기술의 본질에는 큰 변화가 없지만 이들 기술을 인공지능 기술의 범주에 들어가는 것으로 볼 것인지에 대한 사회적 통념이 바뀌어 버린 것이다. 이처럼 사회적 통념이 바뀌고 나면, 딥러닝 방식, 뉴럴 네트워크 방식으로 OCR 기능을 개선했다고 아무리 설명해도 OMR, OCR 기능이 인공지능 기술에 의해 구현되었다고 생각하는 사람은 별로 없게 된다.

그렇다면 현재 상태에서 인공지능이라고 불리는 지식과 기술의 핵심은 무엇일까? 사실 컴퓨터 기술이라는 것 자체가 인간의 논리적 사고 기능을 흉내 낸 것이기 때문에 컴퓨터 기술 치고 인간이 하는 것처럼 보이지 않는 일은 많지 않다. 따라서 앞서 언급한 것처럼 컴퓨터를 사용해서 할 수 있는 일 모두가 인공지능 기반이라고 보는 편이 가장 광범위하게 인공지능을 기술하는 정의가 될 것이다. 가장 좁은 의미의 인공지능은 어떻게 정의할 수 있을까? 왜 몇 가지 컴퓨터 지식과 기술의 경우에는 인공지능이라는 명칭이 자신들만이 사용할 수 있는 특성인 것처럼 사용하고 있는 것일까?

그것은 인공지능이라는 명칭이 인공지능 지식과 기술의 범위가 확정되지 않은 상태에서, 인간의 지능 활동을 연구하는 다른 과학기술 영역—이미 활발하게 개발되어서 활용되고 있던—과 겹치지 않는 범주의 지식과 기술에 인공지능이라는 명칭을 붙였기 때문이다. 즉, 실제 인간 지능을 대체하는 기능을 수행하는 모든 지식과 기술에 인공지능이라는 명칭을 붙인 것은 아니었던 것이다. 사실 인간의 지능 활동을 기계가 대신하는 지식과 기술은 전자식 컴퓨터 이전부터 존재해 왔다. 다만 인간의 지능 활동을 흉내 내는 방식을 통해 지능 활동을 기계로 구현한다는 목표는 있었지만, 이러한 기능을 어떻게 구현할 것인지는 정해져 있지 않았다. 역사적으로는 기계식 컴퓨터, 전자식 컴퓨터 등 작동 방식과 운영 원리가 다른 각종 계산기가 출현했다.

반면, 1950년대 중반에 출현한 인공지능이라는 명칭이 붙은 컴퓨터 관련 지식과 기술은 각종 기계를 이용하여 인간 지능활동의 일부를 구현하는 것이 아니라 인간이 가진 일반지능을 컴퓨터로 구현하여 스스로 학습하고 생각하는 기계를 만들어 보겠다는 목표를 세웠고, 이러한 연구 방향에 대해 스스로 인공지능이라는 명칭을 붙였던 것이다. 문제는 인공지능의 구현 방식이, 지능이 작동하는 일반적 방식을 논리 모형으로 만들고 필요한 환경 정보와 지식을 데이터베이스로 만들어 작동하게 하는 방식과 인간의 두뇌 속의 뉴런이 외부 자극을 받아들여서 인식하고 반응하는 방식을 흉내 내서 컴퓨터에 구현하는 방식 등 크게 두 가지로 나뉘어져 경쟁적으로 발전했다는 데 있다. 새로운 지식과 기술이 만들어지는데 처음부터 한 가지 표준 방식이 자리를 잡고 모든 연구자들이 한 가지 방식으로만 연구하는 일이 없는 것처럼 인공지능 연구도 연구자마다 다른 아이디어를 갖고 다양한 방식으로 이루어질 수밖에 없었다.

결국 인공지능이라는 지식과 기술의 범주는 인공지능에 대한 초기의 연구에서부터 현재에 이르기까지 전문가들이 각자 다른 방식으로 인공지능 구현이라는 목적에 부합하는 연구를 진행하고 있는데, 그중에서 어느 정도 성과를 보이는 지식과 기술들이 인공지능이라는 범주에 속하는 지식과 기술로 간판을 달게 되었다. 즉, 인공지능이라고 불리는 컴퓨터 지식과 기술의 범주는 정립되어 가는 중이고, 한 가지 방식으로 굳어진 것이 아니며, 시간이 흐르면서 내용이 크게 바뀔 수도 있는 분야인 것이다. 따라서 인공지능에 속하는 지식과 기술은 일반인이 생각하는 범위와 전문가들이 생각하는 범위가 크게 다를 수 있다. 그렇기 때문에 인공지능 지식과 기술에 대한 범위를 최대한 좁혀서 인공지능이라는 명칭이 공개적·적극적으로 사용되기 시작한 다트머스 회의 및 이 회의에 참석한 사람들이 표방하고 사용한 방법론에 기초한 연구들을 중심으로 생각해 볼 수밖에 없다.

인공지능 프로그램의 개발 초기에는 인간의 의식적 두뇌 활동을 연구한 결과를 바탕으로 사고 작용을 규칙화, 모형화하고, 이것을 컴퓨터 프로그램으로 구현하는 것을 목표로 삼았다. 각종 전문가 시스템이 바로 그러한 것이다. 처음에는 인간의 지능에 대한 연구가 의식적 활동 현상에 집중되었기 때문에 인공지능을 연구하는 사람들도 이것을 컴퓨터로 재현하는 것이 목표가 될 수밖에 없었다. 그러나 이러한 연구는 곧 벽에 부딪치게 된다. 왜냐하면 인간의 의식적 활동에 필요한 두뇌 능력이 지능이라고 생각하고, 이러한 일을 할 수 있게 하는 능력을 일반지능이라고 정의한 후 이를 컴퓨터로 재현하려는 노력은 기대에 크게 미치지 못하는 성과만을 보였기 때문이다. 정확하게 말하자면 일반지능을 구현하기 위한 알고리즘, 즉 인간이 사전에 정의하여 만든 규칙만으로는 인간의 지능 활동을 흉내 내는 데 심각한 기술적 한계가 있음을 알게 되고 말았다.

컴퓨터는 모든 변수, 데이터, 기억을 의식적으로 처리할 수 있다. 그러나 인간이 이 모든 과정을 이해하고 통제하기 위해서는 인간의 의식적 이해의 한계를 뛰어넘을 정도로 복잡한 과정이 필요하다. 그 경우 최적의 상태로 프로그램을 만들기 위해 인간이 직접 통제하는 프로그래밍 방식에 의존하지 못할 수도 있다. 혹은 인간이 일일이 통제하여 만드는 것보다 더 나은 방법을 찾아야 할 수도 있다. 이렇게 볼 때 현재 활용되고 있는 딥러닝 등의 인공지능 기술은 의식적·논리적으로 설명하기는 어렵지만, 감정적 판단, 영감 등과 같은 방식으로 작동하는 기술로 평가할 수 있으며, 그렇기 때문에 활발하게 사용되는 인공지능 기술로 자리 잡았다.

사실, 인간의 마음을 기계적·논리적으로 정의할 수 있느냐의 문제는 심리학의 핵심 과제였다. 여기서 기계의 개념을 정의하기는 어렵다. 다만 사회통념상 기계는 3차원 공간을 차지하고, 3차원 공간을 차지하고 있는 원료를 가공하여 새로운 3차원 결과물을 만들어 내는 도구를 말한다. 즉, 기계는 3차원적인 존재로서 이해되고 있다. 사실 n차원의 대상을 처리하는 컴퓨터까지 기계에 포함시키면 지능도 기계로 재현할 수 있다는 것이 인공지능 연구자들의 생각인데, 아직 연구가 완성되지 않았을 뿐이라고 그들은 여겨 왔다.

따라서 인간의 지능 활동을 기계로 재현할 때는 의식적으로 인식할 수 있는 지능 활동, 소위 마음(mind)에 의한 기능과 무의식적으로 작동하는 지능 활동의 기능까지 함께 구현해야 인간의 지능 활동을 인공적으로 재현할 수 있게 된다. 인공지능이라는 연구 영역이 구체화되는 초기부터 인공지능을 기계적으로 재현하는 방법론과 관련하여 ① 의식적으로 작동하게 할 수 있는 논리모형, ② 논리적으로 설명하기는 어렵지만 인간의 두뇌에서 일어나고 있는 지능활동 기구(구체적으로는 뉴런)의 작동을 흉내 내는 방식 등 두 가지 아이디어가 있었다. 전자가 주로 논리적으로 작동하는 기계인 컴퓨터를 만들어 낸 수학자들의 방식이었다면 후자는 컴퓨터 내부 및 컴퓨터와 외부 간 데이터를 주고받게 하는 전기공학자들이 생각한 방식이었다. 1955년 다트머스대학교에서 열린 인공지능 세미나를 주도한 4인의 배경도 크게는 이 두 가지 흐름으로 구분되며, 이후 인공지능 연구가 부침을 겪는 과정은 이러한 흐름 간의 경쟁과 타협 혹은 통합 과정이라고 할 수 있다.

논리적·합리적 인공지능 방식을 추구하는 전문가들은 인간의 두뇌와 동일한 구조를 가진 기계만이 인간이 할 수 있는 개념 만들기와 같은 일을 할 수 있고, 이러한 활동이 인간의 지능 활동의 핵심적인 부분이라고 믿었던 것 같다. 반면 뉴럴 네트워크 흐름에 속하는 전문가들은 인간이 만들어서 활용하는 각종 개념과 언어 등은 인간이 지능 활동을 하는 과정에서 효율성 제고를 위해 자연스럽게 만들어지는 각종 카테고리 혹은 그룹이며, 경험을 통해 연속적으로 수정되고 있는 개념일 뿐임을 보여 주었다. 예를 들어 인간이 사용하는 언어의 경우에도 지능의 주체들이 판단, 의사결정의 성공률을 높이기 위해 혹은 정보 교환의 효율성을 높이기 위해 사용하는 카테고리, 지표,

기준 혹은 변수로서의 특성을 갖고 있음을 보여 주었다.

인간만이 할 수 있다고 여겨지던 카테고리 만들기, 추상적 개념 만들기, 이름 붙이기 등의 기능을 컴퓨터도 할 수 있다는 실험 결과를 보여 준 연구자들도 없지는 않다. 인공지능에 의해 작동하는 로봇을 연구하는 학자들 중에는 인간 두뇌의 하드웨어에 상당하는 충분한 계산 능력과 스스로 진화 발달하는 데 필요한 시간과 경험이 주어지면 인간처럼 일반화 등 추상적 개념 만들기와 이름 붙이기, 카테고리 만들기 등의 지능 활동이 가능하다는 것을 실험을 통해 보여 준 학자들이 있다.[6] 즉, 자연지능을 가진 인간이 개입하여 관련된 사물에 이름을 붙여 주는 과정이 없을 경우에도 인공지능 기계가 언어를 스스로 만들고 인공지능 기계 간에 정보 교환이 가능하다는 것을 보여 준 것이다. 현재까지는 데이터 수집, 이름 붙이기 등 엄청난 비용이 소요되는 딥러닝 방식의 인공지능 구현이 행해지고 있지만 중장기적으로 볼 때 인공지능이 인간의 감각기관에 해당하는 외부정보 수용 기능을 갖게 되면 인간의 통제 기능이 없어도 스스로 학습하고 지식과 개념을 만들어 내는 상황이 일반화될 수도 있다.

그러나 현재의 연구와 기술 수준으로는 인간의 감각기관이 받아들여서 두뇌에서 처리하는 정보의 종류와 처리 방식 등을 충분히 알 수가 없다. 예를 들어 인간의 시청각 기관과 두뇌가 어떤 정보, 즉 빛의 주파수, 진폭, 주파수의 변동률 등 생각할 수 있는 수없이 많은 자연현상 가운데 무엇에 주목하여 데이터를 만들고 활용하는지 확인하기 어렵다. 혹은 하나의 감가기관이 받아들인 신호를 단독으로 처리하는지, 아니면 여러 개의 감각기관이 받아들인 신호를 결합하여 데이터를 만드는지도 사실은 잘 알기 어렵다. 다만 현재까지는 인간의 감각기관이 수용해서 처리하고 있다고 인식하는 자극들(예를 들어 사물의 크기, 색 등)을 분류하고 정리하여 라벨을 붙이는 방식의 처리 과정을 거쳐 데이터로 만들고, 이렇게 만든 데이터를 이용해 인공지능 프로그램을 학습시켜 활용하는 정도에 그치고 있을 뿐이다.

그렇지만 인공지능 연구자들은 이상과 같이 매우 제한된 범위의 성과만으로도 각종 문자인식 시스템, 음성인식 등 인간이 지능을 이용해 행하는 일이라고 믿었던 일들을 컴퓨터가 처리하게 하고 있다. 만약 인간의 감각기관이 받아들이는 신호들로부터 데이터를 추출하는 연구와 기술이 더 발전한다면 뉴럴 네트워크 등 인공지능 시스템이 할 수 있는 일은 현재 가능한 기능의 영역을 크게 벗어날 가능성이 높다. 인공지능 시스템이 어떤 일까지 할 수 있을 것이냐는 앞으로 어떤 하드웨어와 이들이 읽어들이는 신호를 어떤 개념을 이용해 데이터를 만들어 내느냐에 달려 있다고 할 것이다. 예를 들어 특정 자극(전기, 소음, 빛, 색, 음악 등)에 대한 인간의 얼굴 근육 움직임의 강도를 관찰하고 이를 데이터화하여 동일인 여부를 확인할 수도 있을 것이다.

3. 다트머스 회의

인공지능의 정의에 대한 논의에서 다트머스 회의가 차지하는 중요도는 매우 높다. 그렇지만 다트머스 회의에 참여한 사람들의 의욕에 비해 그들이 생각하는 인공지능의 정의가 분명하지도 않았을 뿐만 아니라 그들이 생각하고 예상한 인공지능 구현 방식이 기대한 만큼 성과를 보여 주지도 못했다. 따라서 연구 초기에 받았던 관심과 경제적 지원을 잃기도 했고, 연구 열기가 식어서 한동안 버려지고 기피되는 연구 분야로 전락하는 등 인공지능의 발달 역사는 몇 차례의 우여곡절을 겪으면서 최초의 주요 연구방향에서 벗어나거나 혹은 버려졌던 연구 방향으로부터 대단한 성과가 시현되는 등 일반적인 과학 연구가 겪는 모든 시행착오가 재연되면서 발전하고 있다.

다트머스 회의(Dartmouth Summer Research Project on Artificial Intelligence)는 1955년 8월 31일 다트머스대학교의 존 매카시(John McKarthy, 당시 28세, 스탠퍼드대학교 교수로 재직), 하버드대학교의 마빈 리 민스키(Marvin Lee Minsky, 당시 28세, MIT 교수로 재직), IBM 사의 나다니엘 로체스터(Nathaniel Rochester, 당시 36세), 벨연구소(Bell Telephone Laboratories)의 클로드 엘우드 섀넌(Claude Elwood Shannon, 당시 39세)이라는 4명의 연구자가 작성한 연구 제안서(A proposal for the Dartmouth Summer Research Project on Artificial Intelligence)에 따라 1956년 다트머스대학교에서 열렸다. 4명의 연구자들은 연구 예산으로 총 1만 3500달러를 록펠러 재단(Rockefeller Foundation)에 지원 요청했는데, 이들이 작성한 연구 제안서에서부터 인공지능(Artificial Intelligence)이라는 용어가 사용되기 시작했다.[7]

다트머스의 4인을 비롯한 초기의 인공지능 연구자들은 컴퓨터 기술에 의해 인간의 학습활동을 포함한 지능 활동의 모든 면이 정확하게 재현될 수 있을 것으로 생각했지만, 구체적인 개념과 연구 방법론 면에서는 제각각이었다. 다트머스의 4인이 작성한 제안서에는 이들의 생각이 하나로 합쳐져 있지 않고 독자성을 유지하면서 병렬적으로 나열되어 있는데, 각각 인공지능에 대한 생각과 연구 방법론이 처음부터 서로 달랐음을 엿볼 수 있다.

우선, 벨연구소에 근무하고 있던 최연장자 섀넌은 기본적으로 이론가였다. 인간이 지능 활동을 하는 환경을 간단한 수리모형으로 만들고, 이러한 환경에서 작동하는 간단한 원리의 기계지능을 만들되, 점차 복잡한 환경에서 작동하는 인공지능으로 발전시켜 나갈 수 있다고 판단했다. 20대 후반의 젊은이였던 하버드대학교의 민스키는 감각기관의 기능과 감각기관으로부터 입력된 정보를 바탕으로 학습하면 운동기관이 '목표'를 달성하기 위해 작동하는 수리모형을 만들 수 있다고 봤다. 특히 기계지능은 감각기관을 통해 입력된 데이터를 바탕으로 환경에 대한 수리모형을 만들 수 있다고 판단했다.

30대 후반이었던 IBM 사의 로체스터는 환경으로부터 얻어진 데이터로 추상화된 모형을 만들고, 목표가 주어지면 이 목표를 달성하기 위한 어떤 반응 방식(rule)으로서 기계지능을 생각해 낼 수 있다고 여겼다. 이 반응 방식을 찾아내는 방법으로는 여러 가지 조합들을 만들어서 그중에 적절한 반응 방식이 있는지를 확인하는 방법이 있을 수 있지만, 성공 가능성이 낮을 것이라고 보고 있다. 그는 성공 가능성이 높은 방법은 인간의 두뇌 속의 뉴런들이 새로운 문제를 해결하는 방법을 흉내 내면 될 것 같은데, 아직 인간 두뇌의 작동 방법을 잘 모르는 상태라고 설명했다. 이렇게 볼 때 로체스터의 관심사는 새로운 문제의 해결책을 찾는 기계 만들기였다. 20대 후반이었던 다트머스대학교의 매카시는 감각 데이터로부터 얻은 정보를 이용하여 복잡한 목표 추구 행동을 할 수 있는 동작기계를 만들려면 언어로 표현될 수 있는 가설을 만들고 이 가설의 타당성을 확인하는 실험을 해야 한다고 주장했다. 이는 인간 두뇌의 의식적 영역의 활동에 중점을 두는 인지과학자 스타일의 연구 방식이라고 볼 수 있다.

다트머스 회의에 대한 록펠러 재단 내부의 문서를 살펴보면, 1955년 12월 22일 다트머스 연구 요청액의 절반 정도인 7500달러만 지원하기로 결정했다. 록펠러 재단의 실무 책임자들은 다트머스 회의에서 추구하는 연구, 즉 나중에 인공지능 연구로 이름 붙여지게 되는 연구들이 "학습의 모든 측면 혹은 지능의 모든 속성을 원칙적으로는 기계가 흉내 낼 수 있을 만큼 정밀하게 기술할 수 있을 것이라는 추측에 기반을 둔 것 같다"라고 기술하고 있다. 록펠러 재단 직원들은 이들의 연구 목적 전체가 모두 달성될 것이라고 생각하지는 않지만, 연구자들은 이러한 연구 목적에 기여하고 싶어 하는 것 같다고

평가했다.[8]

아울러 록펠러 재단 직원들이 컴퓨터 수학과 관련한 두뇌의 기능 이론이 아직은 뉴턴 혹은 아인슈타인 이전 단계인 것 같으므로 그룹 연구와 토론보다는 누군가의 뛰어난 통찰력이 필요하지 않은가라고 지적한 것에 대해 다트머스 회의에 참여한 연구자들은 관련 분야의 연구자들이 인공지능의 이론 연구를 할 시간이 없기 때문에 전적으로 이 일에만 매달릴 수 있는 2~3개월의 시간이 필요하다고 주장했다. 이러한 주장에 대해 록펠러 재단 담당자들은 이 정도의 적은 비용으로 그럴듯한 연구 성과가 나오지 않을 수 있다는 걱정도 했지만, 초대될 많은 사람들이 1년 중 순수이론 연구에 들일 시간이 별로 없다는 사실을 걱정했다. 심지어 록펠러 재단 담당자들은 두뇌가 어떻게 작동하는지에 대한 연구자들의 막연한 추측에 기초해서 연구가 진행되는 것을 방지하기 위해 1~2명의 심리학자도 연구에 포함시켜야 한다고 지적하면서 뉴욕의 한스 루카스 토이버(Hans-Lukas Teuber) 혹은 하트퍼드(Hartford)의 칼 프리브램(Karl Pribram)을 추천하는 등 인공지능 연구의 방향이 제대로 잡히기를 원했다.[9]

우여곡절을 겪으면서 출발한 다트머스 회의에 참여했던 전문가들은 나중에 인공지능 지식과 기술에 대한 연구를 주도하게 된다. MIT의 민스키와 매카시, 앨런 뉴얼(Allen Newell), 허버트 알렉산더 사이먼(Herbert Alexander Simon) 등 많은 연구자들이 1956년 다트머스 회의에 참여했으며, 6~8주 정도의 짧은 기간 동안 세미나를 통해 인공지능 연구의 기본 방향을 정립했고, 여기서 만들어진 개념과 방향들이 오늘날 인공지능 연구의 기초가 되었다.

4. 경험주의자들의 소박한 출발

인공지능의 역사를 살펴보면 몇 가지의 서로 대립하는 패러다임이 경쟁을 벌이는 역사임을 알 수 있다. 인공지능에 대한 연구가 이루어지기 시작하면서부터 대부분의 기간 동안 상징주의 인공지능이 지배적인 연구 패러다임이었지만, 현재는 딥 뉴럴 네트워크를 이용한 머신러닝으로 대표되는 연결주의(connectionist) 패러다임이 상승세를 타고 있다. 인공지능을 연구하는 두 가지의 대표적인 패러다임은 각각 강점과 약점을 모두 갖고 있기 때문에 이들을 얼마나 잘 조화시킬 것이냐가 인공지능 연구의 주요 과제이다.

인공지능 연구 초기에 인공지능 연구 방식의 주류를 이루었던 합리주의, 상징주의 인공지능의 주요 특징은 대상 간의 관계들로 이루어진 추상적·논리적 명제들을 조작함으로써 지능이 구현될 수 있다고 보는 견해였다. 인공지능을 이용한 번역 방식을 예로 들자면, 1950년대의 규칙 기반의 기계 번역이 합리주의 인공지능 연구 방식을 채택한 것이었다. 실제의 연구 성과를 보면 규칙 기반의 기계 번역은 언어 표현이 규칙에 맞는 경우는 잘 번역되지만, 규칙에 잘 맞지 않는 경우가 많고, 전문가가 계속해서 변화하는 규칙을 찾아 유지, 보완해야 하는 문제점이 있을 뿐만 아니라, 비용도 막대해서 성과가 좋게 나오기 어려웠다. 초기 단계의 기계 번역의 문제를 해결하기 위해 개발된 방식으로 '단어와 구에 대한 통계적 기계 번역'은 규칙 기반의 기계 번역이 가진 한계를 어느 정도 극복했으나, 확률 계산의 복잡도가 지나치게 높아서 규칙 기반 기계 번역의 한계를 완전히 극복하지는 못했다.

냉전시대였던 1954년부터 미국 정부는 높은 성공 가능성을 기대하고 합리주의 방식의 인공지능 기술로 러시아어 문장을 번역하는 사업에 예산을 지원했지만, 결과는 대실패였다. 합리주의 방식의 인공지능 기술로 러시아어 문장을 번역하는 사업이 실패하게 된 근본적인 이유는 기계적 규칙에 따르는 컴퓨터 프로그램은 인간이 지능 활동을 할 때 보편적으로 활용하는 지식과 상황 정보를 감안한 의사결정을 할 수 없었기 때문이다. 알고리즘적 인공지능이 성공할 수 있는 분야는 논리적 계산이 의사결정에서 대부분의 비중을 차지하는 영역이었다. 즉, 지극히 기술적인 업무가 진행되는 전문가 영역에서는 나름대로 인공지능이 기여할 수 있었다. 다만 전문가 영역에서도 지식과 기술의 발전에 따라 누군가가 지속적으로 프로그램을 고쳐야 하는 데 스스로 학습할 수 있는 인간의 지능과는 거리가 멀었다. 결국 1966년 ALPAC(The Automatic Language Processing Advisory Committee)가 기계 번역이 인간 번역에 비해 비용이 많이 들고, 부정확하고, 더 느리다는 보고서를 발표한 이후 전미연구평회의(The National Research Council)는 그동안 기계 번역에 투입했던 2000만 달러 이상의 예산을 끝으로 지원을 중단하고 말았다.

1980년대에는 상대적으로 상황 지식에 대한 의존도가 낮은 '전문가 시스템'이 인공지능 연구의 새로운 추세로 등장하면서, 전문가 시스템용으로 개발된 LISP(LIST Processing) 언어 기반의 인하우스 시스템(in-house system)이 개발되기도 했다. 그러나 범용 워크스테이션 혹은 PC가 시장 수요를 대체하면서 LISP 언어용 컴퓨터 시스템 시장은 붕괴하고 말았으며, 1990년대 초에는 전문가 시스템 시장마저 붕괴하고 말았다. 규칙 기반의 기계 번역용 인공지능 프로그램이든 전문가의 지식과 경험을 컴퓨터 프로그램으로 작성한 전문가 시스템이든 간에 '과거'의 규칙과 지식, 경험을 기반으로 만든 논리적 프로그램으로는 '새로운 문제'에 대한 해결이 불가능하고, 여전히 '상황 지식' 문제를 해결할 수 없었기 때문이다. 무한한 범위까지 확장될 수 있는 인간의 지식과 정보를 컴퓨터에 다 집어넣어야 제대로 돌아갈 수 있는 인공지능 프로그램은 비용이나 속도 면에서 만들어 봐야 쓸모없는 기계가 될 가능성이 높았고, 이러한 방식의 인공지능 연구에 비용을 투자할 기업이나 정부는 없다고 봐도 될 일이었다.

이 같은 사실과는 별도로 인공지능 초기의 주요 연구자인 마빈 리 민스키의 퍼셉트론(perceptron) 비판을 계기로 인공지능 연구는 투자가 끊기고 연구자도 사라지는 빙하기를 맞이했다. 1969년 민스키와 시모어 페퍼트(Seymour Papert)가 발간한 『퍼셉트론즈(Perceptrons: An Introduction to Computational Geometry)』는 인공지능에 대한 상징적 접근 방식을 중시하고 퍼셉트론의 한계를 지적하여 인공지능의 겨울을 초래했다. 기대 속에 출범한 인공지능 연구는 기대만큼 성과가 나오지 않아서 연구비가 중단되고 연구자 숫자도 줄어드는 빙하기를 두 차례 겪는다. 현재는 인공지능 연구에 엄청난 투자와 인력이 몰려드는 세 번째 활성화 시기이지만, 또다시 빙하기를 앞둔 간빙기일 수도 있다.

인간의 지식과 상황에 대한 정보가 있어야 인간의 지능 활동을 기계로 구현할 수 있다는 생각은 사실은 인간의 지능 활동에 대한 불충분한 이해 때문에 생긴 오해라고 할 수 있다. 왜냐하면 인간의 두뇌 활동 중 많은 부분은 무의식 상태에서 이루어지기 때문에 의식 상태에서 확인되는 각종 지식들이 인간의 지능 활동에 미치는 영향은 의외로 크지 않을 수 있기 때문이다. 인간은 자신의 의식적 사고 활동만을 의식할 수 있기 때문에 초기의 컴퓨터 과학자들이 인간의 의식적 사고 기능을 인공지능으로 구현하려고 했던 것은 너무나 당연한 일이었다. 그러나 인지과학의 영역에서는 인간 지능활동의 더 큰 부분이 인간이 의식하지 못하는 상태에서 이루어지는 무의식적인 두뇌 활동(이것을 지능 활동이라고 부를 것이냐는 별개의 문제이지만, 의식적 지능 활동의 성과에 지대한 영향을 미친다)임이 밝혀지고 있다.[10]

인공지능 연구가 새로운 활로를 뚫은 것은 초기에 별로 주목을 받지 못했던 스스로 학습하는 기계로서 인공지능에 대한 측면에 집중하면서부터이다. 일반적인 일을 할 수 있는 인공지능보다는 특수 기능을 수행하되, 스스로 기능을 배우는 인공지능 구현 방식으로 연구 방향이 전환되면서 인공지능 연구는 나름대로 성과를 내기 시작했다. 인공지능의 이러한 측면은 인간의 무의식적 두뇌 활동과 관련이 깊다. 예를 들어 사람들이 숫자와 글자를 인식할 때 학교에서 그 숫자는 이러저러한 기준에 맞게 쓰여야 하고 그런 기준을 충족시키는 것만이 그 글자이고 숫자라는 복잡한 기준을 사전에 배우고 외워서 적용하지는 않는다.

음성의 형태로 들리는 어떤 언어를 알아듣는 것은 더욱 그렇다. 영어의 어떤 발음은 주파수가 256hz로 시작해서 1000hz까지 상승하여 전체 발음 시간의 68%를 유지하다가 마지막에 300mhz로 끝나는 것을 알기 때문에 알아듣는 것이 아니다. 그보다 훨씬 더 복잡한 기준을 충족시키는 발음을 듣고 청각 신경이 반응하고 무의식적으로 작동하는 두뇌 일부가 기능하여 영어의 'E' 발음으로 분류하기 때문에 두뇌의 의식 부문이 'E'라는 음성을 들은 것으로 이해하는 것이다. 다시 말해서 글자를 인식하는 것, 음성을 이해하는 것 등은 논리적·기계적인 공식으로 밝혀내기 쉽게 진행되는 과정이 아닌 것이다. 그나마 문자에 비해 언어는 한 세대가 지나기도 전에 발음 방식이 변하기 때문에 한 번 배워 둔 발음 이해구조가 고정되어 있는 것도 아니다. 사실 매일매일 언어 듣기구조가 조정되지 않으면 한국인이 한국말을 알아듣지 못할 수도 있다.

인간의 지능 활동에 대한 연구 순서가 의식적 활동에서부터 무의식적 활동으로 확대되어 갔기 때문에 인간의 지능 활동을 기계적으로 구현해 보려는 인공지능 연구의 순서도 의식적 지능 활동으로부터 무의식적 지능 활동의 순서로 행해질 수밖에 없었다. 계산, 암호 풀이와 같은 인간의 의식적 두뇌 활동 없이는 해결되기 어려운 문제를 자동으로 풀기 위해 만든 컴퓨터가 인간의 의식적 지능 활동을 기계로 구현하는 것을 목표로 삼은 것은 어쩌면 당연한 것이었다. 예를 들어 제2차 세계대전 중 앨런 튜링(Alan Turing)이 한 일은 독일군이 암호문 작성 기계로 만든 암호문을 인간 암호 해독가들이 엄청난 시간과 노력을 투입하여 푸는 것을 대신할 수 있는 기계를 만든 것이었다. 인간이 작동 원리를 생각해서 만든 기계는 논리적일 수밖에 없고, 이런 암호 작성기로 만든 암호문은 인간의 의식적·논리적 노력이 있으면 시간은 걸리지만 언젠가는 풀 수 있는 문제였으며, 튜링은 이 과정을 기계화하여 인간이 직접 수행하는 것보다 좀 더 빠르고 덜 힘들게 만들었다. 따라서 튜링이 제작한 암호 해독 컴퓨터는 처음부터 인간의 '의식적' 지능 활동을 기계로 대신하는 인공지능 기계였다.

어찌 보면 튜링은 처음부터 컴퓨터가 인공지능 기계라고 생각했을 수도 있다. 다만 그가 생각하는 인공지능은 합리주의적 인공지능 연구자들의 생각처럼 인간의 의식적·논리적 지능 활동을 기계로 재현하는 것이었다고 볼 수 있다. 튜링의 방식으로 만들어진 컴퓨터는 의식적·논리적 문제만 풀 수 있었다. 인간 지능활동 자체를 연구하는 학자들에 의해 무의식적 두뇌 활동이 인간 지능활동의 95% 정도를 차지한다는 사실이 밝혀진 것이 한참 후의 일이라는 사실까지 감안하면, 의식적·논리적 지능 활동에 초점을 맞추었던 초기 단계의 컴퓨터 지식과 기술만으로 인간의 지능활동 전체를 재현하는 기계를 만드는 일은 처음부터 가능한 일이 아니었다. 즉, 아무리 똑같이 기계 형태로 재현하고 싶어도 인간은 자기자신의 머릿속을 들여다볼 수 없었고, 살아 있는 사람을 해부한다고 하더라도 인간의 지능 활동은 눈으로 관찰할 수 있는 물리적 현상이 아니었다. 인간의 사고 작용은 인간의 시각 기능으로는 관찰할 수 없는 전기적·화학적 현상이었기 때문에 지능 활동을 관찰할 수 있는 방식이 개발될 때까지 기다릴 수밖에 없었다.

다만 연구자들은 인간 두뇌에서 일어나는 지능 활동이 어떤 형태로든 뉴런의 화학적 변화의 결과일 것이라는 가설을 널리 수용하고 있었기 때문에 1950년대의 인공지능 연구 초기단계에 오면 이미 뉴럴 네트워크에 대한 연구를 통해 인공지능을 구현해 보겠다는 시도가 중요한 아이디어로 자리 잡았고, 이러한 아이디어를 발전시켜 인간 지능활동의 핵심을 함수 형태로 구현하여 상당한 성과를 거두기 시작했다.

인간의 지능 활동을 논리적 함수 형태로 구현하기 위해서는, 우선 인간의 두뇌가 정보를 저장하고 기억하는 방법에 대한 가설들이 필요했다. 인간의 두뇌에서 두뇌 밖의 세계에 대한 정보를 저장하고 다시 기억해 내는 방법에 대해서는 크게 두 가지 가설이 있었다. 첫 번째는 감각기관이 받아들인 외부 자극이 카메라가 필름에 경치를 기록하듯이 일정한 방식으로 저장되며, 만약 두뇌 속의 신경조직이 감각기관을 통해 받아들인 외부 자극을 기록하는 방식을 알아낸다면 두뇌 속의 기억 데이터를 읽어서 기억의 내용을 정확하게 알아낼 수 있을 것이라는 생각이다. 이러한 가설은 단순하고 이해하기 쉬워서 널리 수용되었으며, 이로 인해 두뇌 활동에 대한 대부분의 이론모델은 논리모형 형태로 만들어졌다.

한편 두뇌 활동에 대한 합리주의적 모형과 달리 영국의 경험주의 전통에서 비롯된 것으로 보이는 가설은 인간이 감각기관으로부터 받아들이는 외부 자극은 그 자체가 기록되는 형태가 될 수 없다고 보았다. 왜냐하면, 우선 인간이 외부 자극을 받아들일 때 사용하는 감각기관이 외부 자극을 있는 그대로 받아들일 수 있는 장치가 아니라고 보았기 때문이다. 예를 들어 시각 정보를 받아들이는 눈의 경우를 보면, 빛이라는 이름이 붙어 있는 전자기파 형태의 자극 중에서 소위 가시광선이라고 이름 붙은 특정 주파수의 자극에 대해서만 자극으로 수용할 수 있으며, 나머지 외부 자극은 자극이 있더라도 없는 것과 마찬가지이다. 외부의 소리를 받아들이는 청각기관 역시 마찬가지이다. 공기를 통해 전달되어 고막에 도착하는 음파 가운데 인간이 수용하는 청각 자극은 초음파라는 이름이 붙은 특정 주파수 이상은 수용하지 못한다. 따라서 이런 고주파수의 음파는 인간의 입장에서는 존재하지 않은 외부 자극이나 다름없는 존재가 될 수밖에 없다.

반대로 인간은 실제 외부 자극이 없을 때도 외부 자극이 있는 것으로 오해하는 경우가 적지 않다. 이마에 물리적 충격이 가해질 때 눈에 강한 빛이 들어오는 것으로 인식하는 경우처럼 외부 자극의 실체와 다른 자극으로 인식하는 경우도 있을 수 있다. 그 외에도 한 가지 종류의 외부 자극을 하나의 감각기관을 통해서만 인식하는 것이 아니라 여타 감각기관과 함께 결합해 인식하는 경우도 있다. 예를 들어 빛의 경우에는 눈을 통해 밝기와 주파수(색깔) 정보를 취득하면서 동시에 피부를 통해서는 빛이 전달하는 온도 정보를 수용한다. 이런 두 가지 경로의 정보가 두뇌 속에서는 함께 처리되므로 인간은 빛을 따뜻한 색, 차가운 색 등으로 구분한다고 알려져 있다. 따라서 빛을 시각 정보로만 처리하는 기계장치에 의해 인간이 빛으로부터 받는 자극을 처리하는 방식을 재현할 경우 인간 지능의 판단과 다른 결론에 도달할 가능성이 높을 수 있다. 감각기관은 외부 자극의 종류를 바꿔서 인식하는 경우가 있을 뿐만 아니라 외부 자극의 강도와 외부 자극을 통해 얻는 정보의 내용은 실제 정보와 다른 경우가 많다. 더 정확히 말하면, 인간이 외부 자극을 인식하는 내용은 태어난 이후 외부 자극에 노출된 경험에 따라 사람마다 다르게 설정된 외부자극의 이해·수용·감지 체계의 영향을 받아 서로 달라진다.

이상에서 살펴본 것처럼 외부 자극에 천차만별의 수용 양상이 나타나는 이유는 사람마다 해석 체계가 다르기 때문이다. 인간의 두뇌가 합리적인 이성에 의해서 작동하고, 이성이라는 존재는 궁극까지 수련하면 결국 동일해질 것이라는 철학적 입장, 즉 합리주의, 이성주의, 논리주의 철학에 따르면 동일한 외부 자극을 서로 다르게 수용할 수 있다는 가설은 수용할 수 없는 가설이 된다. 이러한 서양의 합리주의 철학에 대비하여 경험주의 철학은 입장이 크게 달랐다. 이들은 동일한 외부 자극을 항상 같은 방식으로 처리하여 항상 같은 평가를 내리는 온도계와 같은 과학적 외부자극 측정 장치와 달리 인간의 외부자극 수용 및 판정 장치는 객관적이지 않다고 생각했다. 즉, 경험에 따라 달라지며, 새로운 경험은 두뇌 속에 있는 외부자극 판정 장치의 내용을 지속적으로 수정하며, 인간이 살아 있는 한 이러한 수정 과정은 멈추지 않는다고 생각했다.

인간의 두뇌 속에서 외부자극 판정 장치와 기억장치는 사실 동일한 조직이다. 외부 자극을 처리하는 과정에서 새로운 자극은 새로운 뉴런 경로를 만들고 결국 이러한 새로운 연결이 새로운 기억으로 기능하며, 나중에 들어온 자극은 이러한 기억과 비교하여 이해되고 처리된다. 물론 외부 자극 없이 지속적으로 행해지는 사고 활동의 내용도 하나의 새로운 자극처럼 새로운 연결을 만들 수 있다. 생각만으로도 두뇌의 구조가 바뀔 수 있는 것이다.

경험주의 철학 연구자들은 외부 자극에 따른 두뇌의 사고 작용, 기억 작용 등 지능 활동이 행해지면 복잡한 구조의 스위치 네트워크처럼 되어 있는 두뇌 속의 신경망에 새로운 자극에 대응하는 새로운 연결망 혹은 연결 통로가 만들어진다고 생각했다. 즉, 두 번째 가설을 지지하는 학자들은 인간이 외부 자극을 받아들이면, 두뇌 속에 외부자극 자체 혹은 이에 대한 인간의 행동이 기억되는 것이 아니라, 외부 자극에 대응하는 두뇌의 반응이 남아 있게 된다고 본다. 이러한 가설에 따르면, 외부 자극을 1:1로 기억장치에 기록하는 일 같은 것은 없으며, 두뇌 속에 남는 정보는 결국 특정 반응을 가능하게 하는 선호 체계 같은 것이라고 볼 수 있다.

이상의 내용을 간단히 정리하면 다음과 같다. 재생 가능한 방식으로 외부 자극이 기억된다고 보는 합리주의, 논리주의, 이성주의, 상징주의 가설에 따르면, 인간은 새로운 자극을 받으면 새로운 자극과 기억되어 있는 자극들을 비교하여 적절한 대응 과정을 거친다. 반면, 경험주의 혹은 연결주의 전통의 두 번째 가설에 따르면, 새로운 자극이 두뇌로 들어왔을 때 그 자극이 어떤 것인지에 대한 인식 혹은 확인 과정 없이 이미 만들어져 있는 반응 체계 혹은 선호 체계에 의해 적절한 반응 혹은 대응이 만들어진다.

두 번째 가설에 기초하여 만들어진 신경체계 모형 가운데 가장 성공적으로 활용되고 있는 것은 퍼셉트론 모형이다. 퍼셉트론 모형은 코넬항공연구소(Cornell Aeronautical Laboratory, Inc.)의 방공연구 팀에서 엔지니어로 일하던 프랭크 로젠블랫(Frank Rosenblatt)이 창안했다. 그는 5~6년간 연구한 퍼셉트론의 개념을 1957년 1월 연구소 내부 보고서 형태로 발표했고,[11] 1958년에는 이론적 틀을 갖춰서 ≪사이콜로지컬 리뷰(Pychological Review)≫라는 연구 저널에 논문 형태로 발표했는데,[12] 이 연구 결과는 미국 해군의 연구기금을 받아서 수행한 것이다. 로젠블랫의 논문에 따르면, 인간의 인식, 기억 등의 기능은 상징적 논리 형태의 확정적인 물리적 모형으로는 재현하기 어렵기 때문에 확률적 분리 가능성을 이론적 기반으로 인간의 지능활동 모형을 새롭게 만들어 보겠다고 주장한다.

로젠블랫이 취한 입장은 그에 앞서 헵(D. O. Hebb, 1949), 하이에크(F. A. Hayek, 1952), 어틀리(A. M. Uttley, 1956), 애시비(W. R. Ashby, 1952) 등이 수행한 연구 업적에 기초하고 있는 것으로 알려져 있다. 이 중 하이에크는 『가격과 생산(Prices and Production)』을 비롯한 많은 경제학 저작을 남긴 오스트리아 학파 경제학자 가운데 대표 인물이다. 그는 경제학자로서 이름을 날리기 이전부터 심리학 분야에 오랫동안 관심을 갖고 연구해 왔으며 『인식의 차원(The Sensory Order)』(1952)을 시카고대학교 출판부에서 발간했다. 그는 물리적 현실과 이를 인간의 감각기관을 통해 받아들인 현상이 서로 다를 뿐 아니라, 인간이 가진 각종 경험과 지식의 차이에 따라 동일한 물리적 현실도 서로 다른 현상으로 인식될 수 있다고 주장했다. 이러한 하이에크의 아이디어는 로젠블랫이 인간 지능의 모형으로서 퍼셉트론이라는 개념을 창안하는 데 중요한 영향을 미친 것으로 판단된다.

하이에크는 그의 저서에서 물고기를 잡는 데 사용하는 그물의 동일성은 어떤 기준으로 확인될 수 있을까라는 문제에 대해 의견을 제시하고 있다. 그는 그물 형태의 동일성을 확인하는 하나의 기준으로 그물 연결망을 형성하는 데 꼭 필요한 매듭(knots)과 매듭과 매듭 사이를 연결하는 줄(threads)의 형태를 제시한다. 특정 그물은 일단 매듭과 줄들의 형태가 정해지고 나면 그물이 완전히 평면에 펼쳐져 있거나 접혀 있거나 하나의 덩어리로 뭉쳐져 있거나에 관계없이 동일한 그물이라고 볼 수 있다. 한편 전체적인 모양에는 큰 변화가 없더라도 매듭과 매듭을 연결하는 그물 줄 가운데 하나가 끊어졌다면 그 그물은 다른 그물이라고 할 수 있다. 하이에크는 이러한 차이가 공간적으로는 다른 것이지만 위상기하학적으로는 동일한 것이 될 수 있는 예로 제시하고 있으며, 감각기관이 외부로부터 들어온 자극을 이해하고 기억하는 기능을 담당하는 두뇌의 구조가 바로 그런 방식으로 되어 있다고 설명한다.

로젠블랫에 따르면, 영국 경험주의 전통에 따라 인간의 지능 활동을 연구한 학자들의 주장은 크게 다섯 가지 가설로 정리할 수 있다고 한다. 첫째, 인간이 학습하고 인식하는 기능을 가능하게 하는 신경조직의 실제적인 연결 상태는 사람(유기체)마다 다르다. 둘째, 신경조직의 연결망은 탄력적으로 변경될 수 있으며, 따라서 어떤 외부 자극을 받아들인 신경조직이 다른 신경조직의 반응을 유발하는 정도는 변동될 수 있다. 셋째, 과거와 유사한 자극들이 신경조직에 들어오면 과거에 연결되었던 신경조직을 통해 처리되지만, 과거와 확실하게 다른 자극이 신경조직에 들어오면 새로운 신경조직과의 연결 조직이 만들어진다. 넷째, 긍정적 혹은 부정적 자극이 주어지면 현재 진행 중인 신경망 간의 연결이 강화되거나 약화된다. 다섯째, 자극 자체의 물리적 특성의 유사성이 아니라 두뇌에 들어온 자극을 처리하기 위한 상호작용을 통해 성장해 온 신경조직의 물리적 구조가 유사성 여부를 결정한다.

인간의 지능 활동에 대해 로젠블랫이 정리한 특성을 갖는 경험주의적 입장을 취하고 나면 그동안 인간이 이성적·논리적 사고 작용을 통해 이룩한 과학적 성과를 다른 측면에서 보게 된다. 인류 역사가 자랑하는 의학의 발전 성과에 의해 만들어진 각종 치료약, 의료 기기와 장비 등도 실은 엄청난 사고 능력을 바탕으로 인지 활동을 활발하게 하는 인간의 사고방식과 내용, 두뇌의 인지 활동 등이 연구 대상이 아니고, 물리적·화학적 법칙에 따라 인간의 의식, 혹은 의지와 관계없이 객관적으로 작동하는 장치로서의 인간 신체를 연구하여 알게 된 지식에 기반한 것이다. 물리적·화학적 법칙에 따라 작동하는 대상을 관찰하고 연구하는 것은 동일한 환경에서 동일한 현상을 관찰할 수 있기 때문에 객관적·논리적 연구가 가능하다.

이러한 명제에 대해서 엄밀하게 따져 보면, 인간이 관찰하는 모든 자연현상은 관찰하는 개별 인간의 관점에서 봤을 때, 누구에게나 동일하게 인식되지는 않지만, 인간이 아닌 각종 측정장비에 의해서 관찰되는 자연현상 간의 관계에는 일정한 객관적 법칙이 있는 것이며, 이러한 법칙을 활용한 것이 근대 과학적 문명의 기반이 되었다. 예를 들어 개별 인간은 태어나고 자란 지리적 위치의 기후적 특성, 건강 상태, 예측 여부 등에 따라 동일한 기온도 서로 다르게 느끼지만, 과학적 연구는 개별 인간마다 다른 인식에 근거하는 것이 아니라 온도계라는 객관적 측정 장치에 기반해 연구가 진행된다. 따라서 이런 객관적 데이터를 이용한 연구, 개발이 행해지는 자연과학적 연구 개발의 성과는 현대 물질문명을 만든 가장 중요한 토대가 될 수 있었다.

로젠블랫이 경험주의에 기초하여 인공지능 연구의 기반을 마련한 후 인공지능 연구의 핵심 축으로 자리 잡은 딥러닝 등의 방법을 사용하여 인간의 감각기관에 들어오는 모든 감각 데이터를 컴퓨터와 공유하고, 감각기관에 들어온 정보에 대한 인간의 판단(패턴 인식, 정보 분류 등과 관련한 의식적·무의식적 판단 일체)을 컴퓨터와 공유할 수 있다면, 개인의 특수한 무의식적·의식적 지능 활동을 재현하는 범위가 더욱 확대될 수 있을 것이다. 그러나 그러한 일이 실제로 가능하려면 인간의 감각기관을 대체할 수 있을 정도의 인공 감각기관이 있어야 한다는 전제가 충족되어야 한다.

이상과 같은 인간 지능현상의 특징 때문에 최대한 공통된 모양과 내용, 소리를 갖는 문자, 음성 등은 비교적 인식이 쉽고 인공지능으로 재현하거나 인식할 수 있지만 지능 활동 중 언어와 관련 없는 활동은 일정 범위로 제한되는 카테고리 혹은 클래스를 만들어 일반화하기 어렵다. 예를 들어 음악, 회화 등 정형화된 부호와 특정 주파수 범위의 소리로 표현되지 않는 지능 활동의 결과는 인공지능으로 재현하기 어렵다. 즉, 손글씨를 알아보고 워드 문서를 만들고 음성을 듣고 받아 적는 일은 일정 패턴을 가진 감각기관의 반응이 조합된 것이므로 비교적 쉬운 과제이나 신문 기사를 읽고 핵심 내용을 요약하는 일은 감각기관의 인식 기능을 대체하는 방식으로 해결할 수 있는 과제가 아니다.

만약 인간의 사고 작용과 그 작용의 결과 중 하나인 기억이 컴퓨터 하드디스크에 정보가 기록되는 방식처럼 누구에게나 동일한 방식으로 기록되고 재현되는 것이라면 기술 발전이 있을 경우 인간의 두뇌 밖에서 읽어 볼 수 있겠지만, 인간이 의식을 갖고 있을 때 사람마다 모두 구조가 다르고, 그나마 살아 있는 동안의 경험과 학습에 의해 계속해서 변화하는 의식, 인식 장치에 의해서만 인식 가능한 형태라면 객관적 관찰과 연구는 더욱 힘들어질 가능성이 높다. 따라서 지극히 주관적이거나 각종 측정장비로도 객관적으로 인식하기 어려운 영역에 있는 인간의 사고 작용에 대한 지식을 기반으로 만들어지는 인공지능 지식과 기술 및 이에 기초한 기계 기구와 장치들이 어느 방향으로 발전하고 어느 정도까지 인간 사회에 영향을 미칠지 예측하는 일은 매우 어려울 수밖에 없다.

오늘날 대세로 자리 잡은 경험주의적 인공지능 지식과 기술이 모든 문제를 해결할 수 있는 것은 아니다. 예를 들어 문장 단위로 번역하는 신경망 기계 번역은 학습 속도가 개선되고 안정되었으며, 문장의 어순, 의미에 대한 표현력이 크게 개선되었으나, 고성능, 고비용 컴퓨터를 필요로 하는 문제점이 남아 있다. 신경망 방식의 인공지능은 과거 규칙기반의 인공지능에 비해 대단한 성과를 보여 주고 있고, 이러한 성과로 인해 인공지능 연구에 대한 기대치가 높아져 있으나, 몇 가지 문제점이 있다고 알려져 있다.

첫째, 데이터 비효율성의 문제가 있다. 신경망 방식의 인공지능이 학습을 하기 위해서는 적절한 다양성을 지닌 막대한 규모의 훈련 데이터가 필요한데, 이러한 데이터를 수집, 정리하고 분류하며, 수시로 업데이트하는 일은 막대한 비용을 필요로 한다. 둘째, 데이터 특정성의 문제가 있다. 훈련에 사용한 데이터에 포함되는 영역에서는 인공지능의 성과가 높게 나타나지만, 그 밖의 데이터 영역에서는 성과가 심각하게 나빠진다. 예를 들어 미국 사람이 쓴 손글씨 숫자 데이터를 이용하여 훈련된 인공지능은 한국 사람이 쓴 손글씨 숫자를 인식하는 데 한계가 클 수 있다. 셋째, 해석 불가능성의 문제가 있다. 데이터를 이용한 기계학습의 결과로서 알아낸 신경망 방식 인공지능의 구체적 내용은 많은 수의 층(layers)으로 이루어진 다차원 계수 행렬의 곱이다. 따라서 아무리 상상력이 풍부한 사람이라고 할지라도 다차원 계수 행렬의 곱으로 이루어진 지능 패턴을 인간의 지식, 이성, 논리로 이해하고 설명하기는 어렵다는 문제가 있다.

이상에서 살펴본 문제점 중 첫 번째는 인간의 감각기관을 대신할 외부 자극 수용기의 발달 수준이 낮은 상태에서 나타나는 문제일 수 있다. 두 번째는 자연 상태의 인간 지능도 해결하기 어려운 문제이다. 인간도 자라난 환경에 따라 잘 할 수 있는 일과 잘 할 수 없는 일이 다르다. 영어만 배운 사람은 당연히 한국어를 잘 할 수 없다. 인공지능의 경우도 마찬가지 한계를 보이는 것이므로 어찌 보면 당연히 받아들여야 하는 한계일 수 있다. 세 번째는 자연 지능이 자신의 모든 지능 활동을 의식하지 않고 있는 것과 다를 바 없다.

더 큰 문제는 인간이 인식하지 못하는, 해석할 수 없는 인공지능의 행동은 완벽하게 예측할 수 없다는 점이다. 인공지능에 의해 작동하는 기계장치에 대한 인간의 완전한 통제 가능성이 확보되지 않는 문제가 예상된다. 이러한 현상은 인간의 지능의 경우 사회적 규칙에 따르지 않고 일탈 행동을 하는 경우와 같은데, 인간은 스스로 책임을 지는 주체가 될 수 있다. 인공지능이 사회적 일탈 행동을 할 때 혹은 개발자가 기대한 패턴에서 크게 벗어난 행동을 할 때 인공지능이 특정 자극에 대해 어떤 반응을 보일지 100% 확실히 예측할 수 없는 개발자에게 어느 정도까지 책임을 물을 수 있느냐의 문제가 앞으로 해결해야 할 과제라고 할 것이다.

5. 딥러닝 방식에 대한 소개

인간의 지능 활동 중 오늘날의 문명을 발전시킨 핵심적인 활동은 의식적으로 행해지는 논리적 사고 활동이었다. 예를 들어 언어로 표현되는 논리적 사고, 수학 기호 등을 이용하여 행해지는 수학과 과학기술 등의 의식적 논리 전개 및 변환 등에 힘입어 인간 사회는 오늘날의 문명을 발전시켰다. 증기기관, 내연기관, 원자력 발전, 전기, 컴퓨터 등 대부분의 인류 문명은 인간의 이성적 논리적 사고를 통한 과학 발전의 성과에 기초한다. 그렇지만 인간 사회의 대부분의 성과를 시현하는 데 기여한 것으로 보이는 이성적 사고 활동이 인간의 두뇌 속에서 행해지는 지능 활동의 전부는 아니다. 인간의 두뇌 활동의 대부분은 인간이 의식하지 못하는 상태에서 이루어지는 각종 기능들로 이루어져 있다. 예를 들어 심장 박동, 호흡 기능, 소화 기능 등 우리가 의식적으로 노력하지 않아도 자동으로 행해지고 있는 기능들도 사실은 두뇌 속의 특정 부분에서 잘 관리되고 있고, 이를 위해 신체는 많은 에너지와 두뇌 기능을 활용하고 있다.

그 외에 시각 기능, 청각 기능 등 각종 감각기관의 기능 중에서도 많은 부분은 우리의 의식이 인식하지 못하는 상태에서 작동하고 있으며, 또한 이러한 기능들이 우리가 사전적으로 인식하지는 못하지만 긴급사태 발생 시 나름대로 작동하여 우리를 위험에서 구해 주는 일을 하고 있다. 예를 들어 어떤 충격을 받았을 때 나타나는 각종 반사운동은 우리의 신경계통이 의식적으로 인식하지는 못하지만 각종 감각기관을 통해 받아들인 정보를 이용하여 대응 활동을 하고 있음을 알려준다.

대중적으로 읽히는 저술들에 따르면 인간의 전체 두뇌활동 중에서 인간이 의식할 수 있는 활동은 빙산의 일각인 것으로 알려져 있다.[13] 사람의 경험과 훈련, 전문적 업무의 수행 여부 등 개인별 특성에 따라 달라질 수 있겠지만, 인류 문명을 발전시키는 데 결정적 역할을 했다고 믿어졌던 각종 이성적·의식적 활동이 지능 활동에서 차지하는 비중이 크지 않다는 사실은 일반인들을 놀라게 하는 정보이다.[14]

그러나 다시 한 번 생각해 보면, 인간의 지능 활동을 인간이 의식할 수 있는 개념들만을 이용한 활동으로 규정하면 지능이 할 수 있는 일의 범위가 지나치게 제한될 뿐만 아니라 두뇌 활동의 결과가 현실에 부합하지 않아서 인간의 생존에 도움이 되지 않을 수도 있다. 예를 들어 인간의 논리적 연구 활동을 통해 찾아낸 뉴턴의 운동 법칙을 항상 '의식적'으로 적용하여 사물의 움직임을 판단한다면 그러한 사고방식의 주체는 세상에서 살아남을 가능성이 높지 않다. 뉴턴의 운동 법칙에서는 운동량을 질량과 가속도의 제곱의 곱으로 나타내지만, 인간이 지능 활동에서 활용하는 법칙(무의식적으로 감안하는 원리 포함)은 인간이 감각기관을 통해 수집하는 모든 변수들의 값을 활용하여 자신에게 필요한 결론을 만들어 낸다.

예를 들어 멀리서 적군이 자신을 향해 화살을 쏘았을 때 이 화살을 피해야 하는 군인은 뉴턴이 만든 운동 법칙을 이용하여 화살이 날아올 수 있는 거리와 방향 등을 예측한다기보다는 화살을 쏘는 적군의 몸집, 화살의 길이, 바람의 세기와 방향 등을 보고 자신도 모르는 사이에 몸을 피하는 방향과 속도, 거리 등을 추산하여 생명을 유지하려고 노력할 것이다. 예민한 군인은 바람의 속도와 방향, 거리뿐만 아니라 대기 중의 습도까지 순식간에 자동으로 감안하여 화살을 피할 수 있을 정도로 달아날 방향과 거리를 계산해 낼 것이다.

즉, 인간은 대부분의 경우 의식적으로 배운 이론에 근거하여 의식적 노력을 통한 추론을 행하고, 이러한 추론을 바탕으로 행동을 결정하지 않는다.

그보다는 이론적인 논리 모형과 지식이 전혀 없더라도 살아오면서 갖게 된 각종 경험과 지식을 바탕으로 간단한 이론모형에서 고려하는 것보다 훨씬 복잡한 구조와 변수를 가진 무의식적 두뇌 활동이 수행하는 판단 기능과 속도를 이용하여 자신의 생명을 유지하는 활동을 한다.

적군이 쏜 화살이 자신을 향해 날아오는 긴박한 순간이 아니고 아무것도 없는 산모퉁이를 지나갈 경우에도 적군이 매복해 있을 것 같거나 멀리서 농민 복색의 한 무리가 다가오더라도 복장이나 걸음걸이, 평균 신장의 차이에 대해 인식하는 것만으로도 그들이 적대 행위를 할 위험한 사람들인지 아닌지를 알 수 있다. 즉, 사람들은 그러한 변수의 미묘한 차이를 무의식적으로 인식하는 두뇌 기능을 갖고 있지만, 그 기능이 의식적인 지능 활동의 영역 밖에서 이루어지기 때문에 최종적인 결론은 좋지 않은, 혹은 불안한 느낌 정도가 두뇌의 의식 영역에 전달되는 것으로 마무리된다. 그러나 사실 언어 등 논리적 표현으로 나타내기에 부족하기는 했지만, 나름대로는 신경계통에서는 판단 작용, 즉 지능 활동이 있었던 것이고, 미래의 새로운 자극에 의해 지능 활동의 결과가 바뀔 때까지 기억 형태로 유지되고 있는 것이다.

딥러닝 방식의 인공지능은 두뇌 활동 가운데 의식적 두뇌 활동이 아닌 부분의 작동 원리를 컴퓨터 모형으로 만든 방식이라고 할 수 있다. 미국 국방성 합동인공지능센터(Joint Artificial Intelligence Center: JAIC)의 인공지능에 대한 정의는 "일반적으로 인간의 지능이 필요하다고 생각되는 업무를 수행할 수 있는 기계의 능력"으로서, 이러한 정의에 부합하는 기계의 능력들에는 항공기에 대한 자동항법 장치, 미사일 유도 시스템, 금융기관의 신용평가 시스템과 같은 수십 년 된 역사를 갖는 기술들뿐만 아니라, 머신러닝 같은 비교적 최근 들어 활발하게 사용되는 인공지능 기술들도 포함된다.

딥러닝 방식을 쉽게 이해하려면 금융기관의 신용평가 시스템과 같은 수작업 지식 시스템을 이해할 필요가 있다. 수작업 지식 시스템은 인간인 전문가의 지식과 경험에 따라 "X를 입력하면 Y가 나온다"와 같은 규칙을 컴퓨터 시스템으로 만든 것이다. 1997년 체스 챔피언 가리 카스파로프(Garry Kasparov)를 이긴 IBM의 딥블루(Deep Blue)는 컴퓨터 프로그래머와 몇몇 체스 그랜드 마스터들의 합작품으로 알려져 있다. 반면 머신러닝 방식의 인공지능 시스템은 그 시스템이 가진 모든 지식이 인간 전문가에 의해서 프로그램되지는 않는다는 특징이 있다.

딥러닝 알고리즘은 훈련 데이터를 학습하여 '스스로' 인공지능 시스템의 기반이 되는 수리모형을 완성한다. 물론 딥러닝 방식으로 수리모형을 만드는 과정에서 인간인 프로그래머가 사용할 알고리즘을 선택하고, 데이터와 데이터 형식을 지정하며, 학습 과정에서 찾아낼 계수들(parameters)과 함수들의 구조를 선택한다. 예를 들어 딥러닝 방식의 경우 비선형 계수 구조를 구현하기 위해 사용하는 함수들의 형태(예: 시그모이드 함수)와 중층 구조 계수 행렬의 층 수, 계수 최적화를 위한 손실함수의 형태 등을 프로그래머가 선택한다. 하지만 계수들을 선택하는 작업 자체는 컴퓨터의 연산능력에 의존하여 자동으로 이루어진다.

이러한 특성을 지닌 딥러닝 방식의 인공지능은 프로그램 개발자 입장에서 볼 때 추정해야 하는 파라미터가 너무 많고 복잡한 구조여서 프로그램이 스스로 최적화를 달성하는 파라미터를 찾게 하는 방식으로 만들어졌음을 의미한다고 볼 수도 있다. 인간인 프로그래머가 모든 과정을 의식적으로 직접 통제하면서 프로그램을 만들기가 너무도 복잡한 경우 인간의 통제 과정 밖에서 중요한 일이 이루어지는 소위 자동 프로그래밍 도구를 사용해서 프로그래밍 작업을 수행하는 경우로 이해할 수 있다.

이런 딥러닝 인공지능 프로그램 방식은 기본적으로 인간 지능활동을 흉내 낸 것이라고 할 수 있다. 인간 지능활동의 핵심 부분, 혹은 많은 부분은 무의식 상태에서 이루어진다. 감각기관을 통해 입력 데이터가 뇌로 들어간다는 사실은 의식하는 경우가 많지만(사실 감각기관을 통해서도 무의식적으로 데이터가 입력되는 경우가 많다고 한다), 일단 들어간 데이터가 뇌 속에서 어떤 과정을 거쳐 결과가 만들어지는지 의식할 수 없는 경우가 대부분이다. 더 정확하게는 인간이 적극적으로 의식하지 않아도, 혹은 의식하지 않을 수 있게 만들어져 있다. 만약 사고의 전 과정이 의식하에 논리적 판단에 따라 이루어진다면 인간은 스트레스를 받아 걷지도 먹지도 못하고 죽을 수 있다. 어느 한 가지 일에도 집중할 수 없기 때문이다. 따라서 의식하에서 일어나는 사고 작용은 꼭 필요한 몇 가지 단계일 뿐이고, 그중에서도 급하게 반응해야 하는 부분은 무의식 상태에서 신체 반응이 나타난다.

의식과 무의식의 배분은 나름대로 최적화되어 있다. 예를 들어 새로운 일은 의식적 사고 작용의 비중이 크며, 힘든 일이 된다. 수학문제 풀기, 컴퓨터 코딩은 초기에는 한 단계도 빼지 않고 의식적·논리적으로 하는 행위이다. 대부분의 사람들이 수학 공부를 싫어하는 이유는 수학 공부가 반사작용, 기억력, 균형 감각, 영감에 의한 창조적 사고 등 무의식적 지능 활동보다는 의식하의 지능 활동을 필요로 하기 때문이다. 그리고 이런 활동은 뇌를 피곤하게 하는 에너지 다소비 활동이다.

학교에서 수학을 배우는 과정은 학생들에게 대부분 새로운 내용이어서 집중을 필요로 한다. 수학도 구구법, 각종 정리를 외워서 적용하면 의식적 계산 단계를 단축할 수 있으며, 컴퓨터 코딩도 자주 쓰는 과정은 각종 패키지, 함수로 만들어 써서 그 단계는 의식하지 않고 넘어가게 한다. 결국 무의식 과정을 활용하여 의식 활동에 따른 스트레스를 최소화한다. 수학을 싫어하는 사람들이 학교를 졸업한 뒤에 더 이상 의식적으로 수학 문제를 풀지 않고도 살 수 있는 이유는, 다른 많은 사람들이 푼 수학문제 해결 방안을 반영해서 만든 각종 기계와 시스템을 이용하기 때문이다. 만약 탁상용 계산기, 각종 스프레드시트 프로그램이 없다면 우리의 삶이 어떻게 달라질지 생각해보라.

프로그램 개발 과정을 예로 들어 보면, 프로그래머의 의식적 사고 활동을 통해 데이터 구조를 이해하면서 프로그램 작업을 진행할 수 없는 경우가 있다. 예를 들어 그림으로 그릴 수 없는 4차원 이상의 데이터를 이용한 분석은 인간의 3차원 공간 감각의 영역을 벗어나기 때문에 데이터의 개략적인 '모습'을 '직접적'으로는 의식할 수 없다. 이러한 한계를 극복하기 위해서는 벡터, 매트릭스, 텐서플로 등 수학적 개념을 이용해 '추상화'된 '인식 대상'을 다루어야 한다. 즉, 감각기관을 통한 직접적 인식의 한계를 뛰어넘기 위해 개념화된 새로운 '대상'을 만들어 내고, 이 '대상'들을 조작해 '해결책'을 찾는 방식을 사용하는 것이다. 그러나 이 정도의 추상화된 개념을 이용한 분석과 프로그램 코딩을 의식적으로 수행하는 것은 대부분의 인간에게는 고문을 견디는 것보다 힘든 일이다.

추상적 개념을 등장시키는 방법 외에 원리를 설명하기는 어렵지만 답을 잘 맞추는 '패턴'을 찾아내는 방법을 사용하기도 한다. 예를 들어 회귀분석에서 최적 계수를 산출하는 과정은 통계학 이론으로 설명할 수 있는 반면, 딥러닝 방식은 최적 계수를 선택하는 과정이 논리적으로 설명 가능하기보다는, 훈련 데이터를 이용하여 산출된 계수가 실험 데이터를 얼마나 잘 예측하느냐라는 기준(소위 손실함수 값) 혹은 경험(과거의 적중률)에 따라 선택된다는 점에서 큰 차이를 나타낸다. 이러한 인공지능 기술의 특성은 인간이 인간이 가진 두뇌와 지능의 논리적 구조를 잘 모르면서도 인간 지능의 판단에 따라 결정하고 살아가는 것과 유사한데, 현재 사용되고 있는 인공지능이 인공'지능'이라는 이름을 사용해도 무방하다고 판단하는 배경일 수 있다.

프로그램을 만드는 전문가들도 앞서간 사람들이 만든 플랫폼, 패키지, 프러시저, 모듈, 수학적 정리 등을 활용하는데, 여전히 그 외에도 새롭게 고민해야 할 일은 자꾸 생기며, 그중 가장 힘든 경우는 변수가 크게 늘어나고 해당 변수를 관찰하는 시점과 대상 객체가 많아졌을 때이다. 종전에는 컴퓨터 용량이 크지 않아서 이런 일을 해볼 엄두를 내지 못했다. 한 번 계산하는 데 너무 긴 시간이 걸렸기 때문이다. 하지만 이제는 기술적·경제적으로 가능한 일이 되었기 때문에 실용적인 용도에 사용할 수 있게 되었다.

그동안 딥러닝 등 인공지능 기술이 잘 활용되지 않았던 이유는 성과에 비해 비용이 너무 많이 들고, 복잡했기 때문이다. 뉴럴 네트워크 기술은 1950년대 후반부터 개발되었지만, 뉴럴 네트워크를 다층으로 만들어 훈련시키는 방법의 실용성이 확인된 때는 2006년 무렵이다. 이때부터 ① 대규모 데이터 확보, ② 강력한 컴퓨팅 파워, ③ 개선된 알고리즘, ④ 개선된 공개 소프트웨어(TensorFlow, Pytorch, Apache MXNet 등 무료 프레임워크) 등장과 같은 네 가지 요인에 의해 딥러닝 기반의 인공지능 프로그램 성능이 급격하게 개선되기 시작했다. 그리고 2012년 이후에는 뉴럴 네트워크와 딥러닝 기반의 인공지능 시스템들이 다른 방식의 인공지능 시스템에 비해 우월한 성과를 보이게 되었다.

한편 딥러닝 등 머신러닝 기술은 지도 학습(Supervised Learning), 비지도 학습(Unsupervised Learning), 준지도 학습(Semi-Supervised Learning), 강화 학습(Reinforcement Learning)과 같이 크게 네 가지로 나누어 볼 수 있다. 이러한 머신러닝 기술 중 어느 방식을 선택할 것이냐는 어떤 기술이 더 우월한가라는 기준보다 만들고자 하는 인공지능 시스템이 어떤 종류의 데이터를 사용했을 때 가장 성과가 좋게 나타나느냐를 따른다. 다시 말해서 인공지능 시스템을 사용할 사람들이 갖고 있는 데이터의 성격에 따라 어떤 인공지능 기술을 사용할 것인지가 결정된다.

뉴럴 네트워크와 딥러닝 기술은 매우 정확도가 높은 예측력을 보여 주고 있지만, 어떤 과정을 거쳐 이런 결과가 나오게 되었는지를 일반인을 대상으로 설명하기란 쉽지 않다. 뉴럴 네트워크와 딥러닝 기술에 의한 예측모형을 설명하기 어려운 이유는 선형대수(벡터, 매트릭스, 텐서플로 등) 개념을 이용하여 입출력 데이터와 추정된 계수를 관리하고, 미분의 개념을 써서 손실함수를 최소화하는 자동화 방식으로 각각의 데이터에 적용되는 계수를 산출하기 때문이다. 따라서 수학과 통계학 및 컴퓨터 과학 분야에서 사용되는 몇 가지 개념 틀에 대한 이해가 필요하다.

6. 인공지능의 미래

인공지능은 인간의 지능을 연구하는 전문가와 컴퓨터를 연구하는 전문가 모두를 힘들게 하는 특성을 지니고 있다. 이런 인공지능 지식과 기술의 발달 과정을 비전문가들이 잘 알기 어려운 것은 당연하다. 일반인의 입장에서 보면, 인공지능 지식과 기술이 가진 이상의 특성들은 인공지능 지식과 기술에 의해 작동하는 각종 기계와 장치들이 인간 사회에 어떤 변화를 가져올지 예측하는 것을 어렵게 만드는 심각한 장애물이 되고 있다. 인공지능 지식과 기술을 소개하다 보면, 반드시 인간 지능활동의 구조에 대한 설명이 필요한데, 인간의 두뇌와 지능은 사람이 만든 컴퓨터와 달리 분해해서 들여다볼 수 없기 때문에 더욱더 설명하기 어렵다.

인간 지능활동에 대한 설명은 컴퓨터에 대한 설명보다 훨씬 더 복잡하고 규명되지 않은 부분이 많아서 과학기술에 대한 이해와 경험이 부족한 대부분의 사람들을 더 큰 혼란으로 끌고 갈 뿐이다. 따라서 인공지능 지식과 기술에 기반한 각종 기계와 장치들의 출현은 본격적인 인공지능 시대가 어느 방향으로 전개될지에 대한 설명도 없이 느닷없이 펼쳐지는 불친절한 상황이 될 가능성이 높다.

정리하자면, 인공지능으로 작동하는 기계와 장치들의 출현은 사람들로 하여금 이들 기계와 장치를 사용하면 편리한 세상이 될 것이라는 긍정적 기대를 갖도록 만들기도 하지만, 인공지능이 본격적으로 인간을 대체하기 시작한 이후의 상황을 걱정하게 만들기도 한다. 사람들이 인공지능 시대의 도래에 대해 기대와 걱정을 동시에 하는 이유는 사람들 대부분이 완전히 새로운 형태의 지식과 기술인 인공지능의 실체를 이해하기 어렵기 때문이다.

각종 대중매체를 통해 전달되는 인공지능에 대한 정보는 그동안 영화와 소설 등을 통해 알게 되었던 내용과 잘 구분되지 않기 때문에 어디까지가 사실이고 어디서부터가 상상인지를 알기 어렵다. 결과적으로 전문 분야에 관계없이 인공지능은 이러이러한 기술이기 때문에 이러이러한 방향으로 발전해 나갈 것이며, 어떤 분야에서는 어떤 변화를 초래할 것이라고 나름대로 전망할 수 있는 사람이 많지 않다. 인공지능이라고 이름 붙은 '지식과 기술'이 현실에서 어떤 구조와 방식으로 구현되고 있는지를 이해하기 쉽지 않기 때문에 인공지능 지식과 기술이 자신들의 전문 분야에 미칠 영향을 논의하기도 수월하지 않다. 인공지능을 주제로 한 회의와 행사의 주요 내용이 막연한 기대와 걱정으로 채워지게 되는 이유는 인공지능 전문가와 비전문가 사이에 인공지능 지식과 기술에 대한 이해의 편차가 매우 크기 때문이다.

그러다 보니 일반인에게는 향후 사람들이 "인공지능을 이용해서 무슨 일을 할 수 있을까"라는 질문보다 인공지능을 주어로 하는 "인공지능이 무슨 일까지 할 수 있을까"라는 질문이 더 자연스러운 것 같다. 정리하자면, 인공지능과 같은 첨단과학적인 존재는 인공지능 기술에 문외한인 '나'의 의지와 무관하게 제 갈 길을 가는 생명체처럼 나름대로의 실체를 가진 존재로 이해하는 사람이 적지 않다.

그러나 인공지능은 자연 상태에서는 존재하지 않기 때문에 확정되어 있는 실체가 있을 수 없다. 전 세계적으로 인공지능 지식과 기술을 가진 연구자와 기술자들이 계속 만들어 내고 있는 인공지능이라는 괴물은 현재로서는 겉모습과 구조가 확정되어 있지 않다. 아마도 인공지능 구현을 위한 기술 수준이 어느 정도 정점에 이르러 더 이상의 기술 발전이 없는 상태가 되면, 인공지능의 실체가 비전문가들에게도 알려지겠지만, 그때쯤이면 과거의 증기기관처럼 인공지능 역시 대중의 관심사에서 멀어져 있는 상태일 가능성이 높다.

한편 대부분의 사람들이 현재의 인공지능 기술에 대한 이해가 불충분하기 때문에 인공지능이 한 일을 누가 책임질 것이냐는 질문이 사회적으로 심각하게 받아들여지고 있다. 더 나아가 인공지능이 독립적 인격을 갖게 되고 인간의 지휘 통제를 벗어나서 마음대로 행동하는 로봇의 형태를 갖춘 후 인간의 이익에 반하는 일까지 할지도 몰라 두려워하고 있다.

사람들은 현재 손글씨 인식 시스템과 같은 간단한 인공지능 기술의 도움을 받아 일상생활을 영위하고 있다. 하지만 인공지능이 발전 최대치의 한계에 도달하면 '나' 같은 보통 인간의 의지에 반하는 무슨 일을 저지를 수도 있지 않을까 의심한다.

그러나 결론부터 말한다면 현재 수준의 인공지능 지식과 기술로는 스스로 학습하고 지능을 발전시켜 나가는, 즉 사람의 지능과 비슷한 방식으로 작동하는 일반지능을 가진 로봇을 만들 수 없고, 그렇기 때문에 인간의 도움 없이 로봇이 스스로 사고하고 학습하여 인간의 이익에 반하는 행동을 할 것을 걱정할 필요는 없다. 현재 수준의 인공지능 지식과 기술에 기반한 로봇은 인간 개발자가 기본적인 운영 방식을 모두 만들어야 하고, 로봇의 행동 패턴을 결정하는 수많은 파라미터들을 딥러닝 방식으로 찾는 경우에는 인간의 각종 행동특성을 관찰하여 정리한 대규모 데이터베이스가 필요하며, 이러한 데이터베이스 구축에는 막대한 비용이 들어간다. 이상의 방식으로 만들어진 프로그램과 기계 등 각종 인공지능 시스템은 스스로 학습 필요성을 인식하지도 못하고 스스로 자료를 모으고 이용해 지능 수준을 개선하려고 하지도 않는다. 따라서 인간의 행태가 변할 때마다 매번 이상의 작업이 되풀이되어야 한다.

한편, 딥러닝 방식의 학습 결과물인 인공지능의 내용은 개발자라고 할지라도 이성적·논리적으로 이해하고 설명할 수 없다는 문제점이 있다. 더 정확하게는 수집한 데이터를 기반으로 학습된 지능이 완전히 새롭게 주어지는 상황 혹은 자극에 대해 어떤 반응을 보일지 알기 어렵다. 다시 말해서 컴퓨터가 학습된 지능을 갖고 있더라도 확인해 보기 전까지는 특정 자극에 어떻게 반응하는지 모른다는 것이다. 만약 인공지능이 해결해야 할 상황 혹은 자극들이 과거에 이미 발생했던 것이고 그러한 상황 혹은 자극들에 대해 인공지능이 어떤 반응을 보일지 이미 알고 있다면 문제가 없다. 하지만 만약 특정 상황 혹은 자극들이 과거에 발생한 적이 없는 경우라면 인공지능이 어떤 반응을 나타낼지 100% 확신할 수 없다는 문제가 있다.

결과적으로 기계학습을 통해 작동하는 인공지능 로봇은 연구자들이 기대한 것과 다르게 작동하거나 작동 불량 혹은 이상행동을 나타내 로봇 이용자들에게 손해를 발생시킬 수 있다. 물론 딥러닝 방식의 인공지능 개발이 인공지능이 선택할 수 있는 '반응' 범위에 제한을 가하지 않고 무한한 선택 가능성을 허용하는 것은 아니다. 더 정확히 말하자면 현재 활용되는 딥러닝 방식은 인공지능이 선택할 수 있는 반응 범위가 개발자에 의해 극도로 제한되는 지도학습 방식이다. 그렇지만 완전히 새로운 자극이 나타날 경우 인공지능이 제한된 반응 중에서 어떤 것을 선택할지 사전적으로 정확하게 계산할 수 없다는 위험성은 여전히 남아 있다.

이러한 문제점은 딥러닝 방식이든 전문가 시스템이든 혹은 어떤 과학적 이론에 기반한 기계장치이든 간에 연구자가 상상했던 범위를 벗어나는 새로운 환경과 자극이 있을 때 공통적으로 겪게 되는 문제이다. 이로 인해 개발자들은 기계장치에 모든 판단을 맡기지 않을 뿐만 아니라 인간의 지성과 이성을 통해 기계와 로봇이 선택할 수 있는 범위를 제한하고 있으며, 이러한 제한에도 불구하고 기계장치 사용자에게 발생하는 예측할 수 없는 손해는 기계장치 혹은 인공지능 로봇 시스템을 만든 회사의 책임으로 돌리고 있다. 현재 인공지능 시스템은 컴퓨터 공학자들이 만든, 독립적으로 자신의 의지에 따라 작동하는 살아 있는 지능을 컴퓨터 시스템에 이식한 것이 아니고, 딥러닝 등 인공지능 기술이라고 이름 붙은 컴퓨터 시스템에 불과하기 때문이다.

인공지능의 미래와 관련된 또 하나의 걱정은 인공지능이 인간 사회에 부정적인 영향을 미치는 방향으로 발전할 가능성이다. 이러한 우려를 해소할 수 있는 긍정적인 사실은 그동안 과학기술 발전의 역사로 볼 때 대부분이 장기적으로는 인간에게 이익이 되는 결과를 가져왔기 때문에 인공지능의 미래에 대해서 긍정적으로 기대해도 좋다는 점이다. 일반지능이든 인공지능이든 결국 사람의 연구와 노력의 결과에 따라 발전하는 것이고, 사람들이 연구하고 노력하게 하기 위해서는 막대한 경제적 지원이 불가피하다. 또한 사람들에게 이익이 되지 않는 연구는 사실상 진행되기 어렵다.

컴퓨터 바이러스를 만들어 배포하거나 해킹을 하는 사람이 있는 것처럼 컴퓨터 관련 지식과 기술을 바람직하지 않은 방식으로 사용하는 이들이 있기 때문에 인공지능의 경우에도 악의를 가진 전문가가 인류에게 피해를 입히는 방향으로 개발하는 것을 걱정할 수도 있다. 예를 들어 과학기술이 초래한 재앙 중에는 원자폭탄 제조가 있다. 원자폭탄의 경우 아이디어 차원의 연구는 개인 연구자가 수행했으나, 실제 원자폭탄 제조에는 국가 차원의 전문인력이 동원되었으며 경제적 투자가 이루어졌다. 현장에서 실용성이 있는 인공지능을 개발하는 데 소요되는 투자비용의 관점에서 보면, 개인 연구자가 컴퓨터가 제대로 작동하지 못하게 하는 컴퓨터 바이러스는 만들 수 있지만, 인간의 지능 활동을 대신할 인공지능을 만들기는 어렵다.

미국에서 인공지능 개발 초기의 연구는 막대한 비용으로 인해 국방성 관련 연구 프로젝트 형태로 추진되었으며, 정부의 경제적 지원이 중단되면 인공지능 연구도 사실상 중단되고 말곤 했다. 최근에는 구글 등 세계적인 대기업으로 성장한 기업들에 의해서만 본격적인 인공지능 관련 연구 개발 프로젝트가 진행될 수 있는 상황으로 변화하고 있으며, 막대한 컴퓨터 비용과 데이터 구축 혹은 사용 비용으로 인해 개인 차원에서의 의미 있는 연구, 개발은 사실상 한계가 있다. 그렇지만 컴퓨터 프로그래밍은 원자폭탄의 경우와 달리 인공지능 연구를 용이하게 해주는 각종 플랫폼들이 공개 소프트웨어 형태로 제공되고 있어서 옛날 연금술사들처럼 소수의 인력이 인공적인 일반지능을 만들어 내는 것은 아닌지 걱정하는 사람들도 있다.

그러나 인공지능 기술의 현황을 살펴보면, 실제 현장에서 활용 가능한 인공지능 기술을 개발하기 위해서는 막대한 비용을 들여 인간의 감각기관이 받아들이는 수준으로 만들어진 데이터를 축적해야 하고, 이러한 데이터를 이용하여 지식을 추출하기 위한 소프트웨어를 만들 수 있는 훈련된 전문인력에 대해 인건비를 지급해야 한다. 결과적으로 인공지능 지식과 기술의 개발은 몇 사람이 실험실이나 연구실에서 간단히 할 수 있는 작업이 아니라, 막대한 투자가 불가피한 대규모 연구개발 과정을 통해서 이루어지고 있다. 공개 플랫폼의 존재는 인공지능 연구 개발에 도움이 될 수는 있지만, 플랫폼이 자동으로 데이터를 수집, 정리하고 프로그래밍을 대신해 주는 것은 아니기 때문에 천재적인 컴퓨터 공학자가 혼자서 지하실에서 인간의 지능을 대체할 정도의 인공 일반지능을 만들어 내기는 매우 어려울 것으로 전망된다.

과학의 발전은 일반인의 예상을 벗어나는 경우가 많기 때문에 미래의 언젠가에 누군가가 인간의 지능을 대신할 수 있는 인공 일반지능이 작동하는 원리를 '발견'하고, 이렇게 만들어진 인공지능이 스스로 학습하고 훈련할 수 있는 날이 온다면 지금 상당수의 사람들이 걱정하는 문제가 현실적인 중요성을 가질 수도 있다. 그러나 당장에는 그런 걱정은 쓸데없는 일이다. 왜냐하면 인간이 가진 자연 일반지능이 어떻게 만들어지고, 어떤 구조로 어떻게 작동하는지에 대한 연구 자체가 인간 인식능력의 한계로 성공할 가능성이 매우 불투명해서, 인공 일반지능에 대한 연구가 본격적으로 행해지기 위해서는 상당한 시간이 필요할 것이기 때문이다.

결론적으로 현재와 미래의 인공지능이 무엇을 할 수 있는가라는 질문은 타당하지 않다. 그런 질문보다는 현재 살아 있는 사람들이 인공지능이라는 이름이 붙은 광의의 지식과 기술을 이용하여 무엇을 하고 싶고 무엇을 할 수 있는지, 어디까지 발전시키려고 노력하는지, 또한 막대한 불확실성이 수반되는 대규모 개발 프로젝트에 얼마나 많은 투자를 하려고 하는지와 같은 질문이 더 중요하다. 아마도 제2차 세계대전을 조기에 종료시키고자 하는 목표가 없었다면 그 많은 비용과 노력, 개발 이후에 나타날 수 있는 온갖 부작용에도 불구하고 원자폭탄을 개발하지는 않았을 것이다. 마찬가지로 사람들이 절실하게 원하고 노력하고 위험을 부담하지 않는다면 현재의 '인공지능'

은 어떤 일을 할 수 있도록 스스로 발전하지 않을 것이다. 따라서 인공지능의 장래는 현재의 인공지능 지식과 기술이 갖고 있는 기술적 특성보다는 인공지능 개발을 통해 사람들이 얻고자 하는 바가 무엇인지, 이러한 목표를 달성하기 위해 사람들이 투자할 의지와 능력이 있는지에 따라 달라질 것이다.

성능 좋은 인공지능 시스템을 도입했다고 해서 이 시스템을 도입한 기관의 조직 생산성이 반드시 개선되는 것은 아니다. 조직과 조직 구성원의 업무 추진방식이 인공지능 시스템의 강력한 성능을 활용하여 조직의 성과를 높일 수 있도록 변화할 수 있느냐에 따라 조직의 생산성 향상 여부가 결정된다. 머신러닝 인공지능 기술을 도입했다가 실패하는 가장 흔한 원인은 훈련 데이터들이 머신러닝 시스템이 처리해야 하는 현실의 다양한 데이터들에 대한 의미 있는 대표성을 갖고 있지 못하기 때문이다. 예를 들어 사막에 있는 자동차 등 각종 운송수단에 대한 위성사진을 이용하여 훈련된 머신러닝 시스템은 초원, 도시, 툰드라 환경에 있는 운송수단의 사진을 제대로 분류하지 못할 수 있다. 같은 이유로 새로운 차종이 나오면 새로운 데이터를 확보하여 훈련시켜야 한다. 세상의 변화에 지속적으로 노출되지 않으면 머신러닝 시스템의 예측 정확도는 점차 나빠지게 된다. "소프트웨어는 결코 완성되는 법이 없다"라는 소프트웨어 엔지니어링 업계의 금언은 머신러닝 분야에서 더 확실한 의미를 지닌다.

제3장

알 수 없는 미래와 금융산업

1. 합리주의와 동물적 야성

현재까지 개발되어 있거나 가까운 미래에 개발될 것으로 예상되는 인공지능 지식과 기술이 금융기관에서 행해지고 있는 어떤 업무를 어느 정도까지 대체할지는 잘 알려지지 않고 있다. 사실 기술적인 측면에서 볼 때 논리적으로 정의하기 쉬운 금융업무의 속성상 컴퓨터를 이용하여 업무를 수행하는 데 어려움은 별로 없었다. 그 결과 금융업무는 컴퓨터를 이용하여 업무를 수행한 역사가 다른 업종에 비해 상대적으로 매우 길었다. 이러한 특성은 금융기관이 컴퓨터 시스템을 만들어 판매하는 사업자들의 주요 고객이 되게 하기도 했다.

금융기관이 사용하는 많은 종류의 장부는 이미 전산화되어 종이 위에 거래 내용을 기록하는 장부를 대체했다. 금융기관의 고객들도 인터넷 등을 통해 컴퓨터 저장 장치가 갖고 있는 기록 내용을 열람하는 것으로 자신의 금융 자산과 부채 내역을 확인하는 것으로 간주하고 있다. 거래처에 대한 송금 등 자신의 예금을 타인에게 이전하는 업무도 과거 현금을 직접 혹은 간접적으로 지급하던 데서 금융기관의 전산정보 숫자를 바꾸는 일로 대체된지 오래이다. 금융기관의 대고객 관계에서 컴퓨터 시스템은 이미 금융기관 자체나 다름없는 것으로 인식되고 있다.

금융기관 내부의 업무 처리에서도 컴퓨터 시스템은 절대적 위치를 차지하고 있으며, 핵심적인 기능의 거의 대부분이 컴퓨터를 이용하여 수행되고 있다. 예를 들면 금융기관 내 업무 추진과 관련된 지시, 가격 정책의 전달 등 주요 내부업무가 전산 시스템을 통해 추진되고 있다. 영업 일선의 금융인들은 본점 직원들이 전산 시스템에 구현해 둔 영업 방식, 가격 결정 시스템 등 업무 처리방식에 의존하여 업무를 수행하고 있다. 본점에 근무하는 금융인들 역시 각종 법규, 감독 기준, 내부 경영전략과 방침 등을 컴퓨터 프로그램의 형태로 만들어 놓은 시스템이 허용하는 범위 내에서 자신의 역할을 수행하고 있다.

본점 직원들의 업무 수행결과는 또다시 컴퓨터 프로그램의 구조나 관련된 계수 값을 바꾸는 방식으로 다른 부서 본점직원의 업무 추진방식 혹은 선택 범위를 바꾸게 되며, 아울러 일선 영업점에 있는 금융인들은 본점 직원들이 바꾸어 놓은 컴퓨터 프로그램이 허용하는 범위 내에서 업무를 추진하게 된다. 예를 들어 영업 일선에서 결정할 수 있는 일이냐 아니냐에 대한 '판단'이 본점 정책부서에서 결정된 뒤 컴퓨터 시스템에 입력해 둔 값에 따라 '자동'으로 이루어지며, 영업 일선에서 결정할 수 있는 일로 판단되는 업무에 대해서도 컴퓨터 시스템이 허용하는 기준에 따라 영업 활동이 이루어지고, 고객과의 거래가 체결되며, 영업 실적이 평가되어 왔다. 따라서 금융기관의 경우 컴퓨터 시스템에 의해서 작동되는 각종 업무방식, 가격결정 방식 등은 참고 혹은 보조 수단이 아니고 업무 자체로 인식되었다.

인공지능 시대가 본격화되면 금융인들의 업무 추진방식은 어떻게 변화할까? 인공지능 지식과 기술의 형태가 확정되어 있지 않으므로 금융산업에서 인공지능 지식과 기술을 어떻게 활용하며, 이로 인해 금융기관의 업무 추진 방식, 업무를 추진할 사람과 조직의 관계 등이 어떻게 변화할지는 현재로서 정확히 알 수 없다. 예측 가능한 것은 금융산업이 업무 수행에 컴퓨터를 도입한 이래의 방식과는 다르게 컴퓨터를 활용할 가능성이 높다는 것이다. 왜냐하면 인공지능을 이용한 업무 방식이 금융산업에서 그동안 컴퓨터를 사용하던 방식과 유사하다면 금융인과 컴퓨터 사이의 업무 분담비율에 다소간의 차이만 발생할 것이고, 그렇다면 인공지능 지식과 기술의 도입이 금융산업에 미치는 영향도 그리 크지 않을 것이기 때문이다.

다시 말해서 현재 많은 사람들이 기대하고 걱정하는 일들이 나타나지 않을 정도의 변화만 있을 것이라면 인공지능 지식과 기술의 도입은 첨단 기술이 고객 서비스의 질을 향상시키고 있다고 홍보하는 수준에 머물고 말 것이다. 그러나 인공지능 지식과 기술을 구현할 수 있는 컴퓨터를 이용하여 금융 업무를 추진하는 방식은 기존의 컴퓨터 사용을 양적으로 조정하는 정도가 아니고 질적인 변화를 불러올 것으로 예상된다. 만약 인공지능 지식과 기술의 도입이 기존의 컴퓨터 사용을 심화하는 방식에 머문다면 컴퓨터 성능이 좀 더 개선된 경우를 상정하고 이에 따른 금융산업 내 변화를 전망하면 되기 때문에 많은 사람들이 관심을 가질 만한 일은 아니라고 할 수 있다.

현재 진행되고 있는 인공지능 지식과 기술의 발전 방향을 보면 금융산업이 컴퓨터를 이용하는 방식에 근본적인 변화가 있을 것으로 전망할 수 있다. 우선, 금융산업이 컴퓨터를 사용하던 기존 방식은 계속 유지될 전망이다. 기존 방식은 인간의 논리적·이성적·수학적 사고 활동을 컴퓨터로 하여금 대신하게 하는 것이다. 금융거래와 관련된 각종 문자, 숫자, 사진, 동영상 정보 등을 기록하고 조회하며, 관련 이해관계자 간에 정보를 공유하며, 필요한 계산을 한다. 이러한 성격의 업무는 고객을 상대로 하든 대내적이든 인공지능 지식과 기술의 발전 양상에 관계없이 컴퓨터를 이용하는 방식으로 지속될 전망이다.

다만 인간의 신체적 노력과 사고 작용의 성과에 대한 사회적 가치 평가를 보면, 컴퓨터 혹은 각종 기계장치로 그 기능을 대신할 수 있는 기계적·논리적·이성적인 활동은 상대적으로 사회적 가치 평가가 크게 저하된 상태이다. 즉, 컴퓨터로 처리하는 것이 당연해진 업무는 사람이 직접 처리하는 방향으로 돌아가지 않을 것 같다. 향후에도 인간이 직접 이자를 계산한다든지, 통장을 정리하지는 않을 것이라는 이야기이다. 아마도 금융인들이 고객을 직접 상대해서 하던 일 중에 인공지능 기능을 이용하면 더 잘 할 수 있는 일과 인공지능 컴퓨터가 더 잘하지는 못하더라도 금융인 고용비용과 비교했을 때 현저하게 비용이 적게 드는 일은 컴퓨터가 하게 될 것이다. 따라서 일단 현재 수준의 인공지능 지식과 기술을 이용했을 때 금융인이 하는 것만큼 처리 가능한 일들을 찾아보면 향후 인공지능이 대체할 것으로 예상되는 업무가 드러날 것이다.

대고객 업무는 현재와 같이 컴퓨터 시스템에 의해 추진되는 비중이 유지되거나 더욱 높아질 것으로 보인다. 적어도 고객과 금융기관의 관계라는 측면에서 보면 컴퓨터 시스템을 이용한 거래 및 정보 전달 등의 비중은 더욱 높아질 것으로 예상된다. 다만 대고객 서비스가 전통적 컴퓨터 시스템에 의해 구현된 것인지 아니면 인공지능 시스템에 의해 구현된 것인지 고객은 크게 관심이 없을 수 있다. 채팅하는 상대방이 진짜 사람인지 인공지능인지 구분하기 어려운 고객의 입장에서는 당연한 것이라고 할 수 있다.

그러나 실제 어떤 업무가 전통적인 컴퓨터 시스템을 활용하여 행해질지 아니면 인공지능 방식으로 행해질지는 현재로서 알 수 없다. 아직은 인공지능 지식과 기술이 금융업무에 적용되는 초기 단계이기 때문이다. 금융산업에서 인공지능은 그동안 금융인이 해 오던 일 중에 무슨 일을 대신하게 될까? 일부 사람들이 걱정하듯이 금융 전문가가 하던 일의 대부분을 금융 인공지능이 하게 되고, 인간은 기계의 보조 역할만을 수행하게 될까? 인공지능의 발달 수준이 몇 가지 제한된 기능에 머물러 있는 현재로서는 예측이 어렵다.

다만 금융업무의 핵심적 속성과 인공지능 지식과 기술의 핵심적 속성 간의 관계로 미루어 볼 때 인공지능 지식과 기술이 전통적인 컴퓨터 시스템 기반 아래 유지되어 오던 금융인과 컴퓨터 시스템 간의 업무분담 범위를 큰 폭으로 조정할 것이라고 보는 것은 가능하다. 전통적인 컴퓨터 시스템은 이성적·합리적·논리적 속성을 가졌다. 즉, 인간의 이성에 기반하여 개발된 각종 지식과 기술 관련 업무 중에서 컴퓨터로 구현할 수 있는 업무는 대부분 컴퓨터가 수행하는 것으로 바뀌었다. 고객을 대신해서 계좌번호와 송금액을 입력하는 서비스는 인간인 직원이 행했지만, 이자나 수수료 계산 등의 업무는 대부분 컴퓨터 시스템이 했다. 컴퓨터를 이용해 처리하지 않는 업무는 건수가 많지 않은 업무였다. 수작업이 오히려 비용이 적게 들거나 워낙 대형 거래여서 사람이 직접 확인해야 안전한 경우 등 예외적인 거래만 금융인이 직접 처리했다.

그렇다면 인공지능 지식과 기술이 발전하고 이에 기반하여 금융기관이 사용할 컴퓨터 시스템이 만들어져도 과거와 같은 업무 분담이 이루어질까? 현재와 같은 방식의 업무 분담은 아닐 가능성이 크다. 그 이유는 인공지능 지식과 기술을 이용한 컴퓨터 시스템이 그동안 논리 기계로 알려진 컴퓨터 시스템의 능력을 크게 뛰어넘을 가능성이 있기 때문이다. 그동안 논리 기계로서의 컴퓨터 시스템이 합리주의적 모형을 이용하여 빠르고 정확하게 업무를 추진하는 데 활용되었다면, 앞으로는 그동안 인간만이 할 수 있다고 믿어지던 영역, 즉 합리적으로 설명하거나 판단하기 어려웠던 업무 영역까지 진출할 것이기 때문이다. 예를 들어 인장, 서명, 실명확인 증표의 진위 여부를 판단하는 일부터 시작해서 내점한 고객의 얼굴을 보자마자 고객이 누구인지를 확인해서 필요한 영업 및 의사결정 관련 정보를 제공하는 등의 업무가 인공지능 기반 컴퓨터 시스템을 이용한 업무가 될 수 있을 것이기 때문이다.

지난 몇십 년 동안 금융산업에 나타난 변화로 인해 인공지능 지식과 기술이 금융부문에서 활용되는 양상을 전망할 때 추가로 고려해야 할 사항이 더 생겼다. 그것은 금융업의 중심 고객이 과거의 기업에서 개인으로 변경되었다는 점이다. 기업이 금융기관의 주요 고객일 때도 금융거래에는 불확실성이 수반되었다. 금융기관이 하는 일 중에 기업 혹은 기업가의 미래 전망을 논리적 모형을 통해 분석하는 것이 대표적인 예이다. 금융기관의 핵심 업무 중 하나는 대출 거래처의 신용도를 분석하고 전망하는 것이지만, 개별 기업·거래처의 신용도를 예측하는 것은 신뢰도가 매우 낮기 때문에 대출 포트폴리오 단위로 평균 신용도를 예측하고 있다. 개별 기업 혹은 개별 투자건이 성공할지 알아맞히는 것은 투자를 결정하는 기업가나 기업가들에게 투자자금을 대출하거나 지분 형태로 투자하는 금융기관 모두에게 너무나 어려운 작업이다. 그래서 대출이나 투자 여부를 결정할 때 논리적 분석을 통한 예측 작업보다는 '동물적 야성'을 따르는 것이 오히려 성과를 높일 수 있다고 여겨지기도 했다.

이처럼 이성적·논리적 예측 모형을 이용한 개별 기업 혹은 개별 투자 건의 성과 예측은 사실상 매우 어려움에도 불구하고 더 나은 성과를 보이는 분석 모형을 찾아내지 못한 금융기관들은 이성적·논리적 판단을 주요한 내용으로 하는 기업분석 모형을 만들어 기업의 미래 가치를 분석하는 일을 계속할 수밖에 없었다. 다행히도 1980년대 중반 이후 선진국 경제는 20여 년 이상 눈에 띄는 불황 없이 경제성장이 이어지는 '대안정기(The Great Moderation)'를 누리고 있었기 때문에 극단적으로 위험을 추구하는 투자 행태를 보이는 금융기관들을 제외하고는 개별 기업의 미래에 대한 예측 역량이 크게 높지 않더라도 비교적 높은 재무적 성과를 보여 줄 수 있었다. 그러나 2007년 이후 '서브 프라임' 모기지 대출 부실화 사태가 선진국 경제에 '대공황' 수준의 경제위기를 초래하면서 그동안 선진국 금융기관이 운용해 오던 이성적·논리적 여신 심사 및 자산운용 시스템의 예측 능력은 신뢰할 수 없다는 사실이 확인되었다. 10여 년이 더 지난 현재까지도 선진국 경제는 중앙은행이 퍼붓는 막대한 규모의 유동성에 매몰되어 경기 변동성을 관찰할 수도 없는 상황이 이어지고 있을 뿐, 향후 경제운용 방식에 어떤 변화가 나타날지에 대한 밑그림도 없는 상태이다.

이상의 변화가 나타난 원인 중 핵심적인 요인은 지난 20여 년간 주요 선진국 금융시장이 기업 금융시장에서 소비자 금융시장으로 질적 변환을 한 데 있다. 기업활동이 장기적으로 안정화되면서 주식 발행을 통한 직접 자금조달과 수익 창출을 통한 내부 자금조달이 일반화된 기업 부문은 더 이상 은행 대출시장의 주요 고객이 아니게 되었으며, 대출 시장은 소비자를 대출 시장의 주요 고객으로 삼는 금융시장으로 성격이 바뀌고 말았다. 문제는 산업혁명 이후 수백 년 동안 기업의 가치창출 능력에 대한 신뢰로부터 금융의 가치저장 기능이 나왔다는 점이다. 기업활동의 성과로부터 금융자산 가치의 안정성을 확보할 수 없는 상태에서 소비자의 노동 가치로부터 금융자산 가치의 안정성을 확보할 수 있느냐는 매우 어려운 경제학적 명제가 되고 말았다.

자본주의 경제체제는 기본적으로 기업가 혹은 전문가 집단으로서의 기업이 투자 활동 혹은 기업활동과 관련된 리스크를 금융기관과 함께 나누어 부담하고 관리해 왔다. 문제는 현재 상황이 리스크 관리 분야에서는 비전문가인 소비자들이 리스크 관리 업무를 상당 부분 감당하지 않으면 안 되는 환경으로 바뀌었다는 점이다. 과연 소비자들은 자본주의 경제활동이 만들어 내는 엄청난 규모의 리스크 중 많은 부분을 불특정 다수의 소비자들 간에 나누어 부담하는 방식만으로 감당할 수 있을까? 이러한 명제에 대한 철저한 분석 없이 소비자 선택권 확대 과정에서 소비자들이 리스크를 부담하게 된 것은 경제 시스템 운용상 불안정성을 확대시킬 우려가 있다. 생산자인 기업은 소수이며, 상대적으로 독립적 선택이 가능하고, 독자적 자금조달 수단과 재고 보유 등 대응 능력을 갖고 있으며, 경우에 따라 새로운 시장도 만들어 낼 수 있다. 반면 소비자는 불특정 다수인데다 독자적으로 시장과 경제 상황을 분석하고 예측할 전문성이 약하다. 개인의 영향력은 제한적이기 때문에 자신의 운명을 혼자 힘으로 바꾸기 어려울 뿐만 아니라 전체 구도에서 차지하는 위치에 따라 시장 내 지위가 정해질 뿐이다. 개인은 아무리 노력해도 시장의 힘을 이기기 어렵고, 그런 일을 감당할 인센티브가 없다.

이렇게 볼 때 기업과 개인에 대한 심사 기준은 아예 철학이 달라야 한다. 기업은 자체적인 재무 특성, 수익력 등 개별 속성이 중요하다. 반면 개인은 전체에서 차지하는 위치가 더 중요하다. 큰 그림이 바뀌면 함께 움직일 수밖에 없다. 기업과 개인은 다른 방식으로 경제에서 위치와 역할을 갖는다. 예를 들어 날씨와 기후에서 대륙 주변의 해류온도 변화가 기업활동에 해당한다면, 개별 가정의 난방 기구가 만들어 내는 열은 소비자 활동에 해당한다.

따라서 기업에 적용되는 심사 기준을 단순화하고 축소하여 개인 소비자 금융을 심사하는 방식으로 활용하면 예상하지 못했던 문제가 생길 수 있다.

소비자는 개별 기업에 비해 훨씬 더 복잡하게 얽혀 있는 여러 가지 요인들에 의해 개인의 미래 신용도가 결정된다. 개별 소비자의 경제활동에 영향을 미치는 수많은 요소들의 변화를 고려하지 않고 개인 소비자의 신용도를 예측하는 것은 위험하다. 소비자 전체에 영향을 미치는 요인들을 아울러 검토, 분석할 수 있는 딥러닝 기반의 인공지능 지식과 기술 없이 기업 신용평가 모형과 같은 논리적 모형을 다소 변형시켜 개인 신용도를 판정하는 기준을 만든다면 소비자 신용도에 대한 신뢰할 만한 미래 전망은 어려울 것이다.

2. 미래에 대한 암중모색 도구, 인공지능

인공지능 지식과 기술의 발전에 따라 금융기관들이 컴퓨터를 이용하여 추가적으로 수행하게 될 업무는 무엇일까? 그것은 바로 인공지능 지식과 기술을 이용하지 않고는 할 수 없는 일이라고 예상된다. 즉, 인공지능 지식과 기술의 발전이 있었기 때문에 컴퓨터로 할 수 있게 된 기능이 금융업무에 적용될 가능성이 높다고 볼 수 있다. 우선, 인간의 감각기관이 외부 자극을 인식하는 방식을 인공지능 지식과 기술을 이용하여 재현하는 방식이 가장 먼저 사용될 것 같고, 이미 이 방식을 사용하고 있는 금융기관도 적지 않은 것으로 알려져 있다.

화상 정보만으로도 화상에 기록된 개인이 누구인지를 알아내는 인공지능 기술이 신뢰할 수 있는 수준까지 발전할 경우에 금융기관과 고객 간 관계에서 흔히 행해지는 업무, 즉 금융기관이 고객의 본인 여부를 확인하는 데 필요한 방식이 크게 바뀔 수 있다. 각종 공인인증서, 신분증에 의존하던 것에서 고객의 얼굴, 지문인식, 자필서명 정보만으로도 본인 인증작업이 마무리

될 수 있을 것이다. 예를 들어 은행 점포에 들어서는 순간 어느 고객이 어떤 업무를 수행하기 위해 지점을 방문했는지 확인할 수 있을 것이며, 감독 규정 등 관련 제도가 변경될 경우 금융기관이 고객을 확인하기 위해 시행했던 많은 문서 작업이 대폭 간소화되고 고객 또한 각종 증빙자료를 소지하기 위해 부담했던 비용이 대폭 축소될 것이다.

인공지능 지식과 기술의 금융부문에 대한 적용이 본격화될 경우 인간의 감각기관이 외부 자극을 인식하는 방식을 인공지능 지식과 기술을 이용하여 재현하는 데만 머물지는 않을 것이다. 인간의 감각기관을 대체하는 기술은 그 자체만으로도 인류 사회에 큰 변화를 가져올 수 있다. 자율주행자동차의 운행이 그 예이다. 이러한 변화만으로도 노동시장은 큰 충격을 받을 수 있다. 그동안은 인간의 감각기관을 활용하지 않으면 안 되었던 공정들이 로봇 공정으로 대체될 가능성이 높아졌기 때문이다.

그러나 인공지능 지식과 기술의 활용 면에서 가장 근본적이고 심각한 변화를 가져올 영역은 인간의 사고 기능을 대체하는 영역일 것으로 전망된다. 인간은 감각기관을 통해 들어오는 외부 자극을 해석하여 인식 기능을 수행하는 데 두뇌 활동의 많은 부분을 사용하고, 외부 자극을 비롯한 과거의 경험, 기억, 지식 등을 기반으로 단독 두뇌활동, 즉 생각을 한다. 생각은 또 새로운 생각을 낳고 이것이 기억되고 사고방식을 바꾸는 것이다. 이러한 두뇌 작용의 결과를 기반으로 행해지는 사고 기능을 컴퓨터가 인공지능 지식과 기술을 이용하여 대신하게 된다면 인간 사회에 더 큰 변화가 나타날 것이다.

복합적이고 추상적인 주제를 다루는 인간의 사고 기능을 컴퓨터가 대신하게 될 경우, 논리적/합리적 계산 기능, 기억 기능, 기억내용 호출 기능 등 인간 사회에서 그동안 컴퓨터가 수행해 왔던 기능의 범위를 크게 초월할 전망이다. 예를 들어 비논리, 비이성, 잠재의식의 영역에서 일어나는 것으로 간

주되었던 두뇌 활동(감정, 감성, 느낌, 추측 등)까지도 컴퓨터가 대신할 수 있을 것 같다.

그동안 인간의 논리적·이성적 사고 작용을 설명하고 예측하는 데 힘을 기울여 왔던 자연과학자, 사회과학자들에 의해 '동물적 야성'에 의해 결정되는 부분으로 간주되었던 영역, 즉 논리적 이론 모형, 이성적 판단으로는 설명하고 예측하기 어려웠던 인간의 사고 기능들까지도 인공지능 컴퓨터를 이용해 처리할 수 있을 것으로 전망된다. 논리적·이성적으로 설명할 수 있는 부분은 이미 컴퓨터로 수행하고 있고, 외부자극 인식 기능도 컴퓨터를 활용해 대체하는 비중이 높아지고 있어, 장기적으로는 논리적·이성적으로 설명하기 어려웠던 인간의 사고 작용까지도 컴퓨터가 대신하게 될 가능성이 높다는 이야기이다. 구체적으로는 창의적 활동, 상상력 발휘, 짐작, 느낌, 감정 문제 등을 처리하는 업무까지 인공지능 컴퓨터가 수행할 수 있을 것으로 예상된다.

만약 이성, 논리로 설명하기 어려웠던 인간의 사고 작용, 즉 '동물적 야성'에 의해 수행되는 부분이 첫째, 인간이 살아가는 데 있어서 중요성이 매우 낮고, 둘째, 인간이 창조적·감정적 사고 등을 수행하는 것이 그리 힘들지 않다면 굳이 많은 비용을 들여서 이를 구현하는 인공지능 지식과 기술을 개발할 이유는 없을 것이다. 인간의 논리적·이성적·과학적 사고는 인간의 두뇌 활동에서 많은 비중을 차지하지는 않지만, 의식적 두뇌 활동에 속하기 때문에 엄청난 에너지를 필요로 한다. 의식적 두뇌 활동은 각종 기억의 영역을 동시에 활성화해야 한다. 이런 부담 때문에 의식적·논리적 사고는 사람들이 가장 힘들어하는 두뇌 기능이며, 따라서 컴퓨터 등을 이용해 그 기능을 대체하려고 하는 것은 자연스러운 반응이다.[1] 이미 자신의 근력을 대신할 각종 기계장비를 만들어 사용하고 있고, 이성적·논리적 사고를 대신할 컴퓨터를 만들어 사용해 온 인간에게 남아 있는 '힘든' 일은 이제 '창조적·감정적' 사고와 관련된 일이며, 경제적으로도 '창조적·감정적' 사고를 필요로 하는 일의 중요성이 나날이 높아져 가고 있다. 그동안 인류가 컴퓨터를 이용해 처리할 수 없었던 일의 영역까지 컴퓨터를 이용해 처리할 수 있도록 지식과 기술을 개발하고 실제 업무에 사용하려고 하는 것 역시 자연스러운 반응이다. 이와 관련해 인공지능 지식과 기술이 현재까지도 인간이 직접 수행할 수밖에 없는 '힘든' 일을 대신 처리해 줄 '새로운' 지식과 기술로 기대되고 있는 것이다.

다시 말하자면 사람들이 컴퓨터 등 각종 기계와 도구를 만들어 사용하는 것은 근육을 적게 움직이건 두뇌 활동을 적게 하건 간에 에너지 소비를 축소하려는 동기가 숨어 있다고 할 수 있다. 결국 인공지능 지식과 기술을 포함한 거의 모든 컴퓨터 하드웨어와 소프트웨어는 아무런 경제적 동기 없이 단순히 인간의 두뇌 기능을 대체하는 컴퓨터 하드웨어와 소프트웨어를 만들고 싶다는 생각만으로는 개발이 성사되기 어렵다. 개발된 인공지능 지식과 기술을 이용하는 것이 인간의 사고 기능만으로 해당 업무를 추진하는 것에 비해 비용도 적게 들고 업무 성과도 제고되어야만 고비용을 투자하는 개발이 가능하다. 예를 들어 저비용으로 빠르고 정확하게 러시아어를 번역할 필요가 있을 때 비로소 인공지능 기술을 활용한 외국어 자동 번역 프로그램 개발 프로젝트가 추진될 수 있는 것이다. 만약 대부분의 사람들이 어느 외국어든지 모국어처럼 구사할 수 있는 능력을 갖고 태어난다면 인공지능 기반의 외국어 번역 프로그램을 만들 이유가 없는 것이다.

그렇다면 논리적·이성적으로 설명하기 어려운 인간의 사고 작용으로 수행된다고 믿어지는 인간의 두뇌 활동 중 인공지능으로 대체할 수 있는 기능에는 무엇이 있을까? 그동안 많은 투자가 이루어졌지만 실패했던 프로젝트 가운데 외국어 번역 프로그램이 하나의 예일 것이다. 번역 규칙을 발견하느라 애쓰는 대신 머신러닝 기술을 이용한 패턴인식 방식으로 외국어를 번역하는 프로그램은 이미 상당한 성공을 거두고 활용 단계에 들어간 것으로 판단된다.

다만 머신러닝 방식의 특성상 사람이 만들어 둔 기존의 번역이 충분해야만 컴퓨터가 번역을 잘 할 수 있고, 인간의 언어라는 것이 한순간도 고정되어 있지 않고 새로운 상황과 문화 발전에 따라 살아 움직이고 변화하는 특성이 있어서 영원히 완성될 수 없다는 한계가 있다. 수많은 번역 작업 결과물에서 찾아낸 패턴을 적용함으로써 외국어 번역이 가능해졌지만, 사람들이 번역한 데이터를 이용해서 지속적으로 학습시켜야 한다는 한계가 있다. 결국 머신러닝 방식의 외국어 번역 시스템은 뛰어난 번역가의 번역 성과를 많은 사람들이 공유하는 시스템 정도라 할 것이다. 인공지능이 독자적으로 번역 업무의 본질을 알아내서 스스로 발전하는 시스템은 아닌 것이다.

그렇다면 외국어 번역의 경우처럼 금융업무에서 머신러닝 등의 방법으로 인간의 사고 기능을 대신할 수 있는 업무는 무엇일까? 금융업무 가운데 매우 중요하지만, 인간의 사고 기능만으로 좋은 성과를 얻기 힘들고, 또한 기존의 이성적·논리적 컴퓨터 프로그램으로는 좋은 성과가 나지 않았던 업무가 머신러닝, 딥러닝 등의 방식을 적용할 때 성과를 기대할 수 있는 업무가 될 가능성이 높다. 결국 그동안 금융업무의 가장 핵심적인 리스크 요인, 즉 미래에 대한 불확실성 혹은 미래에 대한 전망이 머신러닝 등의 방법으로 해결해야 할 과제가 될 것이다. 예를 들어 대출 고객의 신용도 예측, 투자 포트폴리오의 미래 수익률 등이 쉽게 생각할 수 있는 과제가 될 것 같다.

이상의 업무를 수행하는 방법은, ① 전통적인 부실예측 모형과 유사하게 개별 건의 여신 결정단계 상황에서 획득 가능한 정보 조합과 사후적으로 관찰된 부실 여부 등의 성과를 데이터로 컴퓨터를 학습시켜서 예측 기능을 수행하게 하는 방식, ② 그동안 훌륭한 성과를 보인 금융기관 혹은 여신 담당자가 활용하는 각종 예측, 판단을 데이터화하여 기계학습 데이터로 활용하고 해당 패턴을 다른 여신 심사에도 활용하는 방식, ③ 일기예보처럼 금융기관을 비롯해 관련 기관이 갖고 있는 정보들을 하나의 데이터베이스에 모아 영향력을 주고받을 뿐만 아니라 그 과정에서 여러 가지 변화가 일어나는 경제 주체들의 각종 정보를 동태적으로 모조리 수집하고 상호작용을 통해 변화 패턴을 머신러닝 방식으로 파악하여 개별 기업, 기업 그룹, 국민경제, 세계 경제의 미래를 예측하는 방식, ④ 세 번째 방법이 금융기관 혹은 관련 기관 간 이해 충돌로 인해 현실적으로 실행이 어려울 때 관련 기관이 갖고 있는 정보를 최대한 공유하고, 이렇게 모인 데이터를 이용하여 인공지능 프로그램으로 미래예측 모형 등을 운용한 결과 찾아낸 모델의 계수를 관련 기관끼리 공유하되, 공유되지 않은 데이터를 갖고 있는 개별 금융기관은 공유된 계수 데이터를 바탕으로 자체 데이터를 활용해 자신만의 미래예측 모형을 운용하는 방식 등을 생각할 수 있다. 아마도 현실에서는 ① → ② → ④ → ③ 방식의 순서로 활용될 가능성이 높다고 전망된다.

3. 인공지능과 금융 데이터

금융산업은 일찍부터 데이터를 다루는 산업이었고, 이제는 수많은 데이터를 컴퓨터를 이용해 관리하고 있다. 따라서 금융분야는 기계학습 등 인공지능을 적용하기 매우 용이한 분야라고 생각된다. 금융 관련 전산 시스템은 현재 잘 운용되고 있지만, 사람의 지능으로 판단하고 고민한 결과를 이용하여 시스템을 만드는 방식을 주로 사용하고 있다. 이로 인해 금융부문이 관리하고 있는 데이터는 인공지능 기반의 금융 IT 시스템을 만드는 데 도움이 되지 않을 수 있다. 현재 금융부문이 갖고 있는 데이터는 결과 데이터일 뿐이다. 금융인이 판단하는 과정은 관리되고 있는 데이터 밖에 있다. 현재의 시스템은 업무 판단을 위한 것도 많지만, 대부분 결과 처리용, 사무 처리용이다.

인공지능을 금융의 핵심 부문에 적용하려면 기계학습 등 인공지능 프로그램이 필요로 하는 데이터가 필요하다. 기계학습은 데이터가 생명이다. 데이터에서 답을 찾고, 패턴을 찾는다. 데이터가 다양하고 건수가 많으면 머리 좋은 사람이 사람의 경험, 지식, 지능만으로 알고리즘을 만들어 문제해결 방법을 찾는 것보다 훨씬 정확하고 빨리 프로그램을 고안하고 설계할 수 있다. 물론 사람들의 관련 영역에 대한 경험과 지식이 추가되면 인공지능은 훨씬 더 잘 패턴과 특징을 찾아낼 수 있다.

일기예보의 경우와 비교해서 설명해 보자. 한 지역의 일기예보를 하려면 그 지역의 날씨 정보만으로는 어렵다. 주변 지역의 현재와 과거의 데이터도 있어야 한다. 기업의 도산 가능성도 마찬가지이다. 지구 밖의 행성과 거래가 없는 세계 경제를 가정해 보자. 그 경제에 서로 다른 재화와 용역을 각각 생산하고 소비하는 100개의 경제 주체가 있다. 다른 99개의 경제 상황에 대한 정보 없이 나머지 1개 경제 주체의 경제를 예측하는 것은 불가능하다. 직간접적인 거래 관계로 얽혀 있는 것이다. 경제 주체들의 운명은 결코 상호 독립적이지 않다. 금융부문도 마찬가지이다. 해당 기관과 거래 관계도 없는, 상관없는 사람의 데이터를 보자고 하느냐고 따지면 좋은 예측모형을 만들 수 없다. 그러면 모든 사람의 위험도가 처음 자동차 보험에 가입하는 사람이 되고 만다. 모든 사람의 보험료율이 같으면 사고를 많이 내는 사람이 유리하고, 사람들은 함부로 운전하고 보험료는 계속 오를 것이다. 이것이 데이터를 공유하지 않으면 안 되는 이유이다.

금융 관련 데이터는 현재도 크게 부족하다. 예를 들어 개인 대출의 부실화

가능성 예측 모형을 만들려면 대출을 원하는 개인의 금융과 경제생활 이외의 영역에 관한 데이터, 혹은 개인 간의 사생활에서 중요하게 여기는 비금융 데이터도 필요할 것이다. 그러나 실제 사생활 등과 관련된 데이터를 수집, 관리, 활용하는 일은 용이하지 않다. 고객들이 이러한 정보를 제공하는 데 부정적이기 때문이다. 소득 정보, 직장 정보 등도 매우 부실하다. 대체 정보를 활용할 수밖에 없는 상황이다. 이런 상황에서 금융 인공지능 기술을 발전시키려면 개인정보 데이터들을 모조리 모아서 제공해야 할지도 모른다. 그렇게 되면 개인에 대한 모든 정보를 쥐고 있는 '빅브라더'가 '나'에 대한 사소한 것까지 모두 알고 통제하는 사회가 될지도 모른다는 걱정의 목소리도 동시에 커질 것이다.

금융 데이터 축적 및 활용과 관련하여 생각해 볼 주제가 있다. 어떤 현상 혹은 행태를 어떤 변수로 기술할 것이냐는 사람이 해야만 하는 매우 중요한 작업이다. 날씨의 경우 기온과 바람 방향과 강도, 강수량 등을 데이터로 만들었지만, 기압이라는 개념을 생각하지 못해서 측정하지도 않았다면 날씨 예측에 사용할 핵심 데이터가 없는 것이고, 기온과 바람 데이터만으로는 다음날 날씨에서 기온, 바람, 강수량은 예측하기 어려울 것이다. 어떤 데이터를 측정하고 관리하며 활용할 것인지는 전적으로 사람이 할 일이다. 이미 만들어지고, 측정되고, 관리되고 있는 데이터만 있으면 된다는 생각은 버려야 한다. 알고 보면, 물가와 소득 등 당연한 것처럼 보이는 많은 지표들이 누군가의 연구 결과에 의해 개발된 개념들이고, 개발된 이후에도 여러 가지 연구를 통해 데이터의 명칭, 개념이 조정되고 개선되면서 수집·축적·관리되고 있는 것이다.

반면 신경망 학습을 통해 패턴을 인식하는 방식은 종단 간 기계학습(end-to-end machine learning)이다. 즉, 데이터만 주면 인간의 개입 없이 컴퓨터가 결론을 만들어 낸다. 예를 들어 손글씨 데이터를 주면 손글씨를 알아보게 되는 기술이다. 문제는 현재의 금융 데이터가 사실상 숫자와 문자밖에 없다는 점이다. 음성 정보도 아니고, 얼굴 정보도 아니다. 무엇인가 상관관계 정도는 있어야 데이터 형태로 축적 가능했다. 음성을 듣고 그 사람이 누구인지를 아는 것은 금융 관련 컴퓨터 시스템이 할 일이 아니었기 때문에 고객의 음성 데이터는 축적·관리할 데이터가 아니었다. 따라서 향후 금융 인공지능 시스템은 ① 주로 인간이 처음부터 끝까지 생각해서 만든 데이터를 활용하는 알고리즘으로 운영되는 방식, ② 인간이 생각한 몇 가지 인간의 금융행위 특성과 빅데이터의 기계학습 방식이 혼합된 방식, ③ 빅데이터만으로 모든 일을 하는 방식을 생각할 수 있다.

4. 인공지능과 금융산업의 미래

수천 년을 자랑하는 금융의 역사는 인류 문명의 역사와 거의 궤를 같이할 정도로 길다. 따라서 금융은 인류가 개발한 각종 문명의 이기를 가장 먼저 사용한 분야인 것으로 알려져 있다. 예를 들어 금융의 역사를 살펴보면, 고대 근동(Near East)에서 금융거래 계약을 기록으로 남기기 위해 문자가 만들어졌다는 주장을 찾아볼 수 있다. 만약 이러한 주장이 사실이라면, 언어와 문자가 인간을 다른 동물과 구분하는 가장 뚜렷한 특징 중 하나라고 볼 때, 금융거래로부터 발생한 '기술적 수요'는 인류 문명을 오늘날의 수준까지 발전시키는 데 결정적 기여를 했다고 할 수 있다. 금융거래는 정치적·문화적으로 큰 차이가 나는 사회에서도 거의 동일한 원리와 관행에 따라 이루어지고 있기 때문에 하나의 금융기관에서 만들어진 각종 컴퓨터 소프트웨어와 하드웨어가 전 세계적으로 활용될 수 있다. 요즘 활용도가 높아지고 있는 모바일 금융거래는 전통적인 금융기관이 발달하지 못한 국가와 지역에서도 금융거래가 가능해지게 할 정도로 경제적·문화적·사회적 차이를 뛰어넘어 활용될 수 있다.

인공지능과 금융산업의 관계에서도 금융거래 기술 개발에 대한 수요에 의해 인공지능 지식과 기술이 개발되는 비중이 결코 낮지 않을 가능성이 있다. 그동안 경영 정보 시스템(MIS), 인터넷과 같은 IT 기술이 금융부문에 적용되는 예가 많았고, 인공지능이라는 개념이 등장한 지도 꽤 오래되었기 때문에 전문가 시스템 등 인공지능 지식과 기술이 금융 현업에서 활용되기 시작한 역사가 결코 짧지 않다.[2] 그럼에도 불구하고 최근 들어 인공지능이 금융산업의 미래를 바꿀 핵심적인 IT 기술로 각광받기 시작한 것은 인공지능 기술이 기술 자체의 발전과 기술을 활용할 수 있는 환경 요인의 변화로 인해 본격적으로 활용되고 있거나, 활용 가능한 상황이 되고 있다고 보기 때문이다.

인공지능 지식과 기술이 본격화되기 이전의 컴퓨터 시스템의 경우도 금융부문의 기술적 수요는 컴퓨터 기술 발전에 지대한 영향을 미쳤다. 주산을 이용해 계산을 정확하게 하고 장부에 정확한 숫자를 기록하는 것이 은행원의 핵심 역량이었던 시절이 불과 몇십 년 전이었다. 하지만 이제는 컴퓨터가 이런 기능을 모두 대신하고 금융인들은 대면 영업과 상품 개발, 경영전략 등 컴퓨터의 빠른 연산 기능과 신뢰할 만한 데이터 저장 기능만으로는 해결할 수 없는 기능을 수행하고 있다. 컴퓨터의 등장으로 인해 금융인의 역할이 바뀌어 버린 것이다.

인공 지능도 컴퓨터가 가져왔던 것과 유사한 변화를 가져올 것으로 전망된다. 컴퓨터는 개발 초기에 과학 계산용으로 개발되었지만, 빠르고 정확한 연산 능력, 비교적 믿을 만한 데이터 저장 능력으로 금융부문에서 폭발적인 수요를 불러일으켰다. 심지어 은행 부문에서는 인간이 손으로 작성한 문서를 대체하여 컴퓨터 기억장치에 들어 있는 금융거래 기록에 대해 법률 문서의 지위를 부여하기까지 했다. 몇 년 전까지만 해도 잃어버리면 큰일이 나는 줄 알고 소중히 보관하던 '은행 통장'은 이제 예금 계좌번호와 비밀번호의 보조 수단으로 그 지위가 떨어졌다. 증권 부문에서도 전산 기록을 유가증권 보유의 법적 증거로 보는 변화가 본격화되어 유가증권 실물을 확인하는 것은 비상장사의 M&A 등 매우 특수한 예외적인 경우가 되었다.

지난 20여 년간 바젤 III 기준에 따른 리스크 관리 등 금융기관 경영의 핵심 영역에까지 컴퓨터 기술에 대한 의존도가 절대적인 상황으로 변화하고 있다. 컴퓨터를 이용한 리스크 관리가 본격화되면서 금융기관의 리스크 관리용 컴퓨터 시스템이 수행해야 할 기능도 더욱 복잡하고 어렵게 발전할 전망이다. 예를 들어 컴퓨터를 이용한 리스크 관리의 초기 단계에 개별 계좌단위로 행해졌던 리스크 관리의 목표가 이제는 금융기관이 갖고 있는 모든 계좌를 연결해 리스크 관리를 하는 방식으로 심화·발전될 것을 요구받고 있다. 차주 간 상관계수가 중요해졌기 때문이다. 다만 아직까지는 대출 계좌 간 상관관계가 직접적으로 계산되지는 않는다. 개별 금융기관들이 이런 작업을 할 수 있는 역량을 충분히 갖추었다고 볼 수 없기 때문이다. 현재는 감독 당국이 정한 위험 가중치를 사용하여 전체 리스크를 계산하고 있다. 경제활동은 모든 경제 주체들이 서로 연결되어 움직이는데, 여신 심사, 리스크 관리만 개별 기업으로 이루어질 수는 없다. 개별 차주기업에 대한 신용 리스크의 단순 합계가 은행 전체, 한국경제 전체 혹은 세계 경제 리스크의 총합은 될 수 없다. 그러나 현재 금융산업이 이러한 일을 할 수 있는 컴퓨팅 파워를 가지고 있는지는 확인하기 어렵다.

한편 인공지능 지식과 기술이 금융산업에 적용되는 과정에는 많은 문제점도 예상된다. 개별 은행, 국민경제, 세계 경제의 경우에도 금융부문의 컴퓨터 운용 역량은 일기예보에 비하면 현저히 낮은 수준이다. 그동안 금융산업은 컴퓨터의 데이터 저장 기능을 주로 사용했고, 연산 기능은 사용했지만 일기예보 수준에는 현저히 못 미쳤다. 금융부문 외에 항공산업, 일기예보, 의료 부문, 과학기술 분야 등 컴퓨터 기술의 발전과 떼려야 뗄 수 없는 분야가 많다.

인공지능이 장표 방식의 금융거래를 뛰어넘어 '금융인'을 얼마나 대체할 것이냐는 금융산업의 큰 관심사이다. 그동안 금융의 디지털화, IT 기술의 채용은 금융사무의 전산화였다. 펜으로 종이에 기록할 것을 키보드로 전산 기억장치에 기록하는 행위였다. 그리고 주판을 이용하던 계산 작업은 컴퓨터로 대체되었다. 즉, 금융 전산화의 핵심은 사무 자동화였던 것이다. 리스크 관리 등 계산 작업의 복잡함, 방대함으로 인해 컴퓨터를 이용하기 불가피한 부분도 일부 있었지만, 이는 소수 전문인력에 해당하는 문제였다. 지금까지 주요한 금융행위, 즉 금리를 결정하고 여신 여부를 판단하는 등 사무처리 이상의 일은 시스템 밖에서 이루어졌고, 사무 처리와 기록 업무는 시스템 아래서 이루어졌다. 인터넷 뱅킹, 스마트폰 뱅킹도 마찬가지였다. 전산 시스템 밖에서 의사결정이 이루어졌다. 따라서 모든 은행이 같은 시스템을 쓰더라도 경쟁력에 미치는 영향이 적었다.

인터넷 뱅킹, ATM을 이용한 업무처리 역시 사무 자동화의 연장선상에 있다고 볼 수 있다. 금융인의 판단이 들어가지 않는 단순반복 업무를 자동화한 것이다. 예를 들어 예금 이자율, 대출 이자율은 여전히 금융인들이 모여 앉아서 기준금리를 수동으로 결정한 후 이에 따라 나머지 반복적인 업무를 컴퓨터로 실행하게 했을 뿐이다. 비록 적용 조건이 복잡하더라도 컴퓨터가 하는 일은 결국 규칙에 따른 반복적인 계산 기능이다. 이러한 일은 아무리 대단해 보여도 존 설(John Searle)의 기준에 따르면 인공지능이 아니다.

그러나 최근 들어 스마트폰, 인터넷 뱅킹 등이 본격적으로 추진되면서 금융 관련 의사결정의 문제가 컴퓨터 시스템으로 들어오고 있다. 물론 이러한 시스템이 반드시 인공지능 시스템이라는 이야기는 아니다. 예를 들어 신용등급 결정 기준이 정해져 있고, 이 기준의 충족 여부를 확인하는 데 필요한 데이터를 고객이 스마트폰을 이용하여 입력한다. 입력된 데이터에 기반하여 신용등급이 결정되고, 여기에 신용등급별로 부여된 여신 한도와 은행의 정책적 판단이 더해져 여신 가능액이 통보된다. 이후 고객이 응하면 여신액이 결정되는 이런 방식은 인공지능적이지 않다.

다만 고객이 입력한 정보가 진실한지를 판단하는 시스템(공적 정보로만 여신 한도를 정하는 시스템)을 뛰어넘어 고객의 신용카드 이용 행태, 급여이체 정보, SNS 정보 같은 소위 빅데이터를 활용하여 부실화 가능성과 이에 따른 적정 이자율, 적정 여신한도를 계산하고 통보해 주는 시스템으로 거듭난다면 인공지능 금융 시스템이라고 부를 수 있을 것이다.

과거 데이터에 대한 의존도가 낮은 상태에서 인간의 지능 활동을 특정 알고리즘으로 구현하는 것이 가능하다면 인공지능 지식과 기술에 기반한 금융 시스템과 전통적 컴퓨터 운용 방식의 금융 시스템이 명확하게 구분될 것이다. 그러나 확인된 바에 따르면 현재 상태에서 금융부문이 활용 가능한 인공지능 기술은 전통적 컴퓨터 운용 방식과 명확하게 구분되는 정도는 아닌 것 같다. 컴퓨터 시스템을 이용한 미래 예측을 위해 활용되는 과거 데이터의 종류와 범위가 대폭 확장되고, 이러한 데이터를 사용하여 추출하려고 하는 정보도 인간의 지능 활동의 패턴처럼 전통 컴퓨터 기술에 비해 복잡한 것이 되었다. 그러나 여전히 과거 데이터로부터 확인된 고정 패턴을 미래 예측에 활용하는 것일 뿐 컴퓨터 시스템이 인간처럼 경험을 통해 스스로 이해하고 배우며 발전하여 문제 해결책을 찾는 방식은 아닌 것이다. 현재 금융부문에서 활용 가능한 인공지능 컴퓨팅 시스템의 기본적인 구조는 현행 체계와 질적인 차이는 없는 것이다.

요약하자면, 현재의 인공지능 컴퓨터 시스템은 컴퓨터의 처리 용량, 처리 속도의 향상 성과를 반영하여 좀 더 많은 종류의 데이터를 활용하고, 좀 더 빠른 주기로 패턴을 찾아내 업데이트하여 금융업무 등에 활용할 수 있게 된 것이라고 평가할 수 있다. 결국 인공지능 시스템이 경험을 통해 스스로 이해하고 배우며 진보하는 단계까지 발전되기 이전에는 인공지능 컴퓨터 시스템은 여전히 금융인을 위해 복잡한 계산을 빠르고 정확하게 수행하는 계산 도구에 머물러 있을 전망이다. 앞으로도 한동안 금융인들의 경험과 관찰, 통찰력 등이 금융부문에서 핵심적이고 희소한 자원이겠지만, 동시에 인공지능 컴퓨터 기술을 이용해 예측력이 높은 금융활동 관련 패턴체계를 찾아내고 유지·관리할 수 있는 역량을 확보하지 않으면 금융인이 금융인으로서의 경쟁력을 유지하기가 어렵게 될 것으로 판단된다. 금융활동에 대한 탁월한 역량, 인공지능 컴퓨팅에 관한 기술적 이해와 활용 능력이 모두 필요한 시대가 앞으로 금융인이 헤쳐 나가야 할 미래이다.

제2부

인공지능 활용 현황과 전망

제4장

국내외 금융분야 인공지능 활용 현황

1. 도입

인공지능 및 기계학습 기술 활용 추세는 산업의 거의 모든 영역에 걸쳐서 확산되고 있다.[1] 빅데이터와 인공지능 기술의 융합은 BDAI로 불리기도 하며 사회·경제의 근본적인 변화를 초래하는 4차 산업혁명의 핵심 동력으로 일컬어지고 있다(김보성, 2019). 빅데이터 및 인공지능은 기업에서 이들 기술을 활용하면서 비즈니스를 수행하고, 그것이 소비자의 행동에 영향을 주게 되며, 소비자의 행동으로부터 수집, 축적된 데이터는 다시 기업의 새로운 서비스 제공에 활용되는 기술-기업-소비자 간 상호작용에 의해 발전된다.

〈표 4-1〉에서 나타나듯이 2017년부터 불과 10년 만에 전 세계 시가총액 기준 10대 기업 중 7개, 테슬라나 TSMC와 같이 간접적으로 연관된 기업까지 고려한다면 9개사가 빅데이터 및 인공지능과 관련된 사업모델을 보유하

〈표 4-1〉 세계 10대 기업 중 BDAI 기반 기업의 비중 추이

	2007년	2012년	2017년	2021년
100%	엑슨모빌	엑슨모빌	버크셔헤서웨이	테슬라
	GE	페트로차이나	존슨&존슨	TSMC
	시티그룹	BHP 빌리튼	JP 모건 체이스	버크셔헤서웨이
	개즈프롬	ICBC	애플	애플
50%	중국공상은행	차이나모바일	구글(알파벳)	MS
	토요타	월마트	MS	아마존
	BoA	삼성전자	아마존	구글(알파벳)
	로얄더치쉘	로얄더치쉘	페이스북	페이스북
	BP	MS	텐센트	텐센트
	MS	애플	알리바바	알리바바

자료: 김보성(2019), list of public corporations by market capitalization(wikipedia) 일부 발췌 및 수정.

는 것으로 나타나며, 파급력의 크기를 짐작할 수 있다.

정보통신기술의 발전은 금융산업 기존 가치사슬(value chain)의 계층별 분화를 가져왔다. 은행업을 예로 들자면, 예금·대출·지급결제 과정 모두 수직결합된 시스템 내에서 단일 프로세스로 이루어지던 형태가 각 서비스 계층[대고객(Front-end)/중단(Middle-office)/후단(Back-end)]별 업무로 분리되었다. 핀테크는 계층화된 정보 네트워크 및 분화된 프로세스라는 변화를 활용하여 특정 기능에 특화된 금융서비스를 독립적으로 제공하는 것이 가능해지면서 출현했다.

핀테크의 등장으로 인해 오랫동안 눈에 띄는 변화가 거의 없었던 기존 금융산업의 지배적인 운영 모델—수직 통합 네트워크를 이용한 단대단(end-to-end) 서비스 제공 및 규모의 경제 추구—과 경쟁 구도—소수의 대형 종합 금융기관에 의한 과점—에도 변화가 일어났다. 은행, 증권사 등 기존 금융기업과 고객 확보를 놓고 직접 경쟁하는 핀테크 서비스는 물론, 금융시스템 내 중·후단 오피

스 수요 및 규제 대응 등의 결과로 다양한 핀테크 서비스들이 나타나게 되었다. 현재 핀테크의 성장 속도는 놀라운 수준이다.[2] 2021년 1분기는 핀테크 기업의 사상 최대규모의 자금조달 분기로 614건 거래에서 벤처캐피탈 지원 핀테크 기업의 자금조달 액수가 228억 달러에 달한다.[3]

기존의 금융기관 또는 기업과 비교해 기술 변화에 보다 민첩하게 대응하는 핀테크 기업의 출현과 핀테크의 확산은 인공지능 및 기계학습을 금융의 여러 영역에서 활용하는 것을 가능하게 했으며, 이에 따라 향후 금융서비스의 제공 방식 또한 크게 변화할 것으로 예상된다. 먼저 소매금융의 경우 빅데이터 및 인공지능을 활용하여 고객에 대한 개인화, 맞춤화된 서비스를 제공할 수 있고, 금융거래 절차 전반의 효율성 제고가 가능해진다. 또한 기업금융의 경우도 흔히 관계 금융으로 대표되어 온, 인간의 경험과 통찰력을 바탕으로 한 정성적 판단에 기반하는 영업 방식 대신 빅데이터와 기계학습 등을 활용하여 도출된 정량적인 신용판단 기준에 기반한 형태로 변화할 것으로 예상된다(Peterson, 2004).[4]

금융산업에서의 인공지능 및 기계학습의 활용 현황은 다음과 같다. 금융기관 및 관련 기업들은 고객 응대, 가격 측정, 보험계약, 신용평가 등의 정확성 제고를 목적으로, 헤지펀드, 브로커, 딜러 등은 수익성 제고와 트레이드 최적화 등의 목적으로, 인공지능 및 기계학습을 도입하여 활용하고 있다. 공공 및 민간의 유관 기관들도 규제 준수 및 감시[5], 데이터 품질 평가, 금융사기 적발 등에 활용할 수 있으며, 또한 전반적인 업무 프로세스의 효율을 향상시킬 수 있다. 예를 들어, 빅테크라고 불리는 아마존, 애플, 구글, 페이스북 등 글로벌 플랫폼 기업이 기존 은행 대신 고객 접점을 점유하고, 기존 은행은 빅테크에 금융 인프라를 제공하면서 수익을 유지하며, 빅테크 기업은 자신과 은행이 갖고 있는 데이터를 결합하여 보다 방대한 고객 데이터를 기반으로 금융상품 개발 및 맞춤형 서비스를 제공하는 형태의 신종 은행업 영위 방식이 출현할 수 있게 된다. 자본시장에서는 빅데이터 및 인공지능을 이용하여 수익률 개선[6]을 추구하거나, 자산가격 예측 및 자산배분 최적화 서비스를 제공하는 데 활용할 수 있다. 보험 부문에서는 개인별로 차별화된 마케팅을 제공하여 고객 유지·확보 및 교차 판매 등을 통해 보험회사의 신규 수익원을 제공할 수 있도록 한다. 축적된 고객 데이터를 활용하여 소비자 맞춤 보험 중개업을 수행하는 인슈어테크 기업의 시장 진입이 활성화될 수 있다.[7] 차량 무선인터넷 기술, 웨어러블 기기 연계를 통한 보험료 책정 및 위험률 평가 등을 활용하여 위험관리 비용을 절감할 수 있다.

금융권의 인공지능 도입 및 디지털 전환 시도를 통한 서비스 개선 및 효율화 달성 시도 이면에는 금융권 인력의 감축 및 그로 인한 고용 불안정 및 축소 가능성이 있다. 국내 금융권에서도 인공지능 기술을 활용한 업무 효율성 향상 모색이 활발하게 진행 중이지만 아직까지는 많은 사람들이 우려하고 있는 단기간의 대량 고용축소가 발생하지는 않은 상황이다. 다만 글로벌 금융위기 이후 이루어진 은행권을 중심으로 한 영업점의 감소와 그에 따른 은행원의 감소 추세는 꾸준히 지속되고 있다.[8]

이후 이 장의 구성은 다음과 같다. 제2절에서는 대고객 서비스 분야 적용 사례에 대하여, 제3절에서는 중·후단 업무 적용 사례에 대해 살펴본다. 제4절에서는 정책 관련 대응 및 시사점을 정리한다.

2. 대고객 서비스 분야 적용 사례

1) 챗봇 및 가상비서[9]

다수의 기업들은 고객 요청에 응대하기 위해 인공지능을 이용해 보다 저비용으로 직접적인 대고객(Front-end) 서비스를 제공하는 온라인 챗봇(chat bot) 및 가상 어시스턴트 서비스의 활용을 시도하고 있다. 챗봇은 인공지능 기반의 커뮤니케이션 소프트웨어를 지칭하며 메시징 등의 인터페이스를 통해 서비스를 제공하고, 가상 어시스턴스는 이러한 챗봇에 음성인식 기능이 합쳐져서 텍스트 메시지 외에도 음성 및 검색 패턴, 위치와 사용 패턴 등이 입력되어 작동하여, 다양한 기능 및 서비스가 가능해진다. 애플의 시리, 구글의 구글나우, 아마존 에코 및 마이크로소프트의 코타나 등이 주요 예라고 할 수 있다.[10]

이러한 챗봇이나 가상 어시스턴트는 금융기관이 해당 서비스를 직접 제공하는 경우도 있지만 카카오톡이나 페이스북 등과 같은 메시징 어플리케이션 또는 소셜미디어 서비스를 통해 제공되는 경우가 많다. 사람들에게 보다 익숙한 서비스를 통해 고객 접점을 확보하고, 질의 내용을 접수한 뒤 인공지능 및 기계학습을 이용하여 분석하며, 이때 축적된 금융 빅데이터를 이용하여 로보어드바이저(robo-advisor) 등으로 송금, 조회, 환전, 대출, 상품 추천 등의 서비스를 제공하고 금융상품 판매 능력을 향상시키는 시도이다.

국내 금융권 챗봇서비스의 경우 콜센터 등 상담 비중이 큰 보험업에서 2016년부터 도입을 시작했으며 이후 은행, 카드로 점차 도입이 확대되고 있다.[11] 경쟁력 강화를 위해 고객에게 차별화된 금융서비스를 제공하는 것이 중요해지면서, 은행들도 고객의 다양한 특성을 파악하기 위해 인공지능을

〈표 4-2〉 국내 금융사 챗봇서비스 현황

구분	회사	플랫폼	인공지능 적용	주요 내용	챗봇 비율
카드	롯데카드	자체 (로카)	○	2018년 6월부터 챗봇 '로카' 모바일과 홈페이지에서 제공, 카드신청/이용내역조회, 즉시결제, 개인정보변경, 분실신고/재발급서비스 등 제공	37.5%
	신한카드	FB, 네이버 등	×	카드상품 추천 및 소개, 혜택 관련 상담 지원	
	현대카드	자체 (버디)	○	맞춤카드 추천, 카드 혜택 관련 상담서비스 제공, LBS 제공	
증권	대신증권	자체 (벤자민)	○	음성인식 활용, 종목추천과 시세조회 상담 서비스로의 연결 제공	5.4%
은행	우리은행	자체 (위비봇)	○	환전, 스마트뱅킹, 카드분실 안내 서비스, 향후 예대업무 연계	10.5%
	하나은행	자체 (핀고)	○	인터넷은행과 지방은행 상품 비교, 맞춤형 추천 기능 추가 예정	
	신한은행	자체 (쏠)	○	챗봇에 인격을 입힌 챗봇서비스 도입 예정	
	카카오뱅크	자체	○	텍스트 중심이 아닌 이미지, 동영상 등 시각적 요소를 활용	
보험	DB손해보험	카카오톡	×	라이나생명과 함께 2016년 말 보험업 최초로 메뉴방식 챗봇 도입	18.1%
	메리츠화재	카카오	○	상품소개, 보험계약 대출조회, 실행, 상환이 가능하며 자연어 처리와 자가학습, 맞춤형 추천 등이 가능한 세일즈 챗봇을 출시	
	AIA생명	자체	○	IBM 왓슨 기반 인공지능기술 적용, 보험 관련 질의 외 일상적인 대화 가능	

주: 도입 비율은 금감원의 권역별 챗봇 도입 비중(총 352개사 대상).
자료: 김남훈(2019), 조재범(2020), 김보성(2019).

활용하기 시작했다.[12] 은행들의 주요 활용분야는 고객 경험개선, 정보 및 절차 상담에서 맞춤형 상품 추천까지 인공지능 기반 챗봇과 가상 어시스턴트의 활용 범위는 점차 확대되고 있다. 그러나 아직은 만족도가 낮고 제한된 수준의 서비스에 그치고 있는 것도 사실이다. 이에 카카오뱅크 등 인터넷 전문은행을 중심으로 인공지능 도입 동영상, 이모지, 이미지 등을 활용한 직관적 정보를 제공하거나, 콜봇을 추진하는 등 고도화가 진행 중이다.

국내 보험업의 경우 2016년 최초로 메뉴 방식 챗봇이 카카오톡을 통해 제공되기 시작했으며 55개 보험사 중 손해보험사 5개와 생명보험사 8개가 도입(2020년 4월 기준)했다(조재범, 2020). 인공지능 챗봇서비스를 통해 보험 관련 질의응답, 상품 추천 서비스를 제공할 수 있다. 챗봇/어시스턴트 서비스 제공에 있어서 대형 은행—한국 KB의 리브(Liiv), 미국 뱅크오브아메리카(Bank of America)의 에리카(Erica), 일본 미쯔비시의 마이(Mai) 등—의 특징은 대형 인터넷 플랫폼 기업에서 제공하는 대고객 인터페이스 대신 자체 개발한 챗봇/어시스턴트를 제공하는 경우가 많다는 것이다. 이는 온라인 금융/핀테크 확산에 따른 빅테크 종속을 우려하는 금융권의 시각이 어느 정도 영향을 미쳤으리라 추측할 수 있는 부분이기도 하다.

해외 주요국에서도 챗봇서비스는 은행, 카드, 보험 등 금융서비스 전반에 걸쳐서 고객 응대력 제고와 마케팅 기회 확보 측면에서 도입이 확대되고 있다. 미국의 경우 뱅크오브아메리카는 앞서 언급한 인공지능 기반 고객 자산관리 가상도우미 '에리카' 서비스를 전 고객에게 제공하여 고객의 신용등급이 낮은 경우 이를 제고하기 위한 방안을 제안하거나 이자비용을 낮출 수 있는 대금 납부방법 등에 대한 안내를 제공한다. NAB, Westpac 등은 아마존의 '알렉사(Alexa)'를 통해 조회, 이체, 송금 서비스를 제공한다.

가장 주목할 만한 사례는 블랙록(BlackRock)인데, 인공지능 역량을 차세대 성장 동력으로 육성하여, 현재 6.7%인 테크 서비스의 수익 비중을 30%까지 확대하려는 계획을 추진했으며, 2019년 블랙록의 테크 서비스 수익은 사상 최고치인 9.7억 달러를 기록했다. 핵심 서비스인 '알라딘(Aladdin)'은 기술 발전에 힘입어 빠르게 확장되고 있고, 글로벌 금융시장 내 투자관리 전반을 아

〈표 4-3〉 해외 주요 금융기업 챗봇 도입 현황

구분	회사	주요 내용	서비스명/도입	인공지능 적용
은행	Bank of America	알림서비스, 계좌, 공과금 조회 및 납부, 송금 및 이체, 체크카드 잠금/해제, 미팅예약 등	ERICA(2016.10)	○
	Capital One	최근 거래와 계정정보 요약, 카드 납부일, 히스토리 요약, 이모지 인식	ENO(2017.3)	○
	DBS (싱가포르)	계좌조회, 이체, 카드이력조회 등	Virtual Assistant (2017.1)	○
	Absa Bank (남아공)	잔액조회, 지출조회, 통신사 데이터 추가 구입, 자금이체	N/A(2016.4)	○
	Royal Bank of Scotland	카드분실 관리, 잠긴 계정 관리 고객상담	Luvo(2016.9)	○
	Mitsubishi	고객질의 응답, 계좌개설/인증 안내	Mai(2016.3)	○
카드	Amex	카드 결제정보, 관련 혜택 정보	- (2016.9)	○
	마스터카드	승인내역조회, 혜택, 쿠폰정보 안내	Kai(2016.10)	○
보험	AXA	보험상품/계약상환, 조회	- (2017.9)	○
	Allianz	보험상품/계약조회와 가입신청	- (2012.3)	×

자료: 금융보안원(2018) 저자 정리.

우르는 서비스 플랫폼으로서의 입지를 굳히고 있다. 방대한 데이터 분석을 통해 주식, 채권, 파생상품, FX, 부동산 등 포트폴리오 내 다양한 자산군의 위험 요인을 모니터링, 분석, 평가하는 알라딘 리스크(Aladdin Risk)가 핵심 역량에 해당하며, 자산운용사 연기금, 은행 등 금융권뿐 아니라 일반 기업의 포트폴리오 관리를 지원하며, 현재 약 250개 기업 고객과 5만 5000여 명의 사용자를 보유하고 있다. '스테이트 스트리트(State Street)'는 블랙록과 유사한 인공지능 기반 유동성 리스크 관리 프로그램을 자체 개발하여 운영하고 있으며, 특히 채권 유동성 리스크 관리에 강점을 보인다. 거래 데이터가 적은 채권의 경우 동일 발행자의 유사 채권 또는 동일 섹터 채권을 통해 리스크 분석을 할 수 있도록 머신러닝 기반 비유동자산에 대한 분석모델을 강화했다.

일본의 경우 조회 관련 업무, 마케팅 분석, 자산관리 운용 등을 중심으로 활용이 증가하는 추세이다.[13] 인공지능 기반의 챗봇 도입 후 이를 이용한 상담이 전체 상담 비중의 52% 이상을 점유했으며 챗봇 상담은 로보어드바이저와 결합하여 금융상품 추천 및 포트폴리오 구성 등 맞춤형 자산관리 서비스 제공이라는 진화된 역할을 수행하기도 한 것으로 알려져 있다. 소프트뱅크(Softbank)는 소셜로봇 페퍼(Pepper)를 활용하여 영업점 내 고객 응대를 실시하고 있으며 미즈호(Mizuho)에서도 소셜로봇 도입을 시도하고 있다. 증권사들도 투자결정 지원, 거래집행 지원, 투자지표 추출, 투자종목 선정에 인공지능 시스템을 도입하고 있으며, 단기 주가예측과 챗봇서비스에 인공지능을 활용 중이다.[14]

노무라증권은 LINE증권과 함께 금융상품 상담 인공지능을 개발하는 중이다. 다이와증권은 인공지능을 이용해 일본 국내주식의 예측 정보를 제공하고 있으며, SMBC닛코증권도 인공지능을 활용한 자동응답 계좌 개설 및 거래조회 서비스, 맞춤형 투자서비스, 챗봇서비스 등을 제공하고 있다.

챗봇과 유사하지만 보다 다양한 업무를 자연어를 통한 대화와 명령이라는 단일 인터페이스를 통해 간편히 수행하려는 목적으로 개발된 가상비서를 금융권에 활용하는 사례도 늘고 있다. 미국 캐피털 원(Capital One)은 2016년 3월 이후 아마존의 '에코(Echo)'를 통해 계좌잔액조회, 거래내역조회, 신용카드 결제금액 및 출금일 안내, 명세서 결제, 기타 자동차 및 주택금융 관련 기능을 제공한다. 미국 앨리뱅크(Ally Bank)의 경우 앨리 어시스트(Ally Assist)를 통해 모바일뱅킹 실행 상태에서 텍스트나 음성 명령으로 계좌이체, 잔액조회, 공과금 납부 등을 처리할 수 있는 서비스를 제공한다. 영국의 산탄데르 UK(Santander UK)[15]는 텍스트·음성 기반의 가상비서를 모바일뱅킹에 적용하여 지출내역조회(카드) 등을 지원한다.

2) 로보어드바이저[16]

로보어드바이저(robo-advisor)는 로봇(robot)과 투자자문을 의미하는 어드바이저(advisor)의 합성어이며 인공지능 및 빅데이터 기술을 활용해 고객의 자산운용을 자문하고 관리하는 서비스를 말한다. 한국의 경우 2020년 2월 기준으로 국내 로보어드바이저 시장에 477억 원이 순유입되었으며 전체 설정액이 959억 원으로 크게 증가했고, 로보어드바이저 서비스 이용자 수 역시 크게 증가하여 2019년 9월 기준 10만 명을 돌파했다. 전 세계적으로는 2023년까지 로보어드바이저 시장 규모가 2조 5000억 달러에 이를 것으로 전망되고 있다. 미국 베터먼트(Betterment) 사는 2010년 로보어드바이저 서비스를 시작했으며, 2018년 기준 5423억 달러를 로보어드바이저가 관리 운용하고 있으며, 2023년에는 2조 5523억 달러에 달할 것이라 전망한다.

국내 활용 현황을 보면 2019년 6월 말 기준 9개 은행, 19개 증권사, 2개 자산운용사, 5개 투자자문사가 로보어드바이저 서비스를 제공하고 있다. 세부적으로 보면 투자자문형 로보어드바이저는 펀드, 연금 등 상품 판매채널 또는 상장종목 추천 및 매매 타이밍 자문 서비스를 제공하며, 투자일임형 로보어드바이저는 증권사의 자산관리 상품인 랩어카운트를 관리하거나 국내외 주식 및 ETF로 자산을 관리하는 서비스를 제공한다. 2019년 10월 말 기준 국내 로보어드바이저 펀드 10개(설정액 10억 원 이상)의 평균 수익률이 8.45%로 펀드매니저가 직접 운용하는 국내 주식형 펀드 수익률 평균 1.93%보다 높게 나타나는 것으로 알려져 있다.

해외 활용 현황을 보면 코로나19 사태 초기에 시장 불확실성이 극대화된 상황에서도 로보어드바이저 펀드인 Kristal AI는 4.85%, Raiz는 2.87%, Aqumon은 2.11%로 비교적 안정적인 수익률을 기록했다. 동남아시아 혁신 기업 중에서 가장 선두권에 위치한 것으로 인정되는 태국의 그랩(Grab)은 로보어드바이저 스타트업 벤토 인베스트(Bento Invest)를 인수했으며, 인터넷 은행을 설립하고 이를 통해 새로운 금융생태계를 형성할 계획을 밝히기도 했다.

판매·마케팅 부문에 있어서는 로보어드바이저를 이용해 저비용의 비대면 채널을 활용한 고객접점 기반을 확대하고, 인공지능 기술을 활용해 보다 고도화된 고객 맞춤형 서비스를 제공하고 자산관리 역량을 강화하려는 시도들이 등장했다. 뱅가드(Vanguard)는 2015년 하이브리드 로보어드바이저 서비스 '뱅가드 디지털 어드바이저(Vanguard Digital Advisor)'를 출시하고 이를 위해 개인의 은퇴 이후 목표자산을 토대로 포트폴리오를 구성할 수 있는 알고리즘을 설계했다. 베터먼트는 2020년 인공지능 기술 기반 운용자산이 220억 달러를 돌파했으며 최적 포트폴리오, 리밸런싱, 은퇴자산 관리, 기부 서비스 등 다양한 서비스에 인공지능 기술을 접목하여 제공한다. UBS는 딥러닝과 신경망 알고리즘 기반의 안면 인식 솔루션 페이스미(FaceMe)와 IBM의 인공지능 기술 왓슨(Watson)을 활용해 디지털 어시스턴트를 구현해 자산관리 고객을 지원한다.

3. 중·후단 서비스 분야 적용 사례

직접적인 고객과의 접점이 없는 리스크 관리, 금융사기 방지, 컴플라이언스 [또는 레그테크(regtech)] 등 중단 업무(Middle-office)에서도 인공지능을 활용하려는 시도들이 활발하게 일어나고 있다. 예를 들어, 전통적으로 투자 포트폴리오 리스크 관리를 평가하기 위해서는 과거의 금융 및 경제 데이터를 이용해 포트폴리오의 수익률 변화 및 안정성을 점검하는 백테스팅(back-testing)을 시행해 왔지만, 최근에는 인공지능 및 기계학습을 이용해 리스크 관리 평가를 개선하려 시도하고 있다. 그 외에도 투자 수익률 향상, 장·단기 금융시장 예측 및 분석능력 향상, 고객 신용도 평가의 정확도 향상에 이용될 수 있는 다양한 정보의 활용 및 각종 분석방법의 적용, 관련 비용이 갈수록 커지고 있는 위험관리, 암호화폐가 확산되고 온라인을 통한 국경 간 거래가 늘면서 중요성이 더욱 증대되고 있는 자금세탁 방지 등에서 활용 가능하다.

결제 및 청산, 완결성 제공 및 무결성 유지 등 후단 업무(Back-end)의 경우 반복적인 업무를 중심으로 인공지능을 활용하여 운영비용을 절감하고 업무 생산성을 증대하려는 시도들이 있다. 예를 들어, 영국의 온피도(Onfido)는 금융기관은 아니지만 신원 및 배경 조회를 제공하는 기업으로 2012년에 설립되었으며 기업의 고용주가 직원을 채용할 때 행정절차에 사용되는 모든 관련 서류를 검증해 주는 서비스를 제공한다. 빅데이터를 통해 컴퓨터가 스스로 정리, 분석까지 마치는 인공지능 기술을 활용한다는 점에서 다른 신용정보조회 서비스 제공 기업들과 차별화된다.

1) 자산운용 및 시장분석

자산운용 분야에서는 보다 다양한 인공지능 활용 시도가 이루어지고 있다.[17] 투자 판단에 존재할 수 있는 인간 오류의 부정적 영향을 줄이기 위해 이전부터 흔히 프로그램 매매라 불리는 기존의 알고리듬 기반 트레이딩이 이용되어 왔다. 보다 최근에는 이를 뛰어넘는 기능의 인공지능 및 기계학습을 이용한 트레이딩 로봇을 개발하여 급변하는 시장 상황을 빠르게 분석하고 효과적으로 대처하려는 시도가 이루어지고 있다. JP 모건은 인공지능에 기반한 트레이딩 가격 예측을 시도하고 있다. 인공지능을 활용해 트레이딩 전략 최적화 및 거래 속도를 제고하고, 가격 변동 리스크를 완화하는 것을 목표로 하고 있다. 또한 자신들의 테마봇(Themebot) 분석모델을 통해 비정형화된 데이터에서 키워드를 분석하여 투자 테마와 종목을 발굴하는 데 적용 중이다. 뉴스, 회사 프로필, 연구논문, 공시문서 등 수억 개의 데이터 소스를 신속하게 분석하여 전 세계 기업 중 관련 테마에 가장 많이 노출된 주식을 식별하며, 2017년에는 인공지능 기반 주식거래 프로그램 'LOXM'을 개발하여 딥러닝 기술을 기반으로 최적 거래를 식별하고 자동으로 거래가 실행되도록 알고리즘을 설계했다. 코그네틱스(Kognetics)는 머신 인텔리전스에 기반한 M&A 분석을 시도하며, 빅데이터를 활용해 거래를 식별하고 기업을 분석하며 매수/매도 기회를 포착한다. DTCC는 인공지능에 기반한 실시간 거래 영향도를 분석하며 거래 관련 사전/사후 리스크 관리 및 위험자본비용 및 다양한 거래 시나리오를 반영한 포트폴리오의 수익성을 계산한다.

시장분석 및 투자관리 부문에서는 대량의 가용 데이터와 마켓 리서치 자료들을 활용하고 효과적인 포트폴리오 관리를 목표로 인공지능 및 기계학습을 도입하려 하고 있으며, 특히 인공지능 기술을 활용하여 텍스트 자료 분석, 음성·이미지 인식 및 자료화 등 방대한 양의 비금융, 비정형 데이터를 분석하려는 시도들이 행해지고 있다. 이를 통해 보다 신속하고 정확하게 시장 및 투자 모멘텀(추세)을 파악하고, 나아가 기존에 알려지지 않은 잠재적 투자 기회와 아이디어를 포착하려는 시도들이 등장했다. 예를 들어, 아메리칸 센추리 인베스트먼트(American Century Investment)는 자연어 처리와 감성 분석 등이 가능한 인공지능 기반 로보애널리스트를 활용해 기업들의 실적 컨퍼런스 콜의 내용을 분석하여, 인공지능 기술을 이용한 경영진의 목소리, 감정, 뉘앙스 등을 분석하고 실적 과장, 의도적인 복잡한 설명, 외부변수 핑계 등을 파악하는 데 활용한다. 또한 시장에서의 투자자 심리지수 개발에도 많은 관심이 집중되고 있으며, 한국의 경우 뉴시스와 한국조폐공사가 공동으로 제공하는 빅데이터 MSI(market sentiment index)를 비롯하여 소셜미디어, 뉴스 등으로 인공지능 및 기계학습을 이용하여 시장 참가자들의 심리지수를 도출하려 시도하고 있다.[18]

2) 신용 및 위험 평가[19]

신용평가의 경우 인공지능을 활용하여 대출 과정에 드는 시간을 줄임과 동시에 잠재 리스크를 관리하는 인공지능 기술을 도입하여 기존의 신용평가 시스템보다 다양한 고객 정보를 분석하고 보다 정확한 신용등급 평가를 수행할 수 있다. 예를 들어, 금융정보 외에도 비금융정보라고 볼 수 있는 요금 납부 기록, 통화 기록, SNS 이용 기록 등을 잠재적인 고객 동의 아래 추가로 분석한 결과를 활용한다면 사회 초년생, 노인 계층과 같이 누적된 개인신용 관련 정보가 상대적으로 적은 사람들[이른바 신파일러(thin-filers)]에게도 대출 등 신용이 요구되는 금융서비스를 제공할 기회를 높일 수 있을 것이다. 또한 기존에는 동일한 신용평가를 받았던 사람들을 대상으로 보다 세분화되고 차별화된 금융서비스를 제공할 수 있게 된다.

은행권에서 인공지능을 활용한 신용평가는 다음의 사례를 참고해 볼 수 있다.[20] 미국의 업스타트(Upstart)는 개인, 기업 대출 실시간 자동화를 위해 인공지능에 기반을 둔 신속한 신용 분석을 통해 실시간 대출 서비스 제공을 시도하고 있다. 얼레이션(Alation)은 컴플라이언스 자동화 서비스를 제공하며 인공지능을 통한 지능형 데이터 카탈로그화 및 컴플라이언스 관련 업무의 신속성을 제고한다. 라이트 캐피털(Right Capital)은 인공지능에 기반하여 보다 개인화되고 구체적인 자문 서비스(개인자산 보고서 생성)를 제공한다. 제스트 파이낸스(Zest Finance)도 인공지능을 이용한 신용평가를 수행하며, 신용평가 모델 구축 및 이를 이용한 대출 연체 가능성을 예측하는 서비스를 제공한다. 한국의 국책은행인 수출입은행은 기업과 관련하여 추출한 비정형 정보와 재무제표 정보 등을 분석하여 기업의 재정 건전성 검토 및 평가를 시

〈표 4-4〉 국내 기계학습 기반 신용평가 사례

기업	설명
신한카드	• NICE와 공동으로 머신러닝 신용평가시스템 개발 • 카드 사용내역, 상담기록 등 180여 개 비금융정보를 함께 분석하여 맞춤형 금리 설정
현대카드	• 글로벌 대안신용평가사 Lenddo와 협력하여 신용평가 시스템 개발 • 고객 신용등급, 소득수준, 요금납부, 통화 관련 정보 등을 분석한 고객범위 확대
신한은행, KB캐피탈, SBI저축은행, 웰컴금융그룹	• 2016년 중반부터 머신러닝 기반 데이터 분석 업체 솔리드웨어의 '다빈치랩스'를 활용해 보험 및 대출 심사
우리은행	• 기업의 부도 가능성을 진단하는 빅데이터 기반의 시스템 구축 예정

자료: 금융보안원(2017) 저자 정리.

〈표 4-5〉 해외 기계학습 기반 신용평가 사례

기업	설명
요코하마은행, 지바은행	• 인공지능 솔루션 업체와 협력하여 영세업체 및 개인 사업자를 대상으로 한 신용평가 시스템 도입, 예측된 정보를 기반으로 대출 심사 및 금리 결정
ZestFinance	• SNS, 인터넷 사용 등을 분석하여 개인 신용도 측정 • 2015년 6월 JD닷컴과 함께 JDZestFinance Gaia를 설립하여 중국 내의 고객 신용평가 서비스 제공
Kabbage	• 미국 소상공인 대출회사로 Data Context Engine 시스템 구축, 개인 SNS, 거래 기록 등을 분석한 대출 서비스 구축

자료: 금융보안원(2017) 저자 정리.

도하고 있다. 국내 및 해외 금융회사의 기계학습 기반 신용평가 사례는 〈표 4-4〉와 〈표 4-5〉에 각각 정리되어 있다.

보험업에서는 보다 활발하게 인공지능을 활용한 신용 및 위험 평가를 시도한다. 보험 심사 및 계약 유지 단계에서는 보험 가입 대상자의 질병 이력, 사업장 점검 이력 등을 바탕으로 인공지능이 가입 승낙여부를 결정하고, 주요 위험요소를 모니터링하여 인공지능 분석으로 위험지수를 계산해 화재 및 사고를 예방하려는 시도가 가능하다. 또한 보험금 청구 및 지급의 경우 컴퓨터 비전과 인공지능 기술로 자동차 사고 사진, 손상제품 사진, 의료비 영수증 등을 자동으로 인식하고, 또한 이상탐지 인공지능 알고리즘을 이용해 과거 보험사기 청구건들의 패턴을 학습하고 비정상적인 청구건을 감지하려는 시도가 이루어지고 있다. 위험도에 대해 보다 정확한 평가를 수행하기 위하여 인공지능을 적용한 빅데이터 분석(insurtech)을 수행하고 이를 통한 수익성 개선을 시도할 수 있다.[21]

국내의 적용 분야 및 사례들을 살펴보면 다음과 같다. 우선, 보험계약 심사가 있으며 인공지능 계약심사 시스템을 통해 심사 과정을 간소화하고 영업 비용을 절감할 수 있다. 교보생명, 삼성화재 등이 인공지능 계약심사 시스템을 활용하며, 특히 삼성화재는 '슈퍼 비즈니스' 재물보험상품에 인공지능을 도입하고 17만 장의 사진으로 학습을 실시하여, 전산 승인율이 67.1%에서 82.4%로 상향되는 성과를 거두었다. DB손해보험은 시스템 개발 회사 '페르소나 시스템'과 협업하여 유사 시스템을 개발 중이다.

보험에서 인공지능을 적극적으로 이용하려는 분야 중 하나는 보험사기 감지이다. 국내에는 ABL생명이 800여 개 변수를 고려하는 머신러닝 알고리즘을 도입해 보험사기 예측 시스템을 구축했으며 보험사기 적발률이 1.8배 증가했다.

위험관리의 경우 사물인터넷(Internet of Things: IoT) 센서를 이용하여 위험 요소를 모니터링하고 사고 및 화재 등을 예방하려는 시도가 있다. 메트라이프(MetLife)는 인공지능 스타트업 Zesty.ai와 협업하여 건물 정보, 항공 이미지, 산불 및 화재 데이터로 패턴을 분석하여 자연 및 건물 화재의 위험 점수를 측정한다. 한화손해보험, 현대자동차, SKT의 합작회사 '캐럿손해보험'은 마일리지에 기반하여 청구되는 UBI(Usage Based Insurance) 자동차보험을 출시했으며 내비게이션을 통해 보험료를 수시로 확인한다. 메리츠화재의 온보드 진단기(On-Board Diagnostics: OBD) 연동 특약상품은 개인 차량의 OBD 장치에서 전달 받은 데이터를 KT 클라우드 서버로 전송, GLM 분석 기법으로 안전운전 점수를 계산하고 보험료에 반영한다.

3) 이상거래 탐지 및 준법 감시[22]

이상거래(fraud) 탐지는 금융권, 특히 카드사를 중심으로 선도적으로 빅데이터 및 인공지능 기술이 도입된 분야라고 할 수 있다. 국내의 경우 KB국민카드는 비정상적이라고 의심되는 거래를 실시간으로 감지하는 이상거래 탐지 시스템(Fraud Detection System: FDS)을 도입했으며 신한은행 역시 핀테크 업체 '인피니그루'와 협력하여 FDS를 도입했다.

더 나아가, 금융회사들은 규제기관과 같이 국제 금융위기 이후 변화된 금융 규제 및 컴플라이언스 요구 사항에 효과적으로 대응하기 위해 이상 금융거래 탐지는 물론 머신러닝, 빅데이터 등의 기술을 활용하여 데이터 관리, 위험 분석 및 예측, 고객 신원관리, 기업 내부통제, 컴플라이언스 등 금융회사의 규제준수 관련 비용과 시간을 절약하고 효과적인 규제이행 업무를 가능하게 하는 기술(레그테크)을 도입하고 시장의 투명성을 제고하려고 시도

〈표 4-6〉 해외 기업 머신러닝 기반 준법감시 활용 현황

기업	설명
홍콩증권선물위원회	2016년 9월 20개의 은행 및 IT 업체와 함께 데이터 분석업무 개선을 위한 파일럿 테스트 수행
싱가포르통화청	2016년 11월 자국의 규제 검증 테스트베드와 레그테크를 연계하는 포럼 개최
골드만삭스, 웰스파고, DRW 홀딩스	2016년 레그테크 업체 Droit에 1600만 달러 투자
Droit	파생상품의 적법성 여부를 실시간으로 판단
AlgoDynamix	금융시장의 주요 사건 및 가격 변동에 기반한 위험 분석
KYC Exchange Net	금융회사의 신원관리 등을 위한 통신표준 개발
Behavox	내부 직원의 행위 감시 및 위험 수준 등급화
Ellipti	가상화폐 비트코인의 블록체인에서 이상 금융거래 탐지 및 식별

자료: 금융보안원(2017) 저자 정리.

중이다. 2025년까지 전 세계 기업의 약 30%가 머신러닝 기반 준법 감시 시스템을 도입할 것으로 전망되고 있다. 이러한 기술은 주로 국외에서 활성화되어 있으며, 국내의 경우 필요성의 인식 단계에 있다. 레그테크의 활용 분야는 데이터 관리, 위험 분석 및 예측, 금융거래 탐지, 고객 신원관리, 기업 내부통제, 컴플라이언스 등이 존재한다.

4) RPA[23]

금융회사들은 후단 업무 효율화를 위해 RPA(Robot Process Automation, 로봇 프로세스 자동화) 솔루션을 활용한 자동화 시스템을 구축하고, 규칙에 기반한 반복적인 대량 업무에서의 운영비용 절감, 업무 생산성 향상 등을 유도하려고 시도 중이다. 이들은 인사, 회계 등 다양한 지원업무 영역을 대상으로 향후 완전 자동화된 업무를 구현하기 위해 RPA 적용 확대를 계획하고 있다.

이 과정에서 금융업무시스템의 독립적인 보안성 유지, '금융망 분리' 등을 엄격하게 준수해야 한다는 점에서 RPA 프로세스 최적화 과정이 필요하다.

국내 은행권의 경우 금융기관의 통계자료 산출, 문서 주요특징 추출, 데이터 오류 탐지 등 업무 프로세스 개선을 위한 RPA 도입이 활발하게 진행되고 있다.[24] 국내 5대 은행인 국민은행, 신한은행, 우리은행, 하나은행, NH농협 모두 RPA를 도입했다. 신한은행은 고위험 금융상품에 대해 TTS(Text-To-Speech) 시스템을 도입하여 상품 약관과 주요 고지사항을 읽어 주는 기능을, 하나은행은 인공지능을 활용한 고객필체 인식, 약관과 법령 등 각종 규제준수 검토를, 우리은행은 은행 업무에 특화된 인공지능 기반 기계독해(MRC) 기술의 자체 개발을 시도했다.

국내 증권사의 RPA 활용 현황은 다음과 같다. 신한금융투자는 신규상장 종목 법인등록번호, 상장 종목 분기별 재무정보 수집, 리스크 관리 정보·영업 현황 자료 취합 등에 적용하여 RPA를 도입했으며, 도입 후 약 8개월 만에 1만 5000시간을 절감했다는 평가를 내렸다. KB증권의 경우는 IB 부문과 리서치센터 목차별 내용 작성, 업종별 데이터 취합·정리, 데이터베이스 저장 등에 적용하여 연 환산 업무시간 기준 약 2만 5000시간을 절감했다고 평가했다. NH투자증권도 리서치 자료 발간 관련 RPA 활용, 향후 외부 정보망 데이터 다운로드, 업데이트 업무 자동화, 리포트·데일리 문자발송 업무 등에 도입을 검토하고 있다.

국내 보험업계도 RPA를 활발하게 활용하고 있다. DB손해보험은 계약관리, 전자문서 관리, 지수 업데이트 등 총 28개 업무에 대해 1차 RPA 시스템 구축을 완료했으며, 미래에셋생명의 경우 신규 계약 언더라이팅(underwriting)을 비롯해 보험금 지급 심사, 퇴직연금 등 35개 업무 43개 프로세스에 RPA를 우선 적용했다. 재산 손해청구의 경우 한국은 보험개발원이 인공지능을 이용한 자동차 사고 손해인식 기능이 포함된 'AOS 알파'를 개발하여 2020년 출시했고, 이를 적용하기 위해 보험사들이 연계 작업을 실시 중이다. 의료비 청구의 경우 네이버의 인공지능 서비스 클로바(Clova)를 이용하여 변환, 특성 추출, 시퀀스, 예측 등 4개 모듈로 구성된 광학문자인식(OCR) 기술을 사용해 의료 진단서, 영수증 등 문서 내 텍스트를 추출하고 보험금 지급을 자동화하는 기술을 개발했다.

해외 금융기업의 RPA 활용 예들은 다음과 같다. 골드만삭스의 경우 인공지능 솔루션 기업 켄쇼(Kensho)의 시스템을 도입했으며, 이 시스템은 자연어 분석을 통해 금융기관들의 경제지표, 실적, 주가동향 등의 정보를 기록한 문서를 자동으로 생성한다. JP 모건 체이스는 머신러닝 플랫폼 COiN(Contract Intelligence)을 도입하여 법률 문서에서 주요 정보와 조항들을 추출해 내고 있다. 미국 인슈어테크(InsurTech) 베터뷰(Betterview)의 상품은 드론 전문가나 개인이 사진을 촬영하여 지붕 상태와 수리 비용을 자동으로 산출하고 보험금 청구까지 자동화한다. 블랙록은 미들·백 오피스 부문에서 로보틱 프로세스 자동화를 통한 업무 수행의 효율성 제고를 추진했다.

4. 정책 및 규제 동향

1) 금융부문에서의 인공지능 활용[25]

금융분야에서 인공지능 및 빅데이터와 관련된 정책 이슈로는 마이데이터(MIDATA)로 알려진 데이터 저장 및 유통 센터 구축사업, 로보어드바이저 규제, 인공지능 윤리 이슈 등이 있다. 마이데이터는 2010년대 초반 영국을 비롯한 유럽 국가들을 중심으로 정보 주체인 '개인'을 데이터 유통 생태계의 주요 행위자로 끌어들이는 개념으로 공론화하면서 시작되었다(노현주, 2021).

마이데이터는 데이터 저장소를 구축해 정보 주체인 개인이 본인의 정보를 적극적으로 관리 및 통제하고 이를 신용·자산 관리, 나아가 개인생활 전반에 데이터를 통합적이고 능동적으로 활용하는 일련의 과정을 제공하고자 하는 시도이다. 국내의 마이데이터 사업은 본인 정보의 일괄 수집 및 조회 서비스를 기초로 금융상품 자문, 자산 관리 서비스 등 여러 종류의 부수적인 서비스 시스템을 제공하는 사업영역 도입을 시도하고 있다. 특히 최근 오픈뱅킹과 신용정보법의 개정으로 인해 개별 금융회사에 일일이 접근할 필요 없이 한 번의 동의만으로 전 금융권(은행뿐 아니라 보험, 카드, 금융투자업 등)의 정보를 불러올 수 있게 되면서 마이데이터 사업 인가를 받은 핀테크 기업은 풍부한 고객 데이터를 기초로 인공지능에 기반한 정교화, 다양화된 개인 맞춤형 금융서비스를 제공받게 될 것으로 예상된다. 이와 관련해 쟁점인 이슈로 가명 정보를 '원 상태로 복원하기 위한 추가 정보를 사용하지 않고는 특정 개인을 알아볼 수 없도록 가명 처리한 정보'라고 설명하고 있지만, 산업계에서는 보다 구체적인 지침을 요구하고 있다. 개인을 완전하게 식별할 수 없는 수준으로 정보를 가명 처리하게 되면 그만큼 데이터의 활용 가치가 낮아지기 때문에 가명 처리와 활용 가능성 사이에서 적정선을 찾으려는 시도와 논의가 현재도 계속 진행 중이다.

로보어드바이저는 투자자가 입력한 정보를 바탕으로 투자자문과 자산운용의 모든 과정을 사람의 개입 없이 관리하기 때문에, 사람을 전제로 한 기존 법률과의 충돌 가능성이 존재한다. 우선, 기존 법률의 테두리 안에서 적격성 부여를 통한 관리·감독과 그와 동시에 투자자를 보호하려는 방안이 마련 중에 있지만, 로보어드바이저가 단순히 비대면 업무 처리뿐만 아니라 본격적으로 인공지능을 활용해 투자업을 지속하는 경우 설명 가능성의 어려움으로 인해 파생되는 문제점이 많을 것으로 예상된다. 즉, 해당 상품에 대한 투자자 설명 의무 등 기존에 로보어드바이저에게 요구되는 규제 요건이 인공지능의 활용이라는 전제 아래 보다 복잡해질 것으로 예상할 수 있다.

또한 로보어드바이저와 관련하여 다음과 같은 분쟁들이 발생할 수 있다. 우선, 로보어드바이저의 실제 역할에 대한 해석에 차이가 발생하는 것이 가능하다. 다음으로, 로보어드바이저의 알고리즘에 대한 정합성 및 신뢰도에 따라 부적합한 운영 및 손실 발생 가능성이 존재한다. 그로 인해 투자 행위에 대한 손실이 발생할 경우 책임 판단에 어려움이 생기게 된다.

마지막으로, 방대한 양의 신용 데이터를 기반으로 제공되는 인공지능 기반 신용평가는 최근 '이루다' 챗봇 관련 논란에서 드러나듯, 학습 데이터에 편향(bias)이 있는 경우 이를 그대로 반영하여 차별을 야기할 수 있다. 그러나 편향된 데이터를 보정하는 과정에서 다시 차별과 역차별 논란이 불거질 수 있으며, 편향적 요소를 무조건적으로 배제하는 경우 신용평가의 예측 정확도를 감소시킬 우려도 존재한다. 적용되는 세부 산업별로 매우 상이한 특성이 나타날 수 있기 때문에 데이터를 활용한 평가에는 해당 산업의 특성을 고려한 세부 원칙 또는 지침의 설계가 필요하다.

2) 금융감독 분야에서의 인공지능 활용[26]

금융분야의 빅데이터 및 인공지능 도입 확산에 대한 금융감독 당국의 대응 방안은 〈표 4-7〉과 같이 정리할 수 있다.

주요국들은 인공지능 기술 주도권을 선점하는 한편, 신뢰할 수 있는 생태계 구현을 목표로 인공지능에 대한 새로운 규제 패러다임 마련에 착수했다.

〈표 4-7〉 BDAI 확산에 따른 금융감독의 대응 이슈

목표	감독상 이슈
금융 안정	신규 비즈니스 모델 및 감독 대상기업 출현
	시장 및 시장 참가자 간의 상호 연계성 증가
	기술적 안정장치 확보
	시스템 리스크 요인 재정립
금융회사 감독 강화	BDAI 통제를 위한 지배구조(governance) 감독
	금융범죄 예방
	BDAI 모형의 감독당국 승인
	정보 보안 리스크 관리
금융 소비자 보호	차별 방지
	소비자 주권 강화

유럽의 경우 유럽집행위원회는 신뢰 가능한 인공지능 환경을 구현하기 위해 2020년 2월 'AI 백서'를 발간해 인공지능 관련 규제의 기본 방향과 원칙을 제시했다. 미국의 경우 2020년 1월 백악관 과학기술정책국(OSTP)은 인공지능의 안전하고 공정한 사용과 과도한 규제 방지를 목표로 '10대 AI 규제원칙'을 발표했다.

주요국의 알고리즘 거래 규제는 거래 시설의 투명성과 안정성에 초점을 두었으나, 인공지능 기술 기반의 알고리즘 거래가 급속히 진전됨에 따라 새로운 알고리듬 거래 규제체계 마련을 검토 중이다. 유럽연합(EU)은 2018년부터 시행 중인 금융상품투자지침 개정안 MiFID II에서 알고리즘 거래에 대한 규제를 강화했다. 미국 증권거래위원회(SEC)는 고빈도 매매를 포함해 시장 접속과 관련한 브로커, 딜러의 리스크를 통제하는 규정을 제정했다.

가트너(Gartner)의 '2020 CIO Agenda: Government Highlights'는 2020년 제조업, 정부, 금융, 에너지, 교육, 보험, 리테일, 헬스케어, 운송, 커뮤니케이션 미디어 등 64개국 주요 산업군 CIO 1070명의 응답 등 다양한 산업

관련 조사자료를 바탕으로 다음과 같은 의견을 제시한다. 우선, 정부의 디지털 정책 관련 재정지원 부족으로 성장 지체가 발생할 수 있다는 주장이다. CIO 설문조사 결과 디지털 정책 조직 구성의 미비(58%)와 재정지원 부족(52%)이 정부의 주요 과제로 나타났으며, 노동계 문제(41%), IT 서비스 실패(35%), 실행비용 부담(35%) 등이 추가적인 디지털 정책 성장의 지체 요인이라는 의견이 제시되었다. 반면, 정부 CIO의 56%가 2020년 IT 관련 예산 증가가 나타나지 않을 것으로 예측했으며, IT 비즈니스 환경의 급속한 변화에 유연하게 대응할 수 있는 정부의 재정지원 모델이 부재하다는 의견을 제시했다.

정부 리더십 실행 현황을 보면 각국 정부는 지속적으로 IT 정책과 서비스 발전을 약속하고 있으나, 실제로는 IT 분야 전반의 구성과 계획 실행에 문제가 있다는 의견이 나타났다. 정부의 디지털 정책 관련 계획 및 전략에 대한 설문조사 결과 평균적으로 비효율적이라고 평가했으며, 대부분의 정부가 위험회피 경향을 나타내 혁신을 저해하는 측면이 존재한다고 말했다.

일본의 공공 분야의 경우 도쿄증권거래소는 불공정거래 감시와 매매심사 업무에 인공지능 기술을 적용하고 있으며 세계 최대규모 연기금인 일본 공적연기금(GPIF)은 운용 위탁기관 분석 및 특정 금융자산의 자금 집중여부를 판단하기 위해 인공지능을 활용할 계획이다.

끝으로, 정부가 채택한 주요 디지털 기술은 사이버 보안(84%), 인공지능(37%), 로봇(33%) 순으로 나타난다. 설문조사에서 CIO들은 데이터 분석, 인공지능 머신러닝, 클라우드/XaaS 등을 게임체인저 역할을 수행할 주요 기술로 예측하고 있다.

5. 시사점

금융분야에서의 인공지능 및 기계학습 도입 확산을 서비스의 제공 측면에서 본다면 관련 기술 발전에 따른 금융부문의 데이터 활용성을 제고할 것으로, 서비스의 수요 측면에서 본다면 수익 창출, 타사와의 경쟁, 금융 규제의 필요성을 제고할 것으로 기대된다. 또한 이는 금융분야에서 인간의 역할 및 노동 수요에도 커다란 양적·질적 변화를 가져올 수 있다.

인공지능 및 기계학습 기술의 발전과 인간의 역할 변화와 관련해 아우터(Autor, 2015)는 기술의 발달과 보급이 특정 산업의 노동 수요에 미치는 효과를 파악하기 위해 산업 산출물의 수요와 기술의 특성을 동시에 고려해야 한다고 강조했다. 20세기 농업기술의 발달은 노동 투입을 절감하는 방향으로 이루어져 선진국에서는 농업 종사자 인구 비율이 지속적으로 감소하는 결과를 낳았다. 반면, 1950년대 이후 의료기술의 발달은 노동 투입을 강화시켜, 의료 수요의 증가와 건강 산업의 성장 및 종사자 수의 증가를 동시에 발생시켰다.

이러한 관점 아래 전통 금융산업에서 인간의 역할이 대체/축소될 것인지, 아니면 새로운 일자리를 다수 창출할 것인지에 대해 현재 금융산업에서의 인공지능 및 기계학습 활용 사례를 검토할 필요가 있다. 데이터 분석과 지적 조작 요구가 발생하는 금융산업이 여타 산업에서보다 인공지능에 의한 직무 대체 가능성이 높을 것으로 예측되기 때문이다.[27] 고객 응대, 영업 지원, 프로세스 효율화 및 자동화, 금융시장 분석·예측 등 주로 표준화되어 있고 반복되는 업무 중심으로 인공지능을 활용한 대체가 일어날 것이라고 볼 수 있다. 이는 금융산업이 원하는 인재상 또한 변화할 수밖에 없음을 의미한다. 인공지능, 머신러닝 등을 이용한 빅데이터 분석 능력이 요구되며, 유연한 사고와 합리적 판단 및 조치 등 인공지능과 빅데이터 분석을 통해 얻을 수 있는 양질의 정보와 보완적인 역할을 할 수 있는 인재의 필요성이 더욱 커질 것이다.

인공지능 및 머신러닝 기술의 발전이 다양한 금융 발전을 가져올 수 있는 반면, 금융 안정과 관련해 잠재적인 위험 요인으로 작용할 수 있어 기술 및 데이터 활용에 대한 모니터링이 필요하다.[28] 이때 컴테크/섭테크(CompTech/SupTech)로 일컬어지는 인공지능 기술을 활용해 규제 준수 및 감시의 효율성을 증대시킬 수 있다.[29] 반면, 인공지능 기술의 네트워크 효과와 머신러닝 등 신기술의 확장 적용은 금융 시장과 기관 간 새로운 형태의 결합을 초래할 수 있다. 이는 규제 범위 밖의 기업 혹은 기관의 영향력 증대와 이에 대한 의존성 증가라는 위험이 존재한다는 것을 의미하며, 새로운 금융 상품과 서비스가 도입됨에 따라 정보 프라이버시, 사이버 보안 등의 위험관리가 필요하다는 점을 시사한다.

제5장

금융부문 인공지능과 데이터 정책

1. 서론

인공지능은 방대한 양의 데이터를 분석하여 예측하고 결정을 내릴 수 있는 다양한 수준의 자율성을 가진 기계 기반 시스템이다. 인공지능은 인간이 명시적으로 프로그래밍하지 않고도 데이터로부터 학습하여 자체 개선할 수 있다. 인공지능이 중요한 이유는 매일 생성되는 엄청난 양의 데이터에서 패턴을 감지하고 통찰력을 도출하며 조치를 취할 수 있는 유일한 도구이기 때문이다.

특히 매일 생성되는 대부분의 데이터들이 원시 데이터이고 구조화되어 있지 않기 때문에 인공지능이 필요하게 된다. 구조화된 데이터는 체계화되고, 스프레드시트에 배치되고, 정렬되고, 검색될 수 있는 데이터이다. 거래 기록, 손익 계산서 및 과거 온도는 모두 구조화된 데이터의 예이다. 구조화되지 않은 데이터는 그 반대이다. 개별 데이터는 서로 명확하고 잘 정의된 관계가 없으므로 스프레드시트로 정렬하거나 피벗 테이블로 정리할 수 없다. 매일 무작위로 촬영되는 수백만 장의 사진, 증권 중개인 간의 몇 시간 동안 녹음된 대화, 기업 서버 간에 주고받는 수많은 이메일이 모두 비정형 데이터의 예이다.

예전에는 구조화되지 않은 데이터를 사람이 구조화된 데이터로 만든 후에만 이를 분석할 수 있었다. 데이터 분석 비용이 많이 들고 속도가 느린 것은 물론이다. 인공지능은 구조화되지 않은 데이터를 해석하는 과정에 인간이 아닌 기계를 적용하는 것이다. 프로세스를 가속화하고 인간이 찾을 수 없는 새로운 패턴의 식별을 가능하게 한다. 이는 인공지능이 과거 및 현재 데이터를 사용하여 학습하기 때문에 가능하다.

오늘날 폭발적으로 증가하는 데이터는 대부분 구조화되지 않은 것이다. 일부 추정에 따르면 구조화되지 않은 데이터가 매년 40% 성장률로 증가하여 이제 사용 가능한 데이터의 90% 이상이 구조화되지 않은 데이터라고 한다. 인공지능이 없으면 이 데이터를 분석할 수 없으니 거의 모든 산업에서 인공지능의 활용이 필수적인 시대가 된 것이다.

금융부문에서도 인공지능과 데이터의 중요성은 두말할 나위 없이 커지고 있다. 특히 신종 코로나바이러스 감염증(코로나19) 확산 사태가 오래 지속되면서 이러한 흐름은 더욱 강화되고 있다. 코로나 사태에 따라 사람들의 생활 방식이나 문화 등은 물론 기업들의 생존 전략도 비대면 중심으로 빠르게 변하고 있으며 특히 대면을 중시하는 금융분야에서도 비대면 금융의 중요성이 커지고 있다. 대형 시중은행들은 비대면 금융이 화두가 되면서 디지털 금융 구축에 더욱 속도를 내고 있으며 코로나19에 필요한 대출 지원도 비대면 플랫폼을 적극 활용하고 있다. 원래부터 디지털 금융으로의 추세는 분명했는

데 코로나19 사태가 이러한 전환을 더욱 가파르게 하고 있다.

디지털 금융의 핵심에는 인공지능과 데이터가 있다. 슈왑(Schwab, 2019)[1]에 따르면 금융산업의 디지털화 현상은 정보혁명이라 할 수 있다. 오프라인 공간에서 이루어지는 금융행위의 경우 연속적인 정보의 흐름 형태로 축적하는 것이 어려울 뿐만 아니라 이를 축적하는 데 드는 비용이나 처리 기간도 크게 늘어난다. 금융정보는 계량화되어야 사후적으로 분석하거나 쉽게 활용할 수 있다. 기술적 한계로 인해 오프라인 금융거래의 결과나 특성 등을 활용하거나 외부 정보와 접목하는 것은 제한적으로 이루어질 수밖에 없었다. 이제 인공지능을 이용한 데이터 분석이 빠르게 발전하면서 다양한 원천의 데이터를 분석하여 금융서비스에 접목할 수 있게 된 것이다.

이와 같은 디지털 정보 혁명은 금융서비스의 경쟁 기반을 변화시킬 것으로 전망된다. 디지털 금융 환경에서는 고객과의 접점이 실시간으로 전환되고 디지털 인프라로 연결된 정보의 축적과 분석, 활용이 이루어짐으로써 새로운 형태의 고객 관계가 형성된다.

또한 디지털화에 의한 정보혁명은 개별 회사에 국한된 정보의 폐쇄성이 완화되고 다양한 정보를 통합할 수 있는 개방형 형태로 전환될 것이다. 자사 중심의 제한적이며 특화된 정보의 형태가 다양한 외부 디지털 생태계와의 협업이나 제휴, 연계 등을 통해 공유하는 형태로 바뀌면서 정보의 양이나 수준, 신뢰도가 크게 개선될 것이다. 이러한 디지털 정보 혁신은 미래 금융서비스에서 정보가 차지하는 가치를 높이고 정보에 대한 금융서비스의 의존도를 심화시킬 것이다. 한국의 경우에도 2019년 12월 전면 시행된 오픈뱅킹(Open Banking)[2]과 함께 2020년 8월 개정된 데이터 3법[3]이 디지털 금융 및 데이터 금융의 촉진에 중요한 역할을 했다. 또한 2021년 초 마이데이터(MyData)[4] 산업 도입 등의 정책도 중요하다.

디지털 금융이 빠르게 확산되는 가운데 최근에는 디지털 금융 리더십을 선점하려는 기존 금융기관과 빅테크 간 경쟁도 치열하다. 빅테크의 금융업 진출 사례가 늘고 있는데 이들은 주력 사업에서 형성한 네트워크와 다양한 고객 데이터를 기반으로 금융서비스를 제공할 수 있다. 빅테크가 시장 지배력을 가질 경우 소수의 지배적 플랫폼 구축이 용이하여 비경쟁적 환경이 조성될 가능성이 존재하고 외부에서의 시장 진입도 매우 어려울 수도 있다.

데이터 경제 시대에서는 여러 사회적 목표들 간에, 여러 부문 간에 이해상충 문제가 발생할 수 있다. 즉, 빅데이터 활용 활성화와 개인정보보호 간의 상충, 데이터 축적 유인 제고와 데이터 집중(독점)의 폐해, 개인정보보호의 경쟁 제한 가능성, 금융업권과 IT 빅테크들 간의 경쟁 문제 등이 주요 사례이다. 이 글에서는 디지털 금융 및 데이터 금융이라는 특징을 가진 새로운 금융생태계 환경에서 대두되는 현안들을 살펴본다. 아울러 바람직한 금융생태계를 만들기 위한 정책 과제에 대해서도 고찰한다.

2. 주요 현안

1) 데이터 금융 활성화와 개인정보보호

앞서 언급한 바와 같이 디지털 금융의 핵심은 데이터 금융이며 다른 경제 분야에서도 데이터의 중요성이 커지고 있다. 그런데 빅데이터 활용의 활성화와 개인정보보호 강화라는 사회적 목표는 상충 가능성이 매우 높으며 각국은 양자 간의 균형을 맞추려는 노력을 지속하고 있다. 미국의 경우 개인정보보호와 관련된 사항은 일반 법 없이 여러 법률에 산재되어 있는 상태였는

데 최근 일반 법 제정을 통한 데이터 보호 강화 움직임을 보이고 있다. 특히 CCPA(California Consumer Privacy Act of 2018) 제정에 주목할 필요가 있다.

유럽연합(EU)은 데이터 보호에 매우 엄격한 '1995년 개인정보보호 지침(Data Protection Directive 95/46/EC)'을 GDPR(General Data Protection Regulation)로 전환하고 2018년 5월부터 시행하고 있다. GDPR은 정보보호를 강화하면서도 빅데이터 활용 가능성을 높이는 조치를 포함하고 있다. 먼저 개인의 정보 통제권 강화를 위해 잊혀질 권리, 접근권 및 정정권, 프로파일링 거부권, 정보이동 요구권 등을 도입했다. 개인정보의 수집, 제공, 처리 절차를 강화하여 고지 의무, 명확한 동의 요구, 개인정보의 역외 이전 승인제 등을 포함하는 통합된 개인정보보호 시스템을 구축했다. 또한 가명화(pseudonymised) 데이터 활용을 제한적으로 허용했다. 가명화 데이터를 공익 목적의 자료 보관, 과학적·역사적 연구, 통계 목적에 있어 동의를 받지 않고 사용하는 것을 허용한 것이다.[5]

여기서 주목할 것은 GDPR의 정보이동 요구권이다. GDPR 제20조는 정보 주체가 자신의 개인정보를 보유한 업체(controller)로부터 자신 또는 제3자에게 제공할 것을 요구할 수 있는 권리(right to data portability)를 보장하고 있다. 정보 제공은 구조화되고, 일반적으로 사용되며 기계 판독이 가능한 형태로 이루어져야 한다.[6] GDPR의 정보이동 요구권은 개인정보를 이용하는 서비스 업체 간의 경쟁을 촉진함으로써 소비자 후생 제고를 도모한다. GDPR의 정보이동 요구권 도입은 EU 지급 서비스 지침(PSD II)에서 은행이 보유한 금융정보를 고객 동의하에 제3자에게 공유하도록 한 제도와 같은 맥락이다. PSD II는 2018년 1월부터 시행되고 있다.

한국 역시 신용정보법 제정(1995) 이후 개인정보보호법 제정(2011), 2014년 카드사 개인정보 유출 사건 이후의 정보보호 강화 방향의 개정, 2020년

데이터 3법 개정의 변천을 겪어 왔다. 특히 신용정보법 개정의 경우, 금융 소비자의 신용정보, 신용관리 등을 지원하는 마이데이터 사업(본인신용정보관리업)의 법적 기반을 마련했다. 개인정보의 식별 가능성을 기준으로 개인정보(특정 개인에 관한 정보), 가명정보[7], 익명정보[8] 등으로 나누고 활용 가능한 범위 등의 기준을 명확히 했으며, 개인정보 자기결정권 및 정보이동권 도입, 신용조회업에 대한 진입규제 요건 등을 완화했다. 일정 요건을 갖춘다면 신용정보를 가명 처리한 뒤 필요에 따라 결합해서 사용할 수 있기 때문에, 기존에 존재하지 않았던 새로운 맞춤형 상품 및 서비스가 생성될 수 있는 기반이 마련되었다. 데이터를 활용할 기술력만 있다면 금융 소비자에게 보다 빠르고 효과적으로 침투할 수 있게 된 것이다.

한편 데이터 기반 시장에서 개인정보보호 제도가 신규 기업의 시장 진출을 제한할 가능성이 제기되고 있으며 특히 동의에 기반하는 경우 경쟁제한 우려가 있다. 캠벨·골드파브·투커(Campbell, Goldfarb and Tucker, 2015)는 옵트인(opt-in) 동의 제도가 소규모 기업과 신규 기업에 불리한 영향을 줄 수 있다고 지적한다. 마슈스·투커(Marthews and Tucker, 2019)는 온라인 광고 공급망의 각 단계에서 동의 및 규정 준수가 필요하기 때문에 수직적 통합에 대한 압력이 증가한다는 사실을 발견했다.

피커(Picker, 2008)는 기업 간에 정보를 사용하고 공유하는 것을 제한하는 개인정보보호 규칙은 인위적으로 더 큰 통합을 추진하도록 하며 이에 따라 시장 경쟁을 저해하는 효과가 있다고 주장한다. 갈·아비브(Gal and Aviv, 2020)가 언급했듯이 소비자 동의를 얻는 데 규모와 범위의 경제가 있을 수 있다. 갈·아비브(2020)는 GDPR이 데이터 공유에 대한 유인을 줄이고 데이터 사용을 제한하는 효과가 있다고도 주장했다. 특히 기업이 소비자 데이터를 공유하는 당사자가 GDPR을 준수하는지 확인해야 하는 것은 비용이 많이 들어 데이터 공유를 크게 제한할 수 있다. 또한 소비자 데이터는 원래 동의를 제공한 목적으로만 사용할 수 있으므로 데이터 저장을 제한할 수 있으며 이에 따라 시장 집중도가 높아지고 경쟁을 감소시킬 가능성이 있다고 결론짓고 있다.

시보와 카스트로(Chivot and Castro, 2019)는 GDPR이 유럽에서 인공지능의 개발과 사용을 저해할 수 있다는 우려도 제기했다. 특히 GDPR은 기업이 데이터를 처음 수집한 목적 이외의 목적으로 데이터를 사용하는 능력을 제한하여 기업이 데이터 수집 시 고려하지 않았던 인공지능 애플리케이션에서 소비자 데이터를 사용하는 능력을 제한할 가능성이 높다.

개인정보보호 규제에 대응하는 비용에 따라 신규 진입 및 경쟁이 제한될 가능성도 있다(OECD, Consumer Data Rights and Competition, 2020). 개인정보 및 사생활 보호에 소요되는 비용은 고정비용(fixed costs)의 비중이 높아 중소기업이나 신생 기업에게 비대칭적인 부정적 효과를 미칠 가능성이 있다. 예를 들어 영국에서 GDPR의 준수 비용은 기업당 평균 170만 파운드로 추산되는데 직원 수가 100~249명인 기업의 경우 100만 파운드 미만, 직원이 1000명 이상인 기업의 경우 230만 파운드로 예상된다(Calgigo, 2017). 미국에서도 PwC의 설문조사에 따르면 미국 기업의 68%가 100만 달러에서 1000만 달러 사이를 지출하고 기업의 9%는 GDPR을 준수하기 위해 1000만 달러 이상을 지출할 것이라고 한다(PwC, 2017). 이와 같은 규정준수 비용 가운데 고정비용의 비중이 높아 중소기업의 시장 진입을 저해하는 장벽이 될 수 있다. 물론 개인정보보호 규정의 이점이 비용보다 클 수 있지만 기업은 규정준수 비용이 경쟁에 영향을 미치는 것을 최소화하는 방식으로 규제를 설계할 필요가 있다.

2) 데이터 축적의 유인과 데이터 집중 문제

데이터 금융의 중요성이 더욱 커지고 있는 가운데 기업의 경쟁력도 데이터와 더욱 밀접하게 연결된다. 특히 빅데이터는 한 기업에 의해 만들어지기보다 여러 기업 또는 원천의 데이터가 결합해서 만들어지는 경우가 대부분이다. 여기서 한 기업이 어느 플랫폼 내 가치사슬에서 어떤 위치를 차지하느냐의 문제는 어떤 네트워크를 보유하고 있느냐와 함께 어떤 데이터를 공급할 수 있느냐와 연결된다. 비안코티·초카(Biancotti and Ciocca, 2019)에 따르면 온라인 행동에 더해 오프라인 상점에서의 신용카드 사용 등과 같은 오프라인 활동에 대한 데이터 수집의 중요성이 더욱 커지고 있다. 이러한 데이터 결합을 통해 사람들의 행태를 보다 잘 이해하고 예측할 수 있기 때문이다. 버젠·슈레인(Bergen and Surane, 2018)은 구글과 마스터카드가 전략적 제휴를 맺은 이유도 이러한 데이터 결합의 이점을 누리기 위한 것으로 해석한다.

데이터의 중요성이 점점 커지면서 데이터 기반 시장(data-driven market)에 대한 논의도 활발한데 데이터가 중요 투입요소인 서비스가 제공되는 시장을 데이터 기반 시장이라 부른다. 데이터 기반 시장이 등장한 배경은 데이터 양이 많아졌을 뿐만 아니라, 데이터를 값싸게 저장 가능해졌고, 그러한 빅데이터를 분석할 수 있는 능력이 향상되었기 때문이다.

특히 구글, 페이스북 등과 같은 거대 플랫폼의 데이터 집중 문제가 대두되고 있다. 데이터 기반 시장에서 사업자 경쟁력의 원천은 데이터 양 및 데이터 분석 능력임이 널리 인정되는데 플랫폼 사업자가 제공하는 서비스를 이용하면서 이용자의 정보가 거의 0의 한계비용으로 생성되고 있다. 플랫폼의 양면 사업모델은 간접적 네트워크 효과에 의한 긍정적 또는 부정적 피드백 루프의 특성에 따라 시장 지배적 플랫폼으로 더 많은 데이터가 축적되고 있다.[9] 현재 지배적 플랫폼은 신규진입 기업이나 점유율이 미미한 기업에 비해 접근할 수 있는 데이터 양이 많으며 이에 따라 경쟁 제한성 이슈가 제기되고 있다.

빅데이터가 진입장벽을 형성하여 시장력의 원천이 될 수도 있다. 빅데이터에 접근하는 것이 특정 시장에서의 경쟁력 확보에 중요 요소가 될 수 있기 때문이다. 데이터 집중의 폐해를 지적하는 쪽에서는 스타트업의 콜드 스타트 문제(cold start problem) 등을 지적한다. 이러한 경쟁 제한성 우려에 대해 반론도 많다. 데이터 집중은 존재하지 않으며, 데이터뿐만 아니라 데이터 분석 능력 및 이용자 편의를 제공하는 서비스 개발도 중요하다는 주장이다. 양면 시장의 특성을 고려하여 경쟁 제한성 여부를 판단해야 한다는 주장(holistic approach)도 제기되고 있다.

해외 주요국들은 데이터 우월성을 규율할 수 있는 규제를 논의하고 있다. 일본, 유럽, 미국 등 디지털 플랫폼 사업자의 우월적 지위를 경계하고 관련 정책을 마련 중에 있다. 먼저 EU는 데이터법(Data Act) 제정을 추진하고 있다. 디지털 경제에서 데이터는 생산의 핵심 요소로서 중요한 위치를 갖고 있으며, 데이터로부터 나온 가치는 데이터를 생성한 사회 구성원 모두에게 돌아가야 한다는 점이 강조된다. 이를 위해 데이터 공유와 이용의 활성화를 위한 데이터법 제정을 추진하고 있다. 관련 규제 체계 및 개편도 추진 중이며 아울러 플랫폼사의 지배력 남용을 사전적으로 규제하는 디지털서비스법(Digital Service Act)의 제정도 추진되고 있다.

미국에서도 플랫폼사의 독점이 심각하다는 인식이 확산되고 있다. 미국은 상대적으로 디지털 플랫폼 규제에 소극적이었는데 최근 플랫폼 기업의 데이터 독점으로 인한 반경쟁행위의 심각성을 인식하고, 관련 규제 강화 법안이 의회에 제출된 바 있다. 정보 트래킹에 대한 고객 거부권, 개인정보보호 의무, 금융업 참여 금지 등의 법안이 의회에 제출된 상태이며, 미 연방정부 법무부, 공정거래위원회, 주정부 법무부가 미국 빅테크 기업의 독점금지법 위반 여부에 대한 합동 정밀조사를 진행 중이다.

일본에서도 플랫폼의 우월적 지위 남용 방지법 제정이 추진 중이다. 일본 공정거래위원회는 디지털 플랫폼사와 개인정보를 제공하는 소비자와의 거래 시 우월적 지위 남용에 관한 독점금지법 관련 방침을 발표했다. 디지털 플랫폼 사업자의 소비자에 대한 우월적 지위 남용에 관련된 규제 대상 및 행위를 규정할 것으로 보인다.

데이터가 대규모 플랫폼 회사에 경쟁 우위를 제공하는 통로의 하나는 기계학습 알고리즘에서 더 나은 예측을 얻도록 해주는 능력이다. 예를 들어 구글은 인터넷 검색, 아마존은 전자상거래 시장 등 주력상품 시장에서 매우 높은 시장 점유율을 차지하고 있다. 이에 따라 경쟁 기업에 비해 더 많은 고객을 확보하고 더 많은 데이터를 수집하여 다른 기업들을 앞지를 수 있게 된다.

나아가 주력 상품 외의 다른 시장에서도 고객의 데이터와 기술을 활용하여 손쉽게 진출하거나 시장 점유율을 빠르게 높인다. 예를 들어 검색 쿼리 또는 이메일에 입력된 텍스트는 디지털 홈 어시스턴트의 자연어 처리 기능을 향상시키는 데 사용될 수 있다. 주력 상품이 제공하는 네트워크 효과와 데이터의 이점을 결합하여 다른 영역에서 우위를 차지할 수 있다. 제품 간 외부 효과는 스마트폰과 같이 폐쇄된 데이터 집약적 환경에서 단일 계정으로 소비되는 여러 서비스의 경우 특히 크게 나타난다. 대규모 플랫폼 회사의 경쟁 우위는 기술 개발로도 확장되며 장기적인 성공 전략으로 연결되기도 한다.

이코노미데스와 리아노스(Economides and Lianos, 2020)는 "Antitrust and restrictions on privacy in the digital economy"에서 플랫폼 사업자들이 디

지털 서비스를 무료로 제공하면서 사용자들로부터 개인정보를 제공받는 것이 일반화되어 있는데 이러한 옵트인[10] 제도에 따라 시장 실패가 발생한다고 지적했다. 디지털 서비스 판매와 개인정보 판매를 분리하여 별도의 시장을 만드는 경우 소비자 후생이 늘어날 뿐 아니라 개인정보 수집도 광범위하게 이루어질 수 있다는 것이다. 개인정보 보호 차원이 아니라 경쟁정책 차원에서 개인정보 시장이 별도로 기능할 필요성을 강조한 것이다.

결론적으로 지배적 플랫폼의 시장 지배적 지위 강화 및 경쟁 제한 가능성을 완전히 부인하기는 어렵다고 할 수 있다. 특히 빅데이터에 접근하는 것이 특정 시장에서의 경쟁력 확보에 중요 요소인 경우가 많다. EU 경쟁당국의 수장인 마르그레테 베스타게르(Margrethe Vestager, 2019)는 "경쟁에 필요한 중요한 자원을 보유한 소수의 회사가 해당 자원을 공유하지 않는 경우 경쟁이 작동하지 않는데, 현대 경제에서 데이터는 가장 중요한 자원의 하나"라고 지적한 바 있다. 이 논리를 확장하면 데이터를 필수설비(essential facility)로 간주해야 한다고 주장할 수도 있으나 대부분의 나라에서 필수설비 요건을 강하게 규정하고 있어 빅데이터가 필수설비로 인정되는 경우는 아직까지 없다.

3) 금융회사와 빅테크, 핀테크 간의 경쟁

데이터는 인공지능의 유용한 응용 프로그램 개발에 필수적인 요소이다. 은행 등 금융회사들은 고객 및 여러 금융시장에 대한 대량의 데이터를 보유하고 있지만 인공지능 모델 내에서 이 데이터를 효과적으로 적용하는 것이 쉽지 않을 수 있다.

그 이유는 여러 가지이다. 그중 주요한 이유는 금융회사 내의 데이터가 다양한 제품별 시스템에 걸쳐 심하게 조각화되어 있기 때문이다. 이에 따라 고객에 대한 단일한 견해를 형성하기 어려울 수 있다. 이러한 문제는 특히 합병 및 인수를 많이 거친 금융회사의 경우에 심각하다.

여러 금융회사들은 또한 직원들의 입력 오류 또는 조직 전체의 불완전하거나 일관되지 않은 데이터 표준 등 다양한 요인으로 인해 발생하는 심각한 데이터 품질 문제를 안고 있다. 어떤 경우에는 데이터 프로세스가 아직 완전히 디지털화되지 않아 인공지능 솔루션을 효과적으로 배포하기 전에 서류에 기반한 데이터 수집 양식을 기계에서 읽을 수 있도록 만들어야 한다는 것이 여전히 문제이다. 이러한 과제는 인공지능 기반 프로젝트의 구현을 훨씬 더 비싸게 만든다. 데이터 디지털화, 통합 및 삭제 등의 작업이 필요한데 그 비용이 만만치 않을 수 있다.

더욱이 금융회사들의 데이터 문제는 내부 데이터에만 국한되지 않는다. 인공지능 지원 시스템은 이를 지원하는 데이터가 광범위하고 깊을 때 가장 큰 가치를 제공한다. 금융회사들의 데이터는 상당한 깊이를 자랑하지만 외부 데이터와의 통합을 통해 데이터 범위를 확대함으로써 상당한 이점을 제공할 수 있다. 이는 비전통적인 데이터의 통합을 통해 의사결정을 개선하고 비재무적 개인 데이터가 보다 개인화된 제품 및 서비스의 설계를 지원할 수 있는 전략을 이용하려 할 때 특히 그렇다. 이에 따라 기존의 금융회사들은 보다 현대적인 데이터 방법론을 통해 실험적인 인공지능 지원을 바탕으로 새로운 금융서비스 또는 고객 전략을 신속하게 처리하고 제공할 수 있는 빅테크 또는 핀테크에 비해 상당한 불리한 위치에 있을 수 있다.

일부 금융회사들은 현재 데이터 온톨로지(ontology)[11]의 개선, 외부 데이터 수집을 간편하게 하기 위한 새로운 API 개발, 인공지능 배포에 대한 마찰을 줄이는 중앙 집중식 데이터 레이크 생성을 통해 내부 데이터 아키텍처를 현대화하는 과정에 있다. 그러나 이러한 프로젝트는 완료하는 데 상당한 기간과 투자가 필요하기 때문에 경영진이 이에 대해 지속적인 후원을 제공하지 않으면 실패하기 쉽다.

아직까지 핀테크와 빅테크는 한국의 은행산업에서 중심적인 위치를 차지하고 있지 않다고 할 수 있다. 즉, 소수의 은행과 다수의 빅테크 및 핀테크 기업들이 공존하고 있으나 은행의 주도적인 영향력은 여전하다. 서정호·이병윤(2020)에 따르면 이와 같은 은행 중심의 산업구조는 은행-핀테크 경합형으로 바뀔 수 있다. 대형 은행이 중심을 이루고 있는 현 금융산업에서 최근 핀테크들이 틈새시장을 공략하면서 은행 서비스의 기능적 분화(unbundle)가 촉진되고 있는데 오픈뱅킹, 마이데이터 산업 도입 등으로 핀테크의 영향력이 점점 더 커지면서 은행-핀테크 경합형 구조로 변모할 가능성이 있다. 나아가 대형 핀테크가 기존 은행의 강력한 경쟁자로 등장하면서 은행들과 치열한 고객접점 싸움을 벌이는 양상을 보일 수도 있다.

플랫폼 주도형 구조로의 변화도 가능하다. 빅테크와 대형 플랫폼 기업들의 금융업 진출이 본격화되면서 은행 고객의 접점이 플랫폼 중심으로 대폭 이동하는 상황이다. 빅테크 등은 광범위한 고객 정보를 분석하여 맞춤형 금융서비스를 제시하는 한편 자신들의 오프라인 매장이나 제휴사 매장을 활용해 옴니채널(omni-channel)[12] 방식으로 금융서비스를 제공할 수 있다. 또한 자신들의 플랫폼을 통해 금융상품을 판매하고 수수료를 얻을 수 있다. 그동안 금융회사들은 '규모의 경제'와 '범위의 경제'로 고객을 확보했는데 빅테크는 이에 더해 네트워크 효과까지 극대화함으로써 고객에게 접근하는 것이다.

빅테크와 대형 플랫폼의 시장 점유율이 높아지면 은행들은 다양한 생존전략을 모색하는데 주로 금융업에 진출하지 않은 전자상거래 업체나 SNS 등과의 전략적 제휴를 도모할 수 있다. 결국 다양한 상품·서비스를 다양한 방식으로 결합한 대규모 플랫폼 간의 경쟁이 두드러질 것으로 보인다. 금융,

유통, IT 등 여러 산업에 걸쳐 수직적·수평적 결합 및 제휴를 통해 네트워크를 확대한 여러 플랫폼 간 복잡한 양상의 경쟁이 벌어지는 것이다. 예를 들면 인터넷 포털+전자상거래+종합지급결제업, 은행+My Payment+금융투자, 보험 등 금융서비스, 카드+종합지급결제업+유통, 통신+간편결제+전자금융업+유통 등 다양한 형태의 결합을 생각할 수 있다. 각 플랫폼들이 유사하면서도 동일하지는 않은 다수의 서비스들을 제공하며 결합의 형태도 겸영, 겸업, 합병, 제휴 등 다양할 것으로 보인다. 글로벌 금융-ICT 산업 간 M&A 건수는 2009년 223건에서 2016년 472건으로 증가하여 112%의 증가율을 보인 바 있다.

이처럼 주요 플랫폼들이 금융, 유통, IT 등 여러 산업에 걸쳐 수직적·수평적 결합 및 제휴를 통해 경쟁력을 키우고 있는데 어떠한 종류, 범위의 데이터를 확보하여 결합(금융 데이터+금융 데이터 vs. 금융 데이터+비금융 데이터 vs. 비금융 데이터+비금융 데이터)하느냐가 경쟁 구도에 커다란 영향을 줄 수 있다. 여기서 주목할 점은 소비자 특성 정보와 결제 등 금융정보를 결합하는 것이 마케팅에서 매우 중요하기 때문에 금융 데이터+비금융 데이터 결합의 가치 창출 효과가 매우 크다는 점이다.

금융상품 및 금융서비스의 제조·판매 분리가 본격화되고 은행 비즈니스 모델의 다양화가 이루어지면서 은행산업의 경쟁은 여러 시장에서 여러 고객을 대상으로 복합적인 양상을 보일 것으로 전망된다. 〈그림 5-1〉에서 A는 시장 1과 2에 진출해 있는 플랫폼 또는 금융회사인데 비슷한 포지셔닝을 하고 있는 B 및 C와 경쟁하고 있다. 또한 1시장에서는 D, 2시장에서는 E와도 경쟁을 하고 있는데 D와 E는 여러 시장에 진출하지 않고 단일시장에서만 경쟁한다. 한편 F는 시장 2와 3에 진출한 금융사인데 A와는 시장 2에서 경쟁하고 있다. 이 그림에서는 시장의 개수가 3개로 국한되어 있으나 실제는 훨

〈그림 5-1〉 다면시장(multi-sided markets)에서의 경쟁

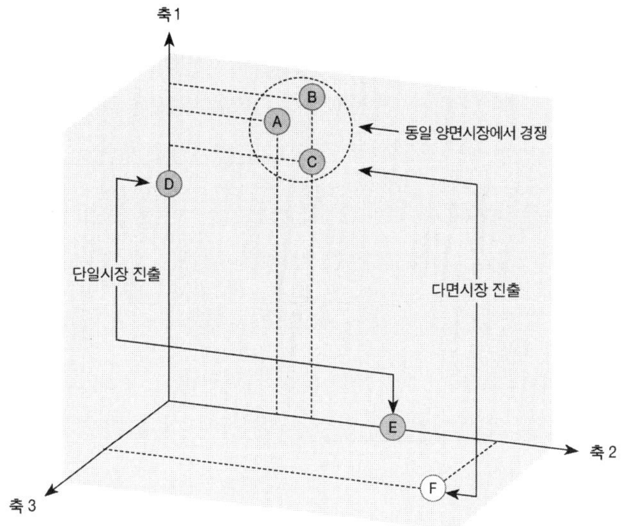

자료: Evans(2011).

씬 더 많은 수의 다양한 시장에서 복잡한 형태의 경쟁이 이루어질 것으로 보인다.

3. 정책 과제

1) 정보 주체의 데이터 통제 권한 및 능력 강화

데이터 경제 및 데이터 금융 시대의 다양한 현안들의 해결과 관련하여 먼저 정보 주체의 개인정보 통제 권한 및 능력을 키움으로써 데이터 보호를 강화하는 한편 거대 정보 수집자의 데이터 독점 문제도 완화하는 방안을 생각

할 수 있다. 즉, 개인정보 주체의 권리 강화는 거대 정보 수집자의 데이터 독점권을 통제하는 효과가 있다. 예를 들어 개인정보의 이동권 도입은 개인정보 활용에 대한 새로운 기회를 제공한다. 개인정보 주체는 자신에게 유리한 경제적 대가가 지불될 경우 기존의 거대 정보 수입자로부터 자신의 데이터를 다른 정보 수집자로 이동(필요시 삭제 요구까지)시킴으로써 기존의 거대 정보 수집자의 데이터 보유 능력을 견제할 수 있다. 또한 개인정보의 이동권 도입에 따라 신규 정보 수집자의 데이터 수집 능력이 강화된다.

그러나 개인정보 주체의 권리 강화를 통해 데이터 집중 또는 독점 현상을 해결하는 방안의 문제는 정보 수집자에 비해 개별 정보주체의 협상력 및 영향력이 너무 작다는 점이며 이를 보완하기 위한 각종 방안들이 제안되고 있다. 예를 들어 정보 주체들이 집단을 이루어 데이터로부터 수익을 얻을 수 있도록 하는 인프라를 제공하는 스타트업 Streamr에는 '데이터 통합' 촉진을 목표로 하는 앱 Swash가 있다(Chakrovorti, 2020). 또 다른 예로는 개인만 데이터에 대한 액세스 권한을 부여하고 잠재적으로 대가를 받을 수 있도록 소비자의 개인정보를 암호화하는 Tides Foundation이 있다(Tide, 2019).

한편 포스너와 바일(Posner and Weyl, 2019)은 데이터를 '노동'으로 취급할 것을 제안하고 '데이터 노동조합'이 개별 정보주체를 대신하여 데이터 액세스에 대한 합의 및 지불에 동의하는 단체 교섭을 제안했다. 일본에서는 소비자가 데이터 사용 방식을 제어할 수 있는 권한을 부여하는 동시에 데이터 공유에 대한 보상을 제공하기 위해 '정보은행'이 개발되었다(Hemmi, 2020).

WWW(World Wide Web)의 창시자인 팀 버너스리(Tim Berners-Lee)는 데이터 수집을 분산시키고 정보 주체가 직접 데이터를 관리 제어할 수 있는 솔루션인 솔리드(Solid)를 연구하고 있다. MIT에서 지원하고 있는 솔리드 프로젝트는 웹 애플리케이션이 작동하는 방식을 근본적으로 바꾸어 진정한 데이터 소유권을 확보하고 개인정보를 개선하는 것을 목표로 한다. 솔리드는 "사회적으로 연결된 데이터(social linked data)"에서 파생된 이름이며 링크 데이터 원칙을 기반으로 분산된 소셜 애플리케이션을 구축하기 위해 제안된 규칙 및 도구 집합이다.

솔리드를 사용하면 사람들이 팟(Pod)이라는 분산 데이터 저장소에 데이터를 저장하게 되며 팟은 데이터를 위한 안전한 개인 웹 서버와 같다고 할 수 있다. 팟의 모든 데이터는 소리드 프로토콜을 통해 액세스할 수 있다. 모든 종류의 데이터를 솔리드 팟에 저장할 수 있지만 솔리드를 특별하게 만드는 것은 링크드 데이터(Linked Data)를 저장할 수 있는 기능이다. 링크드 데이터는 솔리드가 사물을 설명하고 사물이 서로 어떻게 관련되는지를 다른 사람과 기계가 이해할 수 있는 방식으로 설명하는 공통된 방법을 제공한다. 솔리드 팟의 데이터에 액세스하는 사람은 누구나 오픈아이디 코넥트(OpenID Connect)에 의해 인증된 고유 아이디를 사용하게 되며 솔리드의 액세스 제어 시스템은 이러한 아이디를 사용하여 사람이나 응용 프로그램이 팟의 데이터에 액세스할 수 있는지 여부를 결정한다.

지금까지 살펴본 다양한 기술적 시도들이 얼마나 성공을 거둘지는 예상하기 쉽지 않지만 정보주체 개인의 통제권을 강화하는 노력이 지속됨에 따라 플랫폼 중심의 경제구조가 프로토콜 경제(protocol economy)[13] 또는 개인 중심의 경제구조로 변화해 나갈 가능성을 아예 배제하기는 어렵다. 어떤 의미에서 오픈뱅킹과 개인정보 이동권은 은행 등 금융기관 플랫폼에 집중된 정보를 핀테크 등 다른 기업들에게 공개함으로써 플랫폼의 힘을 약화했다고 할 수 있으며 API 경제 시대를 새로 열었다는 평가도 있다.

2) 데이터 공유제

앞에서 살펴본 데이터 집중의 문제는 금융부문에서도 제기되고 있다. 금융의 디지털화가 급속히 진행되면서 GAFA[14], BATH[15] 등 대형 IT기업들이 다양한 금융서비스 분야로 영업을 확대하고 있다. 대표적인 사례로 아마존 렌딩(소액대출), 알리페이·위챗페이(결제서비스) 등을 들 수 있다. 이에 따라 주요국들은 '디지털 금융 시대'에 적합한 규제 체계 등을 논의하고 있는데 영국 재무부에서 'Unlocking Digital Competition'을 마련하여 독점을 방지하고 경쟁과 혁신을 촉진하는 전담기관 설립 등을 논의하는 움직임에 주목할 필요가 있다.

한국도 최근 대형 플랫폼 기업들의 금융시장 진입 등을 계기로 디지털 금융 시대에 맞는 규제체계 정비, 경쟁질서 확립 등이 시급하다는 인식이 확산되고 있으며 이에 따라 디지털 금융 시대의 다양한 도전 과제에 대해 각계의 논의를 바탕으로 실질적인 대안을 논의하기 위해 '디지털 금융협의회'를 구성한 바 있다.

한편 EU 등을 중심으로 데이터 공유(pooling or sharing)에 대한 다양한 제안이 나오고 있는데 이에 대해 주목할 필요가 있다. 데이터 기반 시장에서의 경쟁 이슈와 관련하여 데이터 공유 의무 또는 시장 선도기업이 경쟁 업체 및 학계와 익명화된 고객 데이터를 공유하도록 하는 의무를 도입해야 한다는 주장이 나오고 있다. 인공지능 알고리즘이 제대로 작동하려면 대규모 데이터에 기초한 교육이 필요하다. 이러한 데이터가 충분하지 못한 신규 기업의 경우 소위 '콜드 스타트 문제'에 직면할 수 있다. 신규 기업들은 아직 사용자가 없으므로 데이터가 없으며 이에 따라 시장수요 분석에서 뒤처지게 마련이다. 데이터 공유 의무는 이러한 문제를 해결하는 데 도움이 된다.

데이터 및 인공지능 기반 시장은 더욱 경쟁이 치열해지고 인공지능의 이점은 경제 전반으로 확산될 것으로 보인다. 그런데 데이터 공유 의무제와 같은 조치는 데이터의 익명성을 보장할 방법이 없기 때문에 개인정보 보호를 위협할 수 있다. 데이터 공유 의무를 구현하려는 정책 입안자는 정보 공유에 따른 재식별 위험 등 정보보호 문제에 보다 신중하게 대처하는 한편 익명화 기술에 대한 연구를 더욱 발전시킬 필요가 있다.

2018년 8월 독일 사회민주당의 안드레아 날레스(Andrea Nahles) 대표는 특정 규모 이상의 디지털 기업들이 사용자 데이터의 일부를 다른 기업들과 공유하도록 의무화하는 법안을 지지했다. 독일 사회민주당은 데이터 공유가 소규모 기업에 새로운 기회를 제공함으로써 불평등을 줄이고 성장을 촉진할 것이라고 주장했다.

영국의 ≪이코노미스트(The Economist)≫는 IT 시장의 선도 기업들이 수수료를 받고 경쟁자들에게 사용자 데이터의 일부에 대한 액세스 권한을 제공해야 한다고 제안했다. 옥스퍼드대학교의 빅토르 마이어 숀버거(Viktor Mayer-Schönberger)와 기술 저널리스트 토마스 람게(Thomas Ramge)도 ≪포린 어페어스(Foreign Affairs)≫에 기고한 에세이에서 이와 유사한 제안을 제시했다. 이들의 제안에 따르면 회사의 데이터를 시장 점유율에 비례하여 더 많이 공개해야 한다.

2008년 미국 법무부(DoJ)는 톰슨(Thomson)이 3개의 독점 데이터 세트의 사본을 판매하고 데이터를 제공할 회사에 관련 지적재산을 라이선스하는 조건으로 금융 데이터 제공 업체 톰슨 코퍼레이션(Thomson Corporation)과 로이터 그룹(Reuters Group)의 합병을 승인했다. 이와 같은 조건이 부과된 것은 한 회사의 독점적인 데이터 보유가 "가격 상승과 혁신 감소로 이어질 가능성이 높다"는 이유에서였다. 최근 EU 집행위원회도 비슷한 결론에 도달하고 있다.

톰슨 로이터 합병에서는 합병 당사자가 데이터를 판매하는 사업에 있었기 때문에 데이터의 경쟁적 관련성이 간단했다. 데이터를 직접 판매하지 않는 경우 데이터 집중의 반경쟁 효과를 인정하지 않은 결정도 많이 이루어졌는데 최근 이에 대한 비판이 제기되고 있다. 2019년 독일 경쟁당국은 페이스북이 사용자 동의 없이 여러 서비스 간에 사용자 데이터를 연결하는 것을 금지하고 그 관행을 지배적 지위 남용으로 명확하게 구성했는데 이는 대규모 인터넷 플랫폼 업체가 관련된 독점금지 결정에서 중요한 계기로 평가된다.

기업이 데이터를 무료로 제공하는 대신 경쟁 업체에 판매하도록 의무화하는 데이터 공유 제도는 필수설비 원칙(Essential Facility Doctrine)의 적용으로 볼 수 있다. 필수설비란 어떤 재화나 서비스를 제공하는 데 없어서는 안 되는 투입 요소이면서 둘 이상의 사업자가 중복 구축하기 어려운 설비를 의미한다. 필수설비를 독점적으로 보유하고 있는 사업자가 다른 사업자들이 그 필수설비를 이용하지 못하도록 할 경우 필수설비 보유자는 그 필수설비를 이용한 최종재 시장을 독점하게 된다. 이에 따라 필수설비를 보유한 독점기업은 이러한 설비를 다른 기업에 제공하도록 강제될 수 있다는 것이 필수설비 원칙이다. 그러나 대부분의 나라에서 필수설비 요건을 강하게 규정하고 있어 빅데이터가 필수설비로 인정되는 경우는 아직까지 없다.

데이터 집중의 부정적인 영향을 해결할 수 있는 여러 조치들 가운데 데이터 공유 제도는 데이터 보유 기업을 과도하게 억압하지 않고 이미 확보된 데이터를 이용하여 더 많은 가치를 추출하는 것을 목표로 한다는 점에서 흥미롭다. 다만 모든 경쟁 문제에서 정책 입안자는 미묘한 균형을 유지해야 하며 데이터를 둘러싼 경쟁 이슈에 있어서도 마찬가지이다. 특히 데이터 공유 명령제(mandated data sharing, data sharing mandates)를 도입하더라도 빅데이터 수집, 결합, 분석 등의 유인이 훼손되지 않도록 할 필요가 있다. 이와 함께 개인정보보호가 철저히 유지되는 것도 필요하다. 이와 같은 맥락에서 EU 경쟁당국의 수장인 마르그레테 베스타게르는 "경쟁에 필요한 데이터는 종종 특정 개인에 대한 데이터이며 이에 따라 데이터에 대한 모든 액세스는 데이터 보호 규칙과 일치해야 한다. 또한 데이터 수집에는 노력과 시간이 필요하기 때문에 기업에게 적절한 보상을 제공하지 않고 다른 사람들과 공유하도록 주장한다면 우리는 기업들이 미래에 데이터를 수집하고 확보하는 노력을 하지 못하게 할 수 있다"16라고 지적한 바 있다.

결국 데이터 공유를 의무화할 때 발생하는 문제점은 ① 개인정보보호 및 ② 데이터 가격 산정의 어려움으로 귀결된다고 볼 수 있으며 이러한 문제점을 해결하는 방법도 여러 가지이다. 먼저 EU의 GDPR의 데이터 이동권 및 PSD II의 고객정보 공유 역시 넓은 의미에서는 데이터를 의무적으로 공유하도록 한 것인데 개인정보보호 원칙을 유지하기 위해 동의에 기반하여 데이터를 공유토록 한 제도로 이해될 수 있다. 그런데 PSD II 또는 GDPR의 개인정보 이동은 이상 ①, ②의 문제들을 피할 수 있으나 동의 절차에 시간이 많이 소요되는 경우 정보 독점상태가 장기간 유지될 가능성이 있다.

이에 따라 새로운 정보처리 기술을 활용하는 방안이 고려될 수 있다. 강경훈 등(2020)은 개인정보를 동형암호화하고 차분정보보호(differential privacy) 원칙에 따라 처리하여 익명 정보로 만들어 공유시키는 방안을 제안한 바 있다. 우선, 차분정보보호는 원 자료나 통계량에 적절한 잡음(noise)을 추가하여 임의의 개인 데이터베이스에 참여 여부에 따른 결과 값의 차이를 정해진 수준 이하로 제어하는 방법이다. 예를 들어 김철수가 이용하는 통신회사는 내비게이션을 무료로 사용하는 대신 차량의 운행 기록 데이터(운행 경로와 속도 등)를 회사 서버에 저장, 분석하고자 한다고 가정해 보자. 이에 따라 회사가 운행 기록을 분석하여 더 좋은 내비게이션 서비스를 제공할 수 있다. 반면 통신회사와 보험회사가 고객 정보를 공유함에 따라 보험회사가 운전자의 운전 행태를 분석하여 더 높은 보험료를 부과할 가능성이 있다. 다시 말해 김철수의 운전 기록과 행태를 분석한 결과, 보험회사는 김철수가 주로 이용하는 경로들이 다른 경로보다 사고율이 높은 사실을 알아내고 김철수의 사고 확률이 10%가 아닌 30%라고 결론을 내리고 이에 따라 보험료를 현재 10만 원에서 30만 원으로 인상할 수 있다. 여기서 만일 엡실론(epsilon)-차분정보보호가 적용된 자료가 제공된 경우 향상된 내비게이션 서비스를 제공받음과 동시에 김철수의 사고 확률 추정치의 상한이 (1+epsilon)×10%로 제한되어 보험료의 최대 증가분은 epsilon×10만 원이 된다.

한편 동형암호(Homomorphic Encryption: HE)는 암호화된 데이터를 복호화 없이도 연산할 수 있는 암호 기술이다. 개인과 연결된 정보가 주어졌을 때 개인의 고유 식별자를 가명화하고 개인을 식별할 수 있는 데이터를 암호화한다. 복호화 키는 데이터 소유주 혹은 신뢰할 수 있는 기관에서 안전하게 보관한다. 동형암호 기술로 암호화된 정보는 암호를 풀지 않고 연산할 수 있기 때문에 정보유출 우려를 원천적으로 제거할 수 있다. 예를 들어 기관 B가 자신의 데이터 $data_B$와 기관 A의 데이터 $data_A$를 활용하여 info=f($data_A$, $data_B$)를 얻고 싶다고 가정해 보자. 기관 A가 동형암호 비밀 키 sk_A로 자신의 데이터 $data_A$를 암호화하여 B에 제공하면 기관 B는 이를 이용하여 info=f($data_A$, $data_B$)를 계산할 수 있다. 기관 A는 info를 복호화하고 차분정보보호를 적용하여 기관 B에 전송한다. 〈그림 5-2〉는 이러한 절차와 정보흐름을 보여 준다.

이와 같이 차분정보보호와 동형암호를 이용하여 데이터를 공유하는 방안의 단점으로 우선 Info를 얻기 위한 기관 B의 계산 시간이 길다는 점을 들 수

〈그림 5-2〉 동형암호 기반 데이터 공유

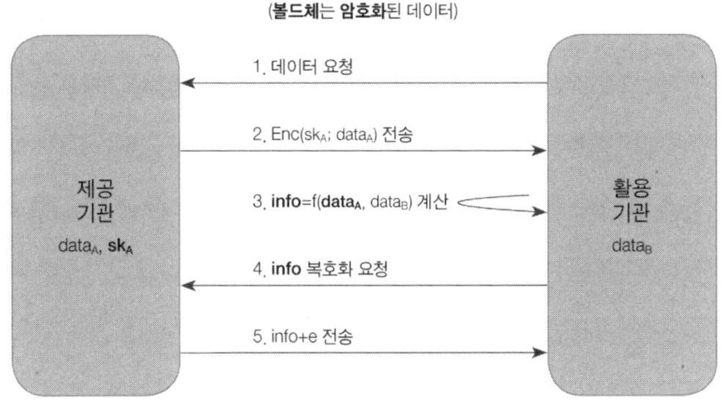

주: 볼드체는 암호화된 데이터를 표시함.
자료: 강경훈 등(2020).

있다. 또한 데이터 사이언티스트(Data Scientist)가 다양한 기법을 적용하기 불편한 문제도 있을 수 있다. 반면 장점으로는 뛰어난 보안성을 들 수 있는데 기관 A의 데이터가 남용되거나 재공유되지 않는다는 것을 원천적으로 보여 줄 수 있다. 아울러 데이터 수집 기관의 인센티브(데이터 사용 기관 대비)와 관련하여 효율적인 대처가 가능하다는 장점도 있다. 즉, 복호화 과정에서 과금할 수 있기 때문에 사용통계 확보에 유리한 면이 있다.

3) 정책당국 협력체계 구축

데이터 경제 및 데이터 금융의 시대를 맞아 향후 디지털 분야의 개인정보 보호, 경쟁 정책, 소비자 정책을 아우르는 정책당국 도입 필요성에 대한 논의도 필요하다. 영국의 경우 푸르먼(Furman) 보고서 "Unlocking Digital Competition"에서는 디지털 마켓 유닛(Digital Markets Unit: DMU)의 설립을 제안했다(Furman et al., 2019). DMU는 CMA(Competition and Markets Authority)

또는 Ofcom(Office of Communications)의 일부 또는 두 기관을 연결하는 독립기관의 형태로 설립되는 방안이 제기되었다. DMU는 디지털 시장에서 경쟁을 촉진하고 소비자 선택을 지원하기 위해 다양한 정책 수단을 이용할 수 있으며 입법 권한도 부여된다. DMU의 주요 과제 중 하나는 '전략적 시장 지위'를 가진 기업에 적용될 행동 지침을 수립하는 것이다. 또한 이러한 도구가 경쟁과 소비자 선택을 개선할 개방형 표준을 갖춘 시스템과 개인 데이터 이동성을 향상시키는 임무를 맡을 것으로 보인다.

미국의 스티글러 리뷰(Stigler Review, 2019)도 개방형 표준, 데이터 이동성 및 액세스 등을 감독하는 단일 규제기관으로 데이터 어쏘러티(Data Authority)를 제안했다. 데이터 어쏘러티가 설립되면 일반 소비자 보호, 개인정보 보호 및 공시 정책, 데이터 이동, 외부 감사 및 연구를 위한 데이터/알고리즘 접근(data and algorithmic access for external auditing and research) 등과 관련한 역할을 담당할 것으로 보인다.

해외 주요국에서는 데이터 및 디지털 부문 정책이 정보보호 당국 또는 경쟁당국의 책임하에 이루어지고 있는데 한국의 경우 개인정보보호위원회, 금융위원회, 방송통신위원회 등으로 나뉘어져 있다. 데이터와 관련된 정책당국 간의 협력체계 구축 필요성이 크다. 독일의 경우 「경쟁 제한에 대처하는 법(Act Against Restraints on Competition)」을 2017년에 개정함으로써 연방 및 각 주의 경쟁 및 데이터 보호 당국은 개인 데이터, 운영 및 비즈니스 비밀을 포함한 정보를 각자의 기능 수행에 필요한 범위 내에서 교환하고 해당 정보를 사용할 수 있도록 했다.[17] 또한 호주에서도 CDR(Consumer Data Right)을 확립하는 과정에서 ACCC(Australian Competition and Consumer Commission), OAIC(Office of the Australian Information Commissioner) 및 DSB(Data Standards Body)의 협력을 명시적으로 표시했다.

물론 정책당국 간의 협력체계를 구축하는 과정에서 각국의 상황과 역사적 배경을 충분히 감안할 필요가 있다. 예를 들어 영국, 호주 등에서는 오픈뱅킹 정책의 실행 주체가 CMA, ACCC 등 경쟁당국인데 한국, 일본, 싱가포르는 금융당국이 담당한다. 또한 한국의 경우 개인정보보호법과 신용정보법이 데이터 관련 규율을 담당하고 있으며 마이데이터 산업도 금융부문부터 도입했다. EU 등에서는 금융 및 비금융을 포괄하여 마이데이터 산업이 시작되었다. 이와 같은 차이는 PCR과 CB 간 정보 교류 등 금융산업 정책의 역사적 전통과도 관련이 있는 것으로 보인다.

제6장

인공지능 활용이 금융산업 조직에 미치는 영향

1. 금융 소비자의 일반적 특성과 소비 행태

소비자들이 특정 상품이나 서비스를 구매할 때 두 가지에 대해 의사결정을 한다. 하나는 해당 상품이나 서비스를 구매할 것인가에 대한 것이고, 다른 하나는 그 상품이나 서비스를 어떤 기업으로부터 구매할 것인가이다. 첫 번째 의사결정은 해당 상품이나 서비스 시장에서 거래량 또는 시장 규모에 영향을 미치며, 두 번째 의사결정은 시장 내 사업자 간 경쟁 구조에 영향을 미친다.

간단한 가상적인 예를 들어 보자. 화재보험에 가입할 의도를 가진 보험 소비자(가계 또는 기업을 통칭)가 10명이 있다고 하자. 그런데 실제로 화재보험 상품에 가입하기로 결정한 소비자가 5명이고 각 소비자가 하나의 화재보험상품에 가입한다면, 실제로 실현된 화재보험 시장의 규모는 5건이다. 즉, 소비자의 실제 구매, 가입 또는 이용 여부가 해당 상품이나 서비스의 시장 규모를 결정한다.

한편 화재보험상품을 제공하는 5개의 보험회사가 있다고 하자. 화재보험 상품에 가입하고자 하는 5명의 소비자 모두 한 보험회사의 화재보험상품에 가입하고자 한다면, 화재보험 시장은 독점시장이 된다. 만약 각 소비자가 서로 다른 5개 보험회사의 화재보험상품에 가입한다면, 화재보험 시장은 5개의 보험회사가 상호 경쟁하는 시장구조라고 할 수 있다. 따라서 한 상품이나 서비스의 시장구조는 소비자가 어떤 사업자로부터 구매하는가에 따라 영향을 받는다.

기업들이 자유롭게 시장에 진입할 수 있는 상황이 아니라 정부의 규제에 의해 시장구조가 결정되는 경우도 있다. 예를 들어, 이동통신서비스 시장의 경우 정부는 이동통신서비스 사업을 수행할 수 있는 사업자를 선정하므로, 정부에 의해 선정되지 않은 기업은 이동통신서비스 시장에 진입할 수 없다. 일반적으로 한 금융기관이 금융산업에 진출하려면 정부의 허가를 받아야 하므로, 금융산업 전반의 시장구조는 정부의 규제로 결정된다.

소비자는 어떤 조건일 때 특정 상품이나 서비스를 구매하고자 할까? 달리 말하면, 소비자가 특정 상품이나 서비스를 구매하는 데 영향을 미치는 요인에는 어떤 것들이 있을까? 우리가 쉽게 고려할 수 있는 요인들로는 품질, 선호도, 가격 등이 있다.

첫째, 다른 요인들이 일정하다면 품질이 높을수록 해당 상품이나 서비스를 구매할 경향이 높아짐을 쉽게 예상할 수 있다.

둘째, 다른 요인들이 일정하다면, 해당 상품이나 서비스가 소비자의 선호도에 부합할 때 그 상품이나 서비스에 대한 소비자의 구매 유인도 강해질 것이다. 소비자가 느끼는 선호도와 관련된 상품이나 서비스의 특성으로는 디자인, 색깔, 비대면의 경우에는 사용자 인터페이스(user interface) 등 이용의 편리성, 품질에 부여하는 가치, 이용량 또는 빈도에 부여하는 가치 등이 포함된다. 금융상품의 경우는 상품 커버리지, 상품 규모, 상품 접근, 이용 및 사후관리의 편의성 등에 대해 금융 소비자들이 서로 다른 선호도를 가질 수 있다.

품질과 선호도는 소비자가 해당 상품이나 서비스를 소비함으로써 누릴 수 있는 만족감(개인의 입장에서는 효용, 기업 입장에서는 이윤)에 직접적으로 영향을 미치며, 더 나아가 소비자가 해당 상품이나 서비스를 구매하기 위해 기꺼이 지불하려는 금액에 영향을 끼친다. 예를 들어, 한 소비자가 주택에 화재가 발생했을 때 1억 원의 보험금을 지급하는 화재보험상품에 가입하여 얻는 만족감을 금액으로 환산하면 10만 원이라고 하자. 그러면 그 10만 원을 소비자가 화재보험상품에 가입하는 데 기꺼이 지불할 용의가 있는 금액, 최대지불용의 금액, 또는 소비자 편익(benefit)이라고 한다. 해당 화재보험상품으로부터 얻는 소비자 편익이 10만 원일 때, 그 소비자는 이 화재보험상품의 보험료가 10만 원 이하이면 가입할 유인이 있다.

마지막으로, 다른 요인들이 일정하다면, 해당 상품이나 서비스의 가격이 낮을수록 소비자의 구매 동기가 강해질 것이다. 한 상품이나 서비스에 대해 자신이 기꺼이 지불하고자 하는 금액보다 실제로 부과된 가격이 낮으면 소비자는 구매를 실행할 것이다. 자신이 기꺼이 지불하고자 하는 금액은 해당 상품이나 서비스의 품질, 선호도 등에 의해 결정되므로, 특정 상품이나 서비스의 시장 규모는 품질이 높을수록, 소비자의 선호도가 높을수록, 또는 가격이 낮을수록 해당 상품이나 서비스에 대한 구매 의사가 커지게 된다.

소비자가 어떤 기업으로부터 구매할까에 대한 의사결정은 앞서 이야기한 품질, 선호도, 가격 등에 대해 다수의 사업자들이 제공하는 상품이나 서비스 간 비교를 통해 이루어진다.

소비자의 화재보험상품 가입에 대한 의사결정 이야기를 계속해 보자. 가상적인 예로 화재보험상품을 제공하는 보험회사 A와 B가 있다고 하자. 두 보험회사가 제공하는 화재보험상품의 보장 범위가 똑같아 두 상품에 대해 소비자가 똑같은 선호를 갖고 있다면, 소비자는 보험료를 더 낮게 제시하는 보험회사의 화재보험상품에 가입할 것이다. 한편 두 보험회사의 화재보험상품의 보험료가 똑같다면, 보다 보장 범위가 넓은 화재보험상품을 제공하는 보험회사의 상품에 가입할 것이다. 두 보험회사가 제공하는 화재보험상품의 보험료와 보장 범위가 동일하면, 보험회사의 브랜드 이미지 등 기타 요인들이 소비자의 의사결정에 영향을 미칠 수 있다.

이러한 소비자의 의사결정 방식에 의해, 보험회사들은 소비자들로부터 선택을 받기 위해 보다 나은 보장 범위를 제공하는 또는 소비자의 선호에 보다 부합하는 보험상품을 보다 낮은 가격으로 제공하려는 유인을 갖게 된다. 소비자의 사업자 선택은 시장에서 사업자 간 경쟁을 유발하는 원천이다.

금융 소비자들이 특정 금융서비스를 이용하고자 여러 금융기관들 중 한 금융기관을 선택할 때 고려하는 사항은 앞서 가상적으로 예로 설명한 화재보험 선택 시 고려 사항과 본질적으로 다르지 않다.

예금을 하기 위해 은행을 찾고자 한다면, 어떤 은행이 더 높은 예금 이자율을 제공하는가, 계좌 개설 및 유지에 더 높은 이용자 편의성을 제공하는가 등에 대해 금융 소비자들은 은행들을 비교하고 의사결정을 한다. 예를 들어, 예금 서비스를 필요로 하는 금융 소비자와 예금 서비스를 제공하는 은행들이 예금 서비스를 거래하는 장소를 예금시장이라고 불러 보자. 그리고 예금시장에는 5개의 은행이 있으며, 2개의 은행이 다른 3개의 은행보다 더 높은 이자율을 제공하거나 계좌 개설 및 유지에 있어 더 높은 이용자 편의성을 제공한다고 하자. 그러면 대부분의 금융 소비자들은 2개의 은행에서 예금 서비스를 이용할 것이므로, 예금시장은 2개의 은행에 예금이 집중된 시장구조를 갖는다고 규정할 수 있다.

유사하게, 보험에 가입하고자 보험회사를 찾는다면, 어떤 보험사가 자신이 선호하는 보험상품을 제공하는가, 보험료는 낮고 보험금은 높은가 등에 대해 금융 소비자들은 보험회사 간 비교를 통해 가입할 보험회사를 결정한다. 자산운용 서비스를 받고자 자산운용사를 찾는다면, 어떤 자산운용사가 더 높은 수익률을 제공하는가, 위험도는 낮은가 등을 비교하여 자금을 위탁할 자산운용사를 결정한다.

최근 금융기관들은 금융 소비자들에 대한 빅데이터에 기반하여 인공지능을 이용한 분석을 통해 금융 소비자의 선호도에 부합하거나 더 높은 품질을 제공하는 금융상품들을 개발하려고 하는데, 이는 금융기관 간 경쟁에서 금융 소비자를 유치하기 위한 노력으로 이해된다.

2. 금융기관들의 상품품질 제고를 위한 인공지능과 빅데이터에 대한 투자수준 평가

금융기관들은 기업이다. 기업의 목적은 여러 가지가 있을 수 있겠지만 아마도 이윤을 가능한 한 가장 크게 하는 것이 주된 목적이라고 보는 편이 타당할 것이다. 이윤은 기업활동을 통해 벌어들이는 금액인 수입(revenue)과 기업활동을 위해 지출하는 금액인 비용(cost)의 차이, 즉 이윤=수입−비용으로 정의된다. 이윤을 가능한 한 크게 하려는 목적 달성을 위해서는 비용을 줄이거나 더 많은 고객을 유치하거나 가격을 인상하는 등 수입을 늘려야 한다. 달리 말하면, 경쟁력을 높여야 한다.

앞서 제4장에서 살펴보았듯이, 최근 금융기관들은 비용 감소나 수익 제고를 위해 경영 전반에 걸쳐 빅데이터 확보와 인공지능 도입에 투자를 늘리고 있다. 후단(Back-end)에 도입되고 있는 로봇 프로세스 자동화(RPA) 솔루션을 활용한 자동화 시스템은 규칙 기반의 반복적인 대량 업무에서 업무 생산성 향상뿐만 아니라 운영비용 절감을 가져온다. 중단(Middle-office)의 경우 리스크 관리, 금융사기 방지, 컴플라이언스 대처 등의 목적으로 인공지능 기반 솔루션을 도입하는데, 이를 통해 금융기관은 비용 절감과 고객 확대를 통한 수익 창출을 기대한다. 대고객(Front-end)에 도입되고 있는 챗봇이나 가상비서 등은 고객 이탈방지 또는 확대를 기대한다.

한편 금융기관들이 도입하는 인공지능 기반 솔루션들은 비용 절감 또는 고객 확대 등 개별적인 목적을 기대할 수도 있지만 이 두 가지 목적을 동시에 달성하기를 기대하기도 한다. 예를 들어, 리스크 관리 목적을 달성하기 위해 디자인된 인공지능 솔루션은 금융기관의 각종 리스크 관리에 소요되는 비용을 감소시킬 수 있을 뿐만 아니라 고객에게 해당 금융기관의 신뢰도를 향상시켜 더 많은 고객들이 해당 금융기관으로 방문하게끔 유인할 수 있다.

금융기관에 의한 빅데이터 확보와 인공지능 솔루션 개발 또는 개선을 위한 투자는 경제학 용어로 가변비용보다는 고정비용에 가깝다. 고정비용이란 생산설비 도입 비용이나 임대료 등 생산량 또는 거래량과 무관하게 기업활동을 위해 지출되는 비용을 말하며, 가변비용이란 예를 들어 1명의 예금 가입자를 유치 또는 유지 관리하는 데 드는 비용으로 생산량 또는 거래량에 따라 변하는 비용이다.

기업이 투자를 하는 이유는 투자를 통해 투자금액 이상의 수익을 얻을 수 있을 것으로 기대하기 때문이다. 따라서 금융기관들이 인공지능과 빅데이터에 투자를 시행하는 것은 이를 통해 투자금액 이상의 비용을 절감하거나 더 많은 고객을 유치함으로써 수입 증대를 기대하기 때문인 것으로 이해할 수 있다. 더 나아가 이를 통해 각 금융기관들은 금융기관 간 경쟁에서 우위를 확보하거나 적어도 도태되지 않을 것을 기대할 것이다.

금융 상품이나 서비스의 품질은 금융 소비자가 해당 상품이나 서비스를 이용 또는 가입하기 위해 기꺼이 지불하고자 하는 금액과 직접적인 연관이 있다. 예를 들어, 투자상품의 수익률, 보험상품의 보험금 또는 보장 범위 등은 금융상품의 품질 수준으로 이해될 수 있다. 투자상품의 수익률이 높을수록 투자상품 이용에 기꺼이 지불할 수수료가 높아질 수 있으며, 보험상품의 보험금이 높을수록 또는 보장 범위가 넓을수록 보험상품 가입을 위해 기꺼이 지불할 보험료가 높아질 수 있다.

금융 소비자가 금융상품 이용 또는 가입을 위해 기꺼이 지불하고자 하는 금액을 최대지불용의 금액 또는 소비자 편익이라고 지칭하자. 금융서비스의 품질 제고는 금융 소비자가 해당 서비스를 이용하여 얻는 소비자 편익을 높인다. 그뿐만 아니라, 금융기관이 인공지능과 빅데이터에 투자하기 전에 금융서비스의 품질이 낮아 이용하지 않았던 금융 소비자도 인공지능과 빅데이터에 대한 투자로 품질이 높아지면 금융서비스 이용에 참여할 수 있다. 따라서 금융서비스 품질 제고를 위한 인공지능과 빅데이터에 대한 금융기관의 투자는 금융산업의 규모를 확장시킬 것이다.

여기서는 금융기관의 인공지능과 빅데이터에 대한 투자 목적이 상품이나 서비스의 품질을 높이기 위한 경우, 금융기관들이 충분한 수준의 투자를 하고 있는지 평가해 본다. 평가를 위해서는 금융기관의 사적 관점에서의 투자 수준과 사회적 관점에서의 투자 수준을 비교할 것이다. 사회적 관점의 투자 수준에 대해서는 아래에 언급한다. 다음의 논의는 2001년 노벨 경제학상 수상자인 스펜스(Spence, 1975)의 아이디어를 적용한 것이다. 금융 상품이나 서비스 품질 제고로부터 금융 소비자의 소비자 편익 증가 또는 확대를 기대할 수 있지만, 여기서는 논의를 간단히 하기 위해 금융 소비자의 소비자 편익 증가만 살펴보자.

가상적인 예로, 투자자문회사가 1개인 독점 투자자문시장을 고려하자. 투자자문회사가 투자자문 서비스를 개발하고 유지하는 데 드는 비용은 편의상 0이다. 투자자문회사가 애초에 출시한 자문 서비스의 수수료를 6으로 책정하여 제공한다. 투자자문 서비스 소비자는 X와 Y로 명명된 2명이며, 이 투자자문 서비스를 이용해 X가 얻는 소비자 편익은 20이고, Y가 얻는 소비자 편익은 14이다. 투자자문회사가 책정한 수수료 6은 각 소비자가 투자자문 서비스를 이용해 얻는 소비자 편익보다 낮으므로 2명의 소비자는 투자자문 서비스에 가입한다.

이제 투자자문회사는 인공지능 기반 솔루션을 개발해 투자자문 능력이 제고되어 투자자문 고객에게 이전보다 높은 수익률을 제공할 수 있는 서비스를 출시한다. 더 높은 수익률을 제공함에 따라 소비자 X와 Y의 소비자 편익도 증가한다. 그런데 인공지능 기반 솔루션 개발에 드는 투자 옵션은 두 가지이며, 이에 따라 소비자 편익의 증가 정도가 다르다. 투자자문회사가 10을 투자한다면, 소비자 X와 Y의 소비자 편익은 각각 8과 6만큼 증가하며, 20을 투자한다면, 각각 18과 10만큼 증가한다.

투자자문 서비스의 품질 제고로 소비자 편익이 증가함에 따라 투자자문회사는 수수료를 인상할 수 있다. 투자자문회사가 10을 투자하면 수수료를 6만큼 올릴 수 있으며, 20을 투자하면 수수료를 8만큼 올릴 수 있다. 인공지능 솔루션 개발 후 투자자문회사가 수수료를 올려도 소비자 X와 Y는 이전보다 높은 수익률을 제공하는 투자자문 서비스를 이용할 것이다. 즉, 여기서 고려하는 상황은 투자자문회사의 인공지능 솔루션 개발을 통한 서비스 품질 제고로 이용자 수에 변화는 없지만 이용자의 소비자 편익에 변화가 있는 상황이다.

투자자문회사가 인공지능 솔루션 개발에 두 가지 투자 옵션 중 어떤 것을 선택할 것인지 살펴보자. 투자자문회사가 10을 투자한다면 수수료를 6만큼 올릴 수 있어 투자자문회사가 기대할 수 있는 12(=6×2)만큼 증가하므로 10만큼 투자할 용의가 있다. 이와 유사한 이유로, 20을 투자할 때 투자자문회사가 기대할 수 있는 추가적인 수입은 16(=8×2)이 된다. 하지만 추가적인 수입 16을 통해 20의 투자금액을 회수할 수 없어 20만큼 투자하는 옵션을 선택하지 않는다. 따라서 이 경우 투자자문회사는 10만큼만 투자한다. 즉, 투자자문회사의 사적(private) 관점에서는 20을 투자하지 않고 10을 투자하는 투자 옵션을 선택하는 것이다.

사회적(social) 관점에서는 어떤 투자 옵션이 선택되어야 할까? 사회적 관점에서의 투자 옵션이란 투자자문시장에 참여하는 투자자문회사의 이윤뿐만 아니라 투자자문 서비스를 이용하는 소비자들이 얻는 잉여(surplus)까지 고려하는 것이다. 즉, 사회적 관점에서 고려하는 대상은 소비자들이 얻는 잉여와 투자자문회사의 이윤의 합이다. 소비자들이 얻는 잉여는 투자자문 서비스 이용으로 얻는 소비자 편익에서 소비자가 실제로 지불하는 수수료의 차이로 평가된다. 그리고 투자자문회사의 이윤은 소비자로부터 얻는 수수료와 인공지능 솔루션 개발에 투자하는 비용의 차가 된다. 소비자가 실제로 지불하는 수수료와 투자자문회사가 소비자로부터 얻는 수수료는 상쇄되므로, 사회적 관점에서 고려하는 대상은 소비자 편익에서 투자자문회사가 인공지능 솔루션 개발에 지출하는 비용을 뺀 것, 즉 소비자 편익–솔루션 개발 비용이 된다.

10이 투자되는 경우, 이를 통해 소비자 2명으로부터 증가되는 편익은 14(=8+6)이며, 이는 투자비용 10을 상회하므로, 사회적 관점에서 10이 투자되는 것은 타당하다. 한편 20이 투자되는 경우, 소비자 2명으로부터 증가되는 편익은 28(=18+10)이다. 이는 투자비용 20을 상회하므로, 사회적 관점으로 평가할 때 20이 투자되는 것도 타당하다. 따라서 10이 투자되건 20이 투자되건 사회적 관점에서 모두 타당하다.

그렇다면, 사회적 관점에서는 얼마만큼의 투자를 하는 것이 최선의 상황(first-best)일까? 즉, 사회적 관점에서 고려하는 대상인 소비자 편익에서 인공지능 솔루션 개발에 지출하는 비용을 뺀 것이 더 높은 수준으로 발생되는 투자 옵션은 무엇일까? 투자금액이 10일 때, 소비자 2명으로부터 증가되는 편익 14이고 투자비용은 10이므로 사회적 관점에서 4가 남는다. 한편 투자금액이 20일 때, 소비자 2명으로부터 증가되는 편익은 28이고 투자비용은 20이므로 사회적 잉여는 8이다. 따라서 사회적 관점에서는 투자자문회사가 투자금액 20을 들여 인공지능 분야에 투자하는 것이 더 바람직하다.

사회적 관점에서는 투자자문회사가 투자금액 20을 지출하는 것이 바람직함에도 불구하고, 투자자문회사의 사적 관점에서는 투자금액 10을 지출하는 것이 이익이다. 달리 말하면, 사회적 관점과 투자자문회사의 사적 관점은 투자금액 결정에 있어 일치하지 않는다. 그 이유는 독자들이 알아챌 수 있듯이 투자자문회사는 투자를 통해 자신이 얻을 수 있는 추가적인 수입만 고려하는 반면, 사회적 관점에서는 투자자문 소비자로부터 발생하는 추가적인 소비자 편익이 고려되기 때문이다.

이상 살펴본 예에서는 투자자문회사가 사회적으로 바람직한 투자금액보다 적게 지출하는 소위 과소투자(underinvestment)의 의사결정을 하게 된다.

시장에서 실제로 발생되는 의사결정은 투자자문회사 사적 관점에서의 의사결정이다. 경제학에서는 사적 관점의 의사결정이 사회적 관점에서의 의사결정과 일치하지 않을 때 비효율이 발생한다고 본다. 요약하면, 일반적인 시장에서 개별 기업의 투자에 대한 사적 의사결정은 사회적 관점에서 볼 때 과소투자에 따른 비효율로 이해된다.

이상 예에서는 투자자문시장이 독점인 경우를 살펴보았다. 투자자문시장이 독점이 아닌 2개 이상의 투자자문회사가 경쟁하는 과점 시장의 경우 투자금액에 대한 의사결정을 두고 사적 관점과 사회적 관점을 비교하는 것은 조금 더 복잡하다.

앞서 살펴보았듯이, 과점 시장에서도 투자자문회사는 사회적 관점과 달리 인공지능 분야의 투자를 통해 소비자 편익의 증가 부분을 고려하지 않아, 기본적으로 과소투자의 유인을 여전히 가지고 있다. 이에 더해, 과점 시장에서는 투자자문회사 간 상호 경쟁으로 과소투자 문제를 더 악화시키는 요인이 존재한다. 그것은 마와 버제스(Ma and Burgess, 1993)가 지적한 시장탈취 효과(business stealing effect)에 의한 것이다.

가상적인 예를 들어, 서로 경쟁하는 투자자문회사 A와 B가 있다. 각 투자자문회사는 인공지능 솔루션 개발에 대한 투자금액을 결정한 후에 인공지능 성능에 따른 투자자문 서비스 수수료를 결정한다. 시장탈취 효과가 투자금액 결정에 미치는 영향을 이해하기 위해, 투자자문회사 A가 투자를 하고 투자자문회사 B는 투자를 하지 않는 경우를 고려하자.

투자자문회사 A의 투자로 투자자문회사 A의 서비스는 더 높은 수익률을 제공하므로, 소비자들은 투자자문회사 A의 서비스에 가입하려 할 것이다. 투자자문회사 B는 A의 품질제고 투자에 대해 투자를 하지 않더라도 수수료 조정을 통해 대응할 수 있다. 투자자문회사 B는 수수료를 충분히 낮춰 투자자문회사 A의 서비스에 가입하고자 하는 소비자를 유인할 수 있다.

이제 투자자문회사 A의 투자 유인을 살펴보자. 투자자문회사 A는 자사가 투자를 통해 소비자를 유치하여 수수료 수입을 높일 것을 기대하나 투자자문회사 B가 낮은 수수료로 대응함으로써 투자자문회사 A는 충분한 수의 소비자를 유치하지 못하면 투자금액을 상회하는 충분한 수입을 얻는 것을 기대하기 어려울 가능성이 있다. 이러한 경우 투자자문회사 A는 충분한 크기의 투자를 하지 않게 된다.

정리하면, 과점 시장의 기업들은 투자를 통한 소비자의 최대지불용의 금액의 증가를 고려하지 않을 뿐만 아니라 경쟁대상 기업의 가격을 통한 대응으로 인해 충분한 크기의 투자 수익을 기대하기 어려울 가능성도 있어 사회적으로 바람직한 수준보다 더 적게 투자하는 비효율의 유인(incentive)을 가지게 된다. 두 투자자문회사 모두 투자를 하는 상황, 즉 투자 경쟁이 이루어지고 있는 상황에서는 두 회사 모두 시장탈취 효과에 직면하게 되어 과소투자의 유인을 갖는다.

투자에는 비용 절감을 목적으로 하는 투자와 상품이나 서비스의 품질을 높이는 목적으로 하는 투자 등 크게 두 가지 유형이 있다. 앞서 살펴본 바와 같이, 품질을 높이는 목적의 투자의 경우 기업들은 사회적으로 바람직한 수준보다 적게 투자한다.

3. 인공지능 활용에 따른 금융기관 비용 절감이 금융산업에 미치는 효과

앞서 언급한 바와 같이, 금융기관의 후단이나 중단에서 인공지능 기반 솔루션 도입은 금융기관의 운용비용 절감을 가져온다. 운용비용은 생산량 또는 이용량에 따라 변화되는 가변비용이다. 인공지능 기반 솔루션 도입으로 금융기관의 운용비용이 절감되면 금융산업에 어떤 영향을 예상해 볼 수 있을까?

예를 들어, 보험시장에서 보험회사가 1개인 독점시장을 고려해 보자. 보험 소비자를 유치하고 관리하거나 사고 처리하는 데 드는 단위당 비용인 운용비용이 감소될 때, 보험 소비자 수, 사고 건수 등이 일정하다면 보험회사의 이윤 증가를 쉽게 예상할 수 있다. 이에 더해, 운용비용 감소는 보험료 인하와 보험상품 가입자 수 증가에 따른 보험시장 규모의 확대를 예상할 수 있다. 이에 대한 이해를 위해, 보험 소비자 X와 Y가 있으며, 보험회사의 손해보험상품 가입을 통해 X가 얻는 소비자 편익은 20이고, Y가 얻는 소비자 편익이 14라 하자.

먼저, 운용비용 절감을 위한 인공지능 기반 솔루션 도입 이전인 상황을 살펴보자. 보험회사가 직면하는 운용비용은 보험 가입자당 16이다. 2명의 보험 소비자를 유치하려면 보험료를 최대 14로 책정할 수밖에 없는데, 1명의 가입자당 드는 운용비용은 16이므로, 보험료를 14로 책정하면 보험회사의 이윤은 -4(=14×2−16×2)로 손해가 발생한다. 따라서 보험료를 18로 책정하고 보험 소비자 X만 유치하는 것이 보험회사 입장에서는 이득이다. 운용비용 절감을 위한 인공지능 기반 솔루션 도입 이전에 보험회사의 이윤은 2(=18−16)가 된다.

한편 인공지능 기반 솔루션 도입을 위해 6의 투자금액을 지출하면 보험회사의 운용비용이 16에서 6으로 감소한다고 하자. 이제 보험회사는 보험료를 얼마로 책정하는 것이 보다 유리한지 고민하게 된다. 보험료를 인공지능 기반 솔루션 도입 이전인 18보다 낮게 14로 책정한다고 하자. 그러면 2명의 보험 소비자가 손해보험상품에 가입할 수 있어, 보험회사는 28의 보험료 수입을 얻을 수 있다. 2명의 보험 소비자를 유치하고 관리하는 총 운용비용은 12가 되어, 보험회사의 이윤은 인공지능 기반 솔루션 도입 투자금액 6을 빼더라도 10이 된다. 따라서 보험회사 입장에서는 운용비용 절감으로 보험료를 낮추어 가입자를 더 확보하는 것이 이익이다. 그리고 보험시장 관점에서 볼 때, 보험료가 낮아짐에 따라 보험상품을 구매하고자 하는 보험 소비자의 수가 증가한다.

이상에서 살펴본 바와 같이, 금융기관의 비용 절감을 위한 인공지능에 대한 투자는 금융산업에서 보험료, 수수료 등으로 불리는 가격의 인하와 이에 따른 시장 규모의 확대를 가져온다.

2개의 보험회사가 경쟁하는 시장에서 보험회사 A는 비용 절감을 위한 인공지능 기반 솔루션을 도입하는 반면 보험회사 B는 도입하지 않는 경우를 고려해 보자. 보험회사 A는 운용비용 감소로 보험료를 낮출 수 있는 여력이 있는 반면 보험회사 B는 그렇지 않으므로, 보험 소비자들은 보험회사 A의 손해보험상품에 가입할 것이다. 즉, 비용 절감을 위해 인공지능 기반 솔루션을 도입하지 않는 보험회사는 경쟁력을 잃게 된다. 보험회사 B도 비용 절감을 위한 인공지능 기반 솔루션 도입에 참여하게 되면, 보험료는 더욱 하락하고 보험시장의 규모는 더욱 확대될 것이다.

4. 인공지능 활용에 따른 가격차별 세분화 확대 가능성

인공지능을 활용한 금융 소비자 관련 빅데이터 분석으로 금융 소비자의 특성을 보다 자세히 알 수 있다. 금융 소비자의 특성으로는 소득 구조나 흐름, 대출액, 직업, 재산 상황, 연체 정보 등 재무적인 특성들 외에 소비 패턴, 관심 분야 등 비재무적 특성도 고려된다.

각종 여신기관들은 빅데이터와 인공지능을 본격적으로 활용하기 이전에도 다수의 기존 금융 소비자들이 제공하는 정보를 기반으로 가격차별(price discrimination)을 시행해 왔다. 가격차별이란 기업이 동일한 상품이나 서비스에 대해 서로 다른 소비자에게 서로 다른 가격을 책정하는 것을 말한다. 이와 달리 동일한 상품이나 서비스에 대해 모든 소비자들에게 똑같은 가격을 부과하는 것은 단일가격 책정(uniform pricing)이라 부른다.

가격차별은 일상에서 흔히 관찰되는 일반적인 현상이다. 예를 들어, 극장에서 상영되는 영화는 모든 관람자들에게 동일한 상품이지만, 극장은 오전 관람자들에게 오후 관람자들보다 낮은 관람료를 부과한다. 대중교통 서비스는 모든 이용자들에게 동일한 서비스이지만, 대중교통 운수사업자들은 청소년에게 장년층보다 낮은 요금을 부과한다. 한국전력 같은 공기업도 전기요금 책정에서 가격차별을 시행하고 있다. 차별이라는 용어 때문에 소비자 관점에서는 부당한 처우라고 느낄 수 있겠지만 가격차별은 시장 확대라는 긍정적 효과를 가져오기에 금지되는 행위는 아니다.

금융기관들도 일반적으로 가격차별을 적용하고 있다. 여신기관들은 확보한 금융 소비자의 특성 자료를 기반으로 신용 상태나 담보 조건에 따라 동일한 대출금액에 대해서도 서로 다른 이자율을 제시한다. 증권회사들은 증권거래 서비스에 대해 거래금액이 클수록 수수료율을 낮게 적용한다.

기업이 가격차별을 시행할 수 있는 근본적인 이유는 소비자들이 기꺼이 지불할 용의가 있는 금액이 각각 다르며, 기업이 이런 사실을 알기 때문이다. 달리 말하면, 모든 소비자의 최대지불용의 금액이 동일하다면, 또는 소비자들의 최대지불용의 금액이 다르다는 것을 기업이 모른다면, 기업이 가격차별을 적용하는 것은 불가능하다.

앞서 언급한 대중교통 서비스의 경우, 청소년이 장년층에 비해 대중교통 서비스에 대해 기꺼이 지불할 용의가 있는 금액은 낮다. 기업은 이러한 사실을 이용해 모든 소비자에게 동일한 대중교통 서비스를 제공하는데 청소년에게는 장년층보다 낮은 금액을 부과하는 가격차별을 시행할 수 있다. 대중교통 서비스의 예와 같이, 소비자가 기꺼이 지불할 수 있는 금액이 나이, 신분, 이용 시간 등에 따라 서로 다른 소비자 그룹이 구분되며, 어떤 소비자가 해당 소비자 그룹에 속하는지 구분할 수 있을 때, 서로 다른 소비자 그룹에 서로 다른 가격을 부과하는 가격차별을 3급 가격차별 또는 그룹별 가격차별(group pricing)이라 부른다.

예를 들어 놀이공원에 가면 놀이기구를 5회 타는 이용권의 가격은 3만 원이고, 10회 타는 이용권의 가격은 5만 원으로 제시된 경우를 발견할 수 있다. 한 번 탈 때 이용료는 10회 이용권 기준으로 5천 원이며, 5회 이용권 기준으로는 6천 원으로, 더 많이 타는 이용권이 총액 기준으로는 물론 비싸지만 한 번 탈 때 이용료를 기준으로 보면 싸다.

동일한 상품 또는 서비스를 더 많이 구매하는 소비자에게 단위당 가격을 낮게 책정하는 다량할인(volume discount)의 특성이 적용되는 가격차별 방식을 2급 가격차별 또는 메뉴가격 책정(menu pricing)이라 부른다. 놀이기구를 이용해 느끼는 정도가 서로 다른 소비자 그룹이 존재한다는 것을 알지만 어떤 소비자가 어느 정도를 느끼는지 구분할 수 없는 경우에도 가격차별이 가능하다. 앞의 놀이공원의 예에서 놀이기구 5회 이용권 3만 원, 10회 이용권 5만 원 등의 메뉴를 제시하고, 소비자들이 자신의 특성에 맞는 이용권을 구매하도록 유도한다. 가격과 구매량을 결합한 패키지 메뉴를 제시한다는 의미에서 메뉴가격 책정이라 부른다. 통신 요금제, 음원이용 요금제, 2+1, 시즌 티켓 등 메뉴가격 책정 방식이 적용되는 가격차별은 우리 주위에서 흔히 관찰된다.

그룹별 가격차별에 대해 좀 더 이야기해 보자. 극장의 영화상영 서비스에 대해 이른 오전과 그 외 시간대 등의 2개 그룹으로 구분하는 것보다 영화 관람자들이 기꺼이 지불할 관람료를 시간대별로 세분화할 수 있다면 아마도 극장은 시간대별로 관람료를 다르게 책정할 것이다. 즉, 기꺼이 지불할 용의가 있는 금액이 서로 다른 소비자 그룹을 더욱 세밀하게 구분할 수 있다면 기업은 소비자를 가능한 한 더 많은 소비자 그룹으로 구분하여 서로 다른 가격을 책정할 수 있다. 극단적으로 무수히 많은 개별 소비자들이 기꺼이 지불할 금액이 서로 다르며 기업이 그러한 사실을 안다면, 기업은 무수히 많은 개별 소비자마다 서로 다른 가격을 책정할 수 있을 것이다. 이러한 상황을 1급 가격차별 또는 완전 가격차별(perfect price discrimination)이라 부른다.

앞서 금융기관은 빅데이터와 인공지능을 활용하여 금융 소비자들의 특성을 보다 자세히 알 수 있다고 언급했다. 금융 소비자들의 특성이 서로 다름에 따라 금융 소비자가 기꺼이 지불할 용의가 있는 금액이 세밀하게 다르다면, 금융기관은 빅데이터와 인공지능 도입으로 최대지불용의 금액이 서로 다른 금융 소비자들을 보다 세밀히 구분할 수 있게 된다. 즉, 금융기관은 금융 소비자의 특성에 따라 금융시장을 보다 세분화할 수 있다.

예를 들어, 빅데이터와 인공지능 활용으로 여신기관이 동일한 대출금에 대해서도 기꺼이 지불할 이자액이 서로 다른 금융 소비자들을 보다 세밀하게 구분할 수 있다면, 여신기관은 대출 시장을 보다 세분화한 금융 소비자 그룹들에게 서로 다른 이자율을 적용하는 완전 가격차별에 가까운 가격차별을 시행할 수 있다. 보험회사가 동일한 자동차 보험상품에 대해 기꺼이 지불할 보험료가 서로 다른 보험 소비자들을 보다 세밀하게 구분할 수 있다면,

보험회사는 완전 가격차별에 가까운 가격차별을 시행할 수 있다.

기업이 시장을 기꺼이 지불할 용의가 있는 금액이 서로 다른 소비자 그룹별로 보다 세분화하여 완전 가격차별에 가까운 가격차별을 시행하는 것이 가능한 경우 금융 소비자 관점이나 사회적 관점에서 긍정적인 면과 부정적인 면이 공존한다.

대출 시장을 예로 들어 설명하면 다음과 같다. 긍정적인 면은, 빅데이터와 인공지능에 의한 분석이 없을 때 적용되는 이자액이 높아 대출 시장에서 배제될 수 있는 소상공인이나 취약 계층 등의 잠재적 금융 소비자에게 빅데이터와 인공지능을 통한 분석이 있어서 분석이 없을 때보다 낮은 이자액이 적용된다면, 이러한 금융 소비자는 새롭게 대출 시장에 참여할 수 있다. 달리 말하면, 빅데이터와 인공지능을 통한 시장 세분화에 따른 가격차별로 대출 시장의 규모가 확대될 수 있다는 점은 사회적 관점에서 바람직하다.

반면 부정적인 면은 여신기관이 최대지불용의 금액이 서로 다른 소비자 그룹들에게 가능한 한 높은 이자액을 부과할 수 있기 때문에 금융 소비자들이 누릴 수 있는 추가적인 이득이 소멸된다는 것이다. 예를 들어, 금융 소비자들을 세밀하게 구분할 수 없던 경우에 어떤 금융 소비자는 3% 이자율을 지불할 여력이 있음에도 2% 이자율을 적용받을 수 있는 소비자 그룹에 속했지만, 금융 소비자들을 이전보다 세밀하게 구분할 수 있는 경우 3% 이자율을 지불할 여력이 있는 금융 소비자를 2.8% 이자율을 적용받을 수 있는 소비자 그룹으로 분류한다면, 그 금융 소비자는 2% 이자율을 적용받을 때보다 금융 소비자 이득이 감소하게 된다. 즉, 금융 소비자를 세밀하게 구분할 수 없었을 때 금융 소비자가 누릴 수 있던 추가적인 이득이 금융 소비자에 대한 세밀한 구분이 가능한 경우 여신기관으로 이전될 수 있다.

요약하면, 금융기관의 빅데이터와 인공지능에 대한 투자로 인해 시장이 금융 소비자 특성에 따라 세분화된다면, 시장 규모가 확대되는 긍정적인 면과 소비자 이득이 감소하는 부정적인 면이 공존하게 된다.

5. 인공지능 활용에 따른 맞춤형 금융상품 개발이 금융산업에 미치는 영향

빅데이터와 인공지능을 활용함으로써 금융기관들은 개별 금융 소비자의 특성을 보다 자세히 파악하여 개별적으로 특화된 맞춤형 상품이나 서비스를 개발, 제공할 수 있다. 한 상품이나 서비스를 제공하려면 비용이 수반되는데 인공지능을 활용함으로써 비용이 충분히 절감되거나 개발된 상품이나 서비스를 통해 충분한 수익이 예상된다면 그 상품이나 서비스의 제공 가능성이 높아진다. 어떤 상품이나 서비스를 개발하기 위해서도 비용이 수반되며, 이러한 비용이 빅데이터와 인공지능 활용으로 크게 낮아진다면, 개발 가능성 또한 높아진다. 이에 더해, 빅데이터와 인공지능을 통한 상품이나 서비스 개발로 신규 또는 타 금융기관으로부터 금융 소비자를 유치할 가능성이 있다면, 금융기관들은 그러한 노력을 경주할 것이다.

일반적으로 기업은 경쟁하는 기업과 동일한 상품이나 서비스를 소비자에게 제공하기보다는 가능한 한 차별화된 상품이나 서비스를 제공하고 싶어한다. 독자들은 한 기업의 제품이 타사 제품이나 기존의 자사 제품과 얼마나 다른지 정보를 전달하는 광고를 자주 접했을 것이다. 이와 같이, 기업들은 제품차별(product differentiation)을 추구한다. 제품차별이란 완전히 다른 제품이라기보다는 대체로 동일한 범주에 있으나 몇몇 특성에서 서로 다른 제품을 제공하는 것을 말한다. 디자인, 색상, 기능, 품질 등 다양한 면에서 제품들 간의 차이점이 있다면, 제품차별이라고 간주해도 무방하다.

기업이 제품차별을 추구할 수 있는 근본적인 이유는 서로 다른 소비자들이 서로 다른 특성을 지니고 있고 그에 따른 최대지불용의 금액이 다르기 때문이다. 기업이 가격차별을 시행할 수 있는 이유는 앞서 이야기한 바와 같이 동일한 상품이나 서비스에 대해 서로 다른 소비자들이 기꺼이 지불할 금액에서 차이가 존재하기 때문이다. 이와 유사하게, 기업이 제품차별을 추구하는 이유는 서로 다른 소비자가 서로 다른 특성에 따라 기꺼이 지불할 용의가 있는 금액이 다른 것을 활용할 수 있기 때문이다.

예를 들어, 한 자동차 제조사가 세단 타입의 자동차와 SUV 타입의 자동차를 제공하는 이유는 세단 타입을 좋아하는 소비자와 SUV 타입을 선호하는 소비자가 구분되고, 각 타입의 소비자 성향을 만족시키기 위한 것으로 이해할 수 있다. 한 소비자가 세단(SUV) 타입의 자동차에 대한 최대지불용의 금액이 SUV(세단) 타입의 자동차에 대한 최대지불용의 금액보다 매우 높다면, 그 소비자에게는 세단(SUV) 타입의 자동차를 제공하는 것이 자동차 제조사 입장에서나 소비자 입장에서나 모두 만족스러울 것이다. 또 다른 예로, 은행이 만기가 서로 다른 정기예금상품을 제공하는 것은 목돈 활용시기 또는 시간에 대한 선호도가 서로 다른 소비자 그룹을 충족시키기 위한 것으로 이해할 수 있다.

이상을 요약하면, 한 기업이 유사하지만 서로 다른 제품을 생산하는 제품차별을 하는 일차적인 이유는 서로 다른 특성을 가지고 있는 소비자들의 니즈를 충족시키기 위한 것으로 이해될 수 있다.

한 기업이 선호도가 서로 다른 소비자들을 충족시키기 위해 다양한 종류의 제품을 제공하는 것과 유사하게 경쟁하는 기업들은 특정 성향의 소비자를 대상으로 서로 다른 상품이나 서비스를 제공하는 전략을 취할 수 있다.

예를 들어, 음원시장에서 한 제작사는 클래식에 특화된 음원을 출시하는 데 주력하는 반면 다른 제작사는 최신 유행하는 음원을 제작하는 데 주력한다. 승용차 시장에서 한 기업은 고가 사양의 승용차 제작에 특화하는 반면 다른 기업은 저가 사양의 승용차 제작에 특화하기도 한다.

서로 경쟁하는 기업들이 제품차별을 추구하는 이유는 무엇일까? 이 질문에 대한 답을 이해하기 위해서는 반대로 서로 경쟁하는 기업들이 제품차별을 하지 않고 똑같은 제품을 제공한다면 어떤 일이 벌어질까라는 질문을 던져 보자. 예를 들어, 두 은행이 이용자 편의성, 만기 등 모든 면에서 똑같은 정기예금상품을 제공한다고 하자. 그러면 금융 소비자의 관심은 어떤 은행이 보다 높은 이자율을 제공하는가에 귀착된다. 은행은 소비자로부터 예금을 유치하기 위해 경쟁대상 은행보다 높은 수준의 이자율을 제시할 것이다. 금융기관을 비롯한 기업들이 제공하는 상품이나 서비스가 똑같다면, 매우 치열한 가격경쟁이 발생하고, 이에 따라 기업의 이윤은 극히 낮아진다.

그런데 기업들은 이러한 상황을 피하고 싶을 것이다. 서로 경쟁하는 기업이 차별화된 상품이나 서비스를 제공한다면, 치열한 가격경쟁은 완화되고 기업의 이윤은 상승한다. 예를 들어, 자동차 시장에서 한 제조사는 세단을 제공하고 다른 제조사는 SUV를 제공한다고 하자. 소비자들 중에는 세단을 SUV보다 더 좋아해서 세단 타입의 자동차에 대해 SUV 타입의 자동차보다 더 높은 최대지불용의 금액을 갖는 소비자들도 있을 것이고, 그 반대 경우의 소비자들도 있을 것이다.

두 기업이 세단이나 SUV 중 동일 차종을 제공해 모든 소비자들을 대상으로 치열한 가격경쟁을 하는 것보다 각 기업은 서로 다른 차종을 생산해 해당 차종을 더 좋아하는 소비자들을 대상으로 상대적으로 높은 가격을 부과해 이윤을 높이는 것을 선호한다. 왜냐하면, 세단 타입의 자동차를 무척 선호하는 소비자에게 가격을 조금 더 높게 부과해도 그 소비자는 굳이 SUV 타입의 자동차를 구매하지 않을 것이기 때문이다. 간단히 말하면, 기업의 제품차별 추구는 가격경쟁 완화를 통해 더 높은 이윤을 얻기 위해서다.

제품차별은 상품이나 서비스의 품질에 대해 소비자들이 서로 다른 선호도를 갖는 데서도 발생할 수 있다. 품질을 상당히 중시하는 소비자들도 있는 반면, 품질에 대해 무덤덤한 소비자들도 있다. 가상적인 예로, 동일 상품이지만 품질 수준은 서로 다른 H와 L(H가 L보다 높다)에 대해, 품질을 중시하는 소비자가 H와 L에 대해 각각 느끼는 가치는 10과 3이고, 품질에 대해 무덤덤한 소비자가 H와 L에 대해 각각 느끼는 가치를 3과 2로 표현하면, 품질 수준에 대해 부여하는 가치가 서로 다른 소비자를 묘사할 수 있다. 물론 이것은 소비자의 주관적인 성향이다.

품질을 중시하는 소비자는 조금 더 높은 가격을 지불하더라도 높은 수준의 품질을 보유한 상품을 선택할 것이며, 품질에 대해 무덤덤한 소비자는 품질 수준이 상대적으로 낮더라도 상대적으로 싼 상품을 선택할 것이다. 품질 수준 H의 가격을 5, L의 가격을 1이라 하면, 품질을 중시하는 소비자는 품질 수준 H의 상품을 선택하고, 품질에 대해 무덤덤한 소비자는 품질 수준 L의 상품을 선택한다. 이런 예는 고가의 명품 가방, 고가이면서 고사양인 가전제품에 관심이 높은 소비자들도 있지만, 저가이면서 실용적인 가방, 기본적인 사양만 갖춘 저가의 가전제품을 원하는 소비자들도 있음을 묘사한다.

셰이크드와 서튼(Shaked and Sutton, 1982)이 지적한 바와 같이 기업들은 소비자들의 품질 선호도가 다르다는 것을 이용하여 가격을 설정한다. 고품질 상품을 제공하는 기업은 품질에 대해 무덤덤한 소비자까지 유치하기 위해 상대적으로 낮은 가격을 책정하기보다는 품질을 중시하는 소비자들을 대상으로 상대적으로 높게 가격을 책정하는 것이 이윤을 높이는 데 유리하다.

상대적으로 저품질 상품을 제공하는 기업은 어차피 품질을 중시하는 소비자가 저품질 상품을 구매할 의사가 없으므로 주로 품질에 대해 무덤덤한 소비자들을 대상으로 상대적으로 낮은 가격을 책정한다. 이와 같이 기업들은 서로 품질을 다르게 하여 품질에 대한 선호도가 다른 소비자 그룹을 분리함으로써 모든 소비자들을 대상으로 한 치열한 가격경쟁을 피하고 각 소비자 그룹에 대해 독점력을 보유하고자 한다.

금융산업에서도 앞서 언급한 바와 같이 품질 수준이 서로 다른 상품들이 서로 다른 가격에 제공되고 있다. 예를 들어, 보험상품의 경우 품질을 나타내는 보장 범위가 넓을수록 보험료가 높게 책정된다. 다양한 수준의 보장 범위를 제공하는 보험상품들이 서로 다른 보험료로 공존하는 것이다.

금융기관들은 빅데이터와 인공지능을 활용해 개별 금융 소비자의 특성을 보다 잘 알 수 있다. 상품이나 서비스의 특성 또는 품질 등에 대해 금융 소비자마다 무수히 다른 선호도가 존재하는 만큼 금융 소비자의 금융 상품이나 서비스에 대한 니즈 또한 매우 다양하다. 금융기관의 빅데이터와 인공지능 활용을 통한 맞춤형 금융상품 제공은 이러한 금융 소비자의 니즈를 보다 세분화하여 충족시킬 수 있다. 이와 더불어, 이러한 세분화를 통해 금융기관은 치열한 가격경쟁을 완화하여 더 높은 이윤을 기대할 수 있다.

금융 소비자 입장에서 자신의 선호에 꼭 맞는 상품이나 서비스가 제공된다면 아마도 최적의 상황일 것이다. 그런데 금융 소비자는 무수히 많은 금융 상품들 중에서 자신에 맞는 것을 찾기가 쉽지 않거나, 찾는 과정에서 적지 않은 비용을 지불할 수 있다. 금융기관 또는 제3의 기관이 추천 시스템을 통해 금융 소비자에게 특화된 상품이나 서비스를 제시할 수 있지만 이에 대한 금융 소비자의 신뢰도가 그 활용성을 좌우할 것이다.

앞서 가격차별 주제에서 기업이 가격차별을 적용할 소비자 그룹을 세분화하는 경우 소비자 관점이나 사회적 관점에서 얻는 것과 잃는 것이 공존함을 설명한 바와 유사하게, 제품차별을 세분화하는 경우 소비자 관점에서 장점과 단점이 동시에 등장한다. 장점은 금융상품에 대해 제품차별이 세분화될수록 특정 금융 소비자에게 보다 선호되는 금융상품이 제공될 수 있다는 점이며, 단점은 그러한 금융상품을 이용하기 위해 금융 소비자는 보다 높은 수수료를 지급해야 하는 상황에 직면할 수 있다는 것이다.

빅데이터와 인공지능 활용으로 금융 소비자에 대한 맞춤형 금융상품 개발이 가능할 것으로 예상되는데, 이는 금융상품에 대한 제품차별이 더욱 다양해지는 것을 의미한다. 소상공인이나 취약 계층이 대출 시장에서 배제되는 이유가 이들이 부담하는 금리 수준이 높기 때문인 경우도 있겠지만, 이들에 대한 금융기관의 신용평가가 어려워 이들 계층을 대상으로 취급하는 대출상품이 부족하기 때문인 경우도 있다. 만일 인공지능과 빅데이터를 이용하여 이들 계층에 대한 신용평가가 가능해지면 이들 계층을 대상으로 취급되는 신규 대출상품 출시가 가능해질 수 있으며, 대출 시장의 확대를 기대할 수 있을 것이다.

제품차별이 세분화될 수 있음에 따라 특정 금융상품을 전문적으로 취급하는 금융기관이 등장할 것으로 예상된다. 예를 들어, 서정호·이병윤(2020)은 현재 은행산업의 경우 시중은행, 지방은행, 인터넷은행 등으로 구분되지만 이에 더해 거대 온라인 플랫폼의 은행업 진출, 신탁은행(trust bank), 신용카드은행, 자금관리은행, 도전자은행(challenger bank) 등 다양한 형태의 특화 은행들이 등장할 것으로 예상한다.

금융 소비자, 특히 기업에 대한 맞춤형 금융상품을 개발하는 데 연성 정보(soft information)가 중요해진다. 관계형 금융을 선호하는 중소형 은행을 대상으로 인공지능을 활용하여 발굴한 기업 연성정보를 기업 신용평가 변수에 반영하면, 금융기관은 해당 기업에 보다 적합한 금융상품을 제공할 수 있다. 전체 금융 소비자들을 대상으로 개별 맞춤형 금융상품 개발보다는 그간의 기존 고객들을 중심으로 맞춤형 금융상품 개발도 예상된다.

6. 시장 쏠림 가능성

인공지능과 빅데이터는 불가분의 관계이다. 데이터 없이는 인공지능의 성능 개선을 기대할 수 없고, 반대로 인공지능의 분석이 수반되지 않는 데이터의 가치는 매우 낮다. 특히, 인공지능의 성능이 투입되는 데이터의 양과 질에 크게 의존한다는 것은 잘 알려진 사실이다. 모든 금융기관들이 인공지능을 활용하는 것은 시대적 흐름이다. 그런데 주목해야 하는 사실은 모든 금융기관들이 보유하고 활용할 수 있는 데이터의 양과 질이 동일하지 않다는 것이다. 이러한 현실에서 애초에 모든 금융기관들이 동일한 성능의 인공지능을 적용한다고 할 때 금융기관 간 경쟁 양상이 어떻게 진행될지에 대해 예측해 보자.

A와 B로 명명된 금융기관이 있으며, 금융기관 A가 보유한 데이터의 양과 질이 금융기관 B가 보유한 것보다 많거나 우수하다고 하자. 그리고 한 금융기관이 제공하는 금융상품의 품질은 각 금융기관이 보유한 데이터의 양과 질에 대해 정(+)의 관계를 가지고 있다고 하자. 그러면 금융기관 A가 제공하는 금융상품의 품질은 금융기관 B가 제공하는 것보다 높다. 더 많고 질 좋은 데이터로 금융기관 A는 금융기관 B보다 정교하게 리스크 관리가 이루어지거나 더 높은 수익률을 제공하는 금융상품 개발이 가능할 것이다.

만약 모든 금융 소비자들이 동일한 선호를 보유한다면, 모든 금융 소비자들은 금융기관 A가 제공하는 금융상품에 가입할 것이다. 즉, 금융산업에서 금융기관 A로 쏠림(tipping)이 발생한다. 그런데 현실에서 이와 같은 완전한 쏠림이 발생하는 시장은 거의 찾기 어렵다. 한 기업이 생산 또는 처리할 수 있는 규모(capacity)가 한정되어 시장에서 요구하는 모든 수요를 충족하는 공급량을 제공할 수 없거나 한 금융기관에서 다른 금융기관으로의 전환에 따른 비용이 높은 경우 완전한 쏠림은 발생하지 않는다.

이에 더해, 앞서 살펴본 바와 같이 상품이나 서비스의 특성/품질 자체에 대해 소비자들의 선호가 다른 경우에도 완전한 쏠림은 발생하지 않을 수 있다. 보험상품의 경우 앞에서 언급한 것처럼 상품의 품질로 간주할 수 있는 보장 범위에 대해 보험 소비자마다 선호도가 다를 수 있다. 한 보험회사가 보장 범위가 넓은 보험상품을 출시한다면 다른 보험회사는 보장 범위가 상대적으로 적은 보험상품을 출시하여 이를 선호하는 소비자들을 흡수할 수 있다.

그런데 예금상품이나 자산운용상품에 대해서는 보다 정교한 리스크 관리나 높은 수익률 등의 품질을 중시하는 금융 소비자들의 비중이 매우 높을 수 있다. 달리 말하면, 금융상품의 품질에 대해 선호도가 유사한 금융 소비자가 많을 수 있다. 즉, 금융상품에 따라 금융 소비자들이 서로 다른 선호도를 갖는 것이 뚜렷한 경우도 있지만 보다 동질적인 선호도를 갖는 경우도 있다.

한 금융상품에 대해 금융 소비자들의 선호도가 매우 유사하다면, 금융기관 간의 경쟁은 보다 치열해진다. 왜냐하면, 가격 이외에 다른 특성들을 이용해 금융 소비자들을 세분화하기 어렵기 때문이다. 그런데 빅데이터와 인공지능을 활용해 금융 소비자들을 세분화할 수 있다면 금융기관들은 빅데이터와 인공지능을 활용하기 위한 투자를 마다하지 않을 것이다. 빅데이터의 양 및 질과 인공지능 분석능력이 불가분의 관계에 있으므로, 금융기관들은 인공지능 분석능력을 함양하기 위해 보다 많은 양과 양질의 빅데이터를 확보하는 것이 중요하다.

보다 많은 양과 양질의 빅데이터를 확보해야 하는 더욱 중요한 이유는 소위 긍정적 환류(positive feedback loop)가 작동하기 때문이다. 많은 양 및 양질을 갖춘 데이터를 기반으로 인공지능 분석을 통해 금융 소비자의 니즈를 충족시키는 금융상품을 출시하면, 많은 금융 소비자들은 해당 금융상품을 제공하는 금융기관을 이용할 것이고, 이는 해당 금융기관이 더 많은 데이터를 모을 수 있는 기회로 이어지며, 이는 또한 금융 소비자의 니즈를 보다 더 충족시키는 금융상품의 출시를 유도하는 등의 순환이 이루어지게 한다. 강조하면, 금융 소비자에 대한 데이터 확보는 금융기관의 경쟁력을 결정하는 중요한 요소이다. 이에 따라 금융 소비자에 대한 데이터를 확보하기 위한 금융기관 간 치열한 경쟁이 예상된다.

한편 한 금융기관이 보유한 금융 소비자에 대한 데이터가 다른 경쟁 금융기관들에 비해 충분히 많다면, 긍정적 환류의 특성으로 인해 특정 금융기관으로 시장 쏠림이 발생할 수 있다. 이에 더해 특정 금융기관으로의 데이터 집중도 발생할 가능성이 있다. 2021년 현시점은 금융기관들이 금융 소비자들의 데이터를 개인 특화된 차별적 서비스 등에 활발히 적용하고 있는 상황은 아니므로, 금융시장에서의 쏠림 가능성은 아직 주목할 만한 사항은 아닐 것이다. 이에 더해, 다음에서 언급하는 바와 같이 특정 금융기관으로 쏠림 가능성이 완화될 요인들도 충분하다.

첫째, 소위 금융 소비자의 멀티호밍(multi-homing) 행태이다. 멀티호밍이란 금융 소비자가 한 금융기관이 제공하는 금융상품만 이용하는 것이 아니고 다른 금융기관의 금융상품도 이용하는 것을 말한다. 금융 소비자가 한 금융기관만 이용하는 행태를 싱글호밍(single-homing)이라 부른다. 멀티호밍이 금융 소비자의 전형적인 행태인가에 대해서 실증적으로 밝혀진 점은 없지만, 예를 들어 한 금융 소비자가 여러 은행들이 제공하는 예금상품이나 대출상품을 이용하거나 여러 보험회사가 제공하는 보험상품에 가입하는 경우는 흔히 관찰된다. 금융기관을 이용하는 기업의 경우 주거래은행의 관습이 유지되어 개인보다는 멀티호밍 행태를 덜 보일 수 있지만, 기업의 멀티호밍이 금지되는 것은 아니다.

금융 소비자의 멀티호밍은 한 금융 소비자의 데이터가 여러 금융기관으로 제공되는 것이므로, 특정 금융기관으로의 금융 소비자 데이터 쏠림을 완화시킬 수 있다. 여기에 더해 각 금융기관이 금융상품 품질 향상을 위해 데이터 확보에 쓰는 비용을 감소시킨다면 금융상품 시장에서의 경쟁 상황도 쏠림의 가능성을 완화시킬 수 있을 것이다.

둘째, 금융상품의 품질 향상 또는 금융 소비자의 니즈에 부합하는 맞춤형 금융상품 개발을 위해서는 금융 소비자의 금융 관련 데이터도 중요하지만 그 외의 비금융정보들을 담고 있는 데이터도 중요하다. 예를 들어, 연금보험상품을 개발하거나 자산운용상품을 개발하는 데 금융 소비자의 금융 데이터에만 의존할 수는 없고, 금융 소비자의 상거래 데이터, 검색이력 데이터 등 금융 소비자의 비금융 데이터, 미래 경제상황에 대한 정보, 시사·정치 뉴스 등도 인공지능을 통한 분석에 중요 데이터로 인식된다. 왜냐하면, 한 금융기관이 설계하는 인공지능 모델에 포함되는 변수에는 개별 금융 소비자의 금융 관련 변수들뿐만 아니라 비금융 관련 변수들도 중요한 역할을 하기 때문이다.

따라서 금융 소비자의 금융 관련 데이터에 대해 특정 금융기관들로 쏠림이 있다고 하더라도 비금융의 빅데이터를 활용하여 금융상품의 품질 향상이나 맞춤형 금융상품 개발이 가능하다. 그러므로 금융 소비자의 금융 관련 데이터가 특정 금융기관으로 쏠림이 있다고 해도 금융산업의 경쟁 상황에서 특정 금융기관으로의 쏠림이 현실화될 것으로는 예상하지 않는다. 더욱이 오픈뱅킹, 신용정보법 개정, 마이데이터 사업 등의 정책 시행으로 금융 소비자의 금융 관련 데이터가 특정 금융기관으로 쏠림을 나타내기란 거의 불가능하다.

셋째, 금융상품의 품질 향상이나 금융 소비자의 니즈에 부합하는 맞춤형 금융상품 개발에 더 많은 금융 소비자 데이터가 더 좋은 결과를 가져오는가에 대한 실증적 연구결과가 아직은 부족한 것으로 보인다. 최근 온라인 플랫폼 시장에서는 거대 온라인 플랫폼으로의 개인 데이터 집중이 경쟁력의 원천이 되는가에 대한 논쟁이 진행되고 있다. 데이터의 규모가 클수록 시행착오에 따른 학습효과(learning-by-doing)가 존재하며, 데이터의 다양성이 높을수록 서비스 품질을 향상시킬 수 있다는 주장이 제기되고 있다. 특히, 검색 서비스의 경우 쉐퍼·사피·뢰린츠(Schaefer, Sapi, and Lorincz, 2018)는 야후의 검색로그 데이터와 검색 결과에 따른 이용률(click-through-rate) 간의 상관관계를 분석하여, 이용자의 클릭 행위와 같은 이용자 정보가 추가될수록 검색 엔진의 학습 속도가 빨라진다는 점에서 품질 향상이 이루어진다고 설명한다.

이와 달리, 배리언(Varian, 2017)은 데이터 가치의 유효 기간은 짧으며, 데이터 양에 따른 이익은 있지만 양이 많을수록 이익의 정도는 감소(diminishing returns to scale)하는 특성을 보인다고 주장한다. 이에 더해, 투커(Tucker, 2019)는 데이터 양과 기업의 경쟁력은 항상 정(+)의 관계가 아니며 빅데이터 관련 전략, 분석 시스템과 툴, 분석 결과의 기업 역량에 적용 등 빅데이터 분석으로부터 기업 이익에 부합하는 통찰을 얻는 능력이 가장 중요하다고 강조한다.

이와 같은 논쟁에 의하면, 데이터 양은 검색 서비스 품질 향상에 도움은 줄 수 있으나, 어느 정도 충분한 양이 쌓이면 개선 정도가 작아지며, 그 외 서비스의 경우 데이터도 중요하지만 인공지능을 통한 분석으로 소비자의 니즈에 부합하는 서비스 개발 및 개선이 더욱 중요한 것으로 판단된다. 부연하면, 데이터 양이 서비스 품질 향상 및 개발 등에 결정적인 역할을 하는 것은 아닐 것으로 추측된다.

제7장

인공지능과 금융산업 고용 전망

1. 도입

4차 산업혁명과 인공지능 도입은 ① 일자리의 양, ② 질, ③고용 형태에 큰 변화를 미칠 것으로 예상된다. 정부의 「제4차 산업혁명에 대응한 지능정보사회 중장기 종합대책」(미래창조과학부, 2016)에 따르면, 일자리의 양은 자동화로 대체되는 업무가 확대되는 가운데 신산업 분야에서는 일자리가 추가적으로 출현할 것이라 한다. 자동화가 단순반복 업무뿐만 아니라 상당수의 지적 노동, 중급 사무업무, 정밀한 육체노동까지 진행되면서 없어지는 일자리가 늘어나지만, 그 반면에 지능정보기술을 활용하는 산업이나 직종에 대해서는 새로운 인력 수요가 창출될 것이라고 한다. 희망적으로 보면, 과거 산업혁명 시기처럼 구시대적 직종은 사라지지만, 새로운 직업이 창출될 수 있다고 예상한다. 그 결과 고용구조는 양극화될 것이다.

이 과정에서 고부가가치 창출, 창의적 직무 중심으로 업무의 재편이 이루어지면서 일자리의 질은 개선될 것이다. 미래 근로자의 업무는 자동화 기기로 대체되기 어려운 창의적이고 감성적인 역할로 집중되고, 이러한 직종 인력에 대한 가치는 상승할 것이라고 한다. 반면에 정형적인 지적 노동 및 육체노동처럼 기계로의 대체화가 쉬운 일자리는 인간과 기계 간 경쟁이 발생하면서, 업무의 질과 그 대우가 낮아질 가능성이 농후하다. 고용 형태에서는 전통적인 정규직, 평생직장 개념은 약화되는 대신에 탄력적 고용이 늘어날 것으로 보인다. 물류·제조·마케팅 등과 같은 각 기능별 직종은, 플랫폼 기업(Online to Offline: O2O, 온라인과 오프라인의 결합 현상으로, 스마트폰 앱이나 인터넷을 통해 음식을 주문하고 택시나 렌터카를 호출하거나 숙박시설을 예약하는 등 실시간으로 서비스를 제공하는 공급자와 이용자를 매칭해 주는 서비스)의 매개를 통해 산업 간 경계를 넘나들면서 필요에 따라 고용이 발생할 것으로 예측되기 때문에, 미래에는 산업의 전문성보다 기능 위주로 고용 형태가 재편되리라 예상된다.

또한 근무 형태는 정규직보다 단기고용 방식이 증가하는 가운데 숙련 사무직의 경우에도 계약 또는 프로젝트 기반의 고용이 이루어질 가능성이 높다. 즉, 미래사회에는 공유경제, O2O 서비스, 대중노동(crowd work) 등 플랫폼 기반의 서비스 발전으로 비정형적 고용이 확대될 전망이다.

이러한 일자리 트렌드는 금융업에도 적용될 공산이 크다. 최근 전자금융거래법의 종합지급결제사업자 도입을 두고 빅테크 기업과 기존 지급결제사업자인 금융권의 경쟁 격화가 예상되고 있다. 따라서 영업점과 창구를 통한 네트워크를 구축하고 이를 활용한 수요자 기반의 금융산업은 디지털화, 4차 산업혁명, 핀테크 업체의 등장, 인공지능 파고를 넘는 와중에 업무 혁신은 물론, 고용구조에 커다란 변화가 불가피해 보인다. 은행, 증권, 보험업이라고 하더라도 직종별로 고용기회 축소는 상이할 것이다.

전산화나 인공지능 적용이 용이한 정형적·단순 반복적 직군인 창구 사무원, 출납원, 은행 심사역, 카드 신청·정산 사무직, 단순 영업사원, 보험계약 체결·심사·지원 및 시황·동향 분석인 등과 같은 업무는 축소될 가능성이 높다. 반면에 같은 PB 업무라고 하더라도 고객과의 접점에서 창의성, 감수성이 요구되는 직종, 여러 가지 상황을 고려해서 고도의 정성적인 판단이 요구되는 데이터 분석가, 매니저의 역할은 유지되거나 오히려 확대될 수 있고, 인공지능 기술을 활용하는 새로운 수요가 창출될 수도 있을 것이다.

예를 들면 데이터 분석과 표준화 진전, 반복성이 높은 업무인 경우 인공지능에 의한 직무 대체 가능성이 높을 것으로 전망된다. 일반적인 고객 응대, 영업 지원, 프로세스 효율화 및 자동화, 금융시장 분석·예측 등의 업무가 그렇다. 반면에 기존의 일자리가 대체되는 방식에는 단순히 일자리가 없어지는 것 말고도 인공지능, 머신러닝 등을 이용한 금융 빅데이터 분석으로 얻게 되는 새로운 정보에 대한 보완자 역할의 수행도 가능할 것으로 보인다. 이외에도 인공지능 기술과 빅데이터를 활용하는 데 따른 금융산업의 위험이나 리스크 관리를 위한 모니터링 업무가 신규로 창출될 것이다. 인공지능을 통해 새로운 금융 상품과 서비스가 도입될 경우 개인정보보호, 사이버 보안 등 위험관리의 중요성이 새롭게 부각될 가능성이 있다. 컴테크/섭테크(CompTech/SupTech)로 일컬어지는 인공지능 기술을 활용한 규제 준수 및 감시 업무 등이 그렇다.

아래에서는 인공지능으로 인한 금융산업의 향후 일자리 대체 전망에 대한 기존의 연구 결과들을 점검해 본다. 우선, 핀테크 도입에 따른 금융업권 일자리 대체전망에 대한 한국직업능력개발원의 보고서(오호형, 2017)를 살펴본다. 다음으로는 컴퓨터화(computerisation)에 따른 일자리 대체 위험을 다룬

프레이와 오즈번(Frey and Osborne, 2017)의 연구 내용을 제시한다. 이 연구는 미국 내 일자리(702개 종류)를 대상으로 컴퓨터화로 인한 일자리 소멸 위험을 추정한 것이데, 47%의 일자리가 인공지능 또는 컴퓨터에 의해 대체될 가능성이 높다는 결과를 도출했다. 상당히 충격적인 결과이고, 이 연구 내용은 2013년부터 워킹페이퍼 형식으로 공개되면서 이에 대한 반대 결과로 OECD의 아른츠 등(Arntz et al., 2016)의 연구가 발표되기도 했다. 후자의 경우 일자리 대체 가능성이 높은 직군의 비중은 7%에 불과한 것으로 밝혀져, 서로 대조적인 연구로 비교되기도 한다. 참고로 두 연구 결과의 기법상 차이는 뒤에서 기술한다.

2. 전산화가 일자리에 미치는 영향: 세 가지 연구 결과물

1) 한국직업능력개발원(2016, 2017)

한국직업능력개발원의 보고서(오호영, 2017)는 핀테크 기술의 도입으로 금융산업 내 전통적 일자리가 빠르게 대체될 것이라고 전망했다. 그 근거로는 지급결제서비스인 송금 등이 온라인과 모바일 환경에서 이루어지고, 핀테크 기술 접목으로 금융 빅데이터 분석이 활성화되며, 리스크 관리나 회계 업무의 효율성을 높여 주는 금융 소프트웨어, 펀드 매니저 역할을 대신하는 로보어드바이저(robo-advisor) 등으로 인력이 대체될 것이기 때문이라고 한다. 이 보고서는 2014년 금융산업의 신규 취업자가 2008년 대비 4년제 대졸자의 경우 36.3%, 전문대 졸업자는 70.2% 감소했고, 이러한 추세가 향후에도 지속될 것으로 전망하고 있다. 실제 같은 기간 중에 금융산업의 전체 취업자 수

〈그림 7-1〉 금융산업 대졸 신규 취업자 수(4년제 vs. 전문대)

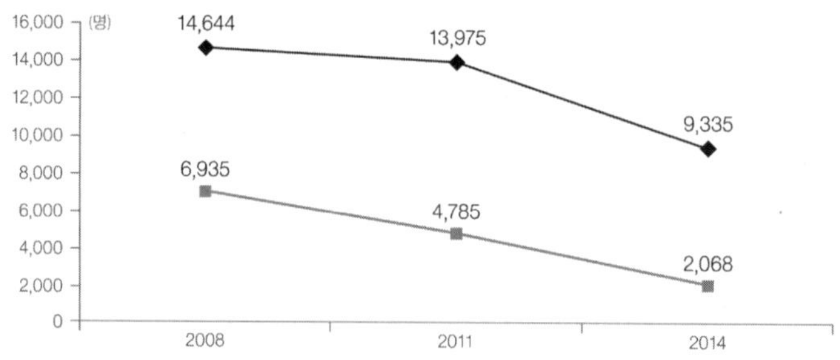

자료: 오호영(2017).

는 소폭 증가했으나, 4년제 대졸자 신규 채용은 1만 4644명(2008년) → 9335명(2014년)으로, 전문대 졸업자는 6935명(2008년) → 2068명(2014년)으로 대폭 감소한 추세를 반영한 결과로 보인다.

하지만 이 보고서에도 지적했듯이 2008~2014년 중에는 핀테크 등의 기술 혁신뿐만 아니라 2008년 글로벌 금융위기로 인한 금융업계의 강도 높은 구조조정이 이루어졌다는 점도 고려해야 할 것으로 보인다. 즉, 핀테크만이 신규충원 감소의 주된 요인은 아니란 점이다. 같은 보고서에서 구조조정에 의한 효과를 얼마나 고려했는지는 모르지만, 이 효과를 제거하지 않고 포함한 채 미래를 예측했다면 향후 인력 감소 폭에 대한 과대계상 우려는 있을 수 있다.

한국직업능력개발원 보고서(오호영·주휘정·최대선, 2016)의 연구에 따르면 2015년 기준으로, 금융산업 전체 취업자 중 컴퓨터 대체 고위험군에 종사하는 취업자 수의 비율은 78.9%에 달한다. 이 확률은 한국표준산업분류 21개 대분류 기준 가운데 3위로 21개 산업 중 매우 높은 편에 해당되었다고 한다. 통계청의 2015년 하반기 「지역별 고용조사」 기준으로 금융산업 취업자 수는 총 75.8만 명으로, 국내 전체 취업자 23.9백만 명 가운데 약 3.2%를 차지

〈그림 7-2〉 금융산업의 업종별 고위험 직업군 종사자 비율

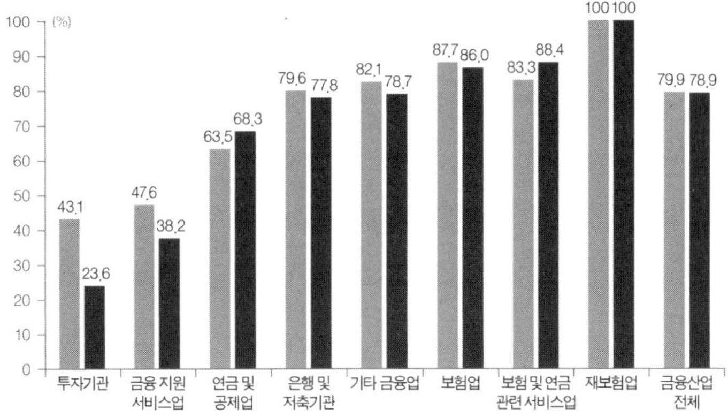

주: 연한 회색은 2008년 고용조사 결과, 진한 회색은 2015년 고용조사 결과임.
자료: 오호영(2017), 통계청의 2008, 2015년 지역별 고용조사 자료 재인용.

하는 상황이다. 한편 소분류 기준으로 금융산업 내 컴퓨터 대체 고위험군 업종을 찾아보면 재보험업의 경우 100%가 컴퓨터로 대체될 것으로 예상되고, 보험·연금 관련 서비스업은 88.4%, 보험업은 86%, 기타 금융업의 경우 78.7%의 순으로 나타났다. 반면에 컴퓨터로 대체될 확률이 낮은 금융업종으로는 투자기관 23.6%, 금융지원 서비스업 38.2%가 나타났다. 참고로 연금 및 공제업은 대체 확률 68.3%, 은행 및 저축기관은 77.8%이다.

한국직업능력개발원 보고서(오호영·주휘정·최대선, 2016)에 의하면 핀테크 확산에 따른 금융산업별 일자리 변화 전망은 〈표 7-1〉과 같다. 이 보고서에 따라 은행, 카드, 증권, 보험업별로 일자리 변화 전망을 살펴보면 다음과 같다. 먼저 은행업의 경우 지급결제 관련 업무는 온라인 송금이 확산됨에 따라, 자동화된 송금 서비스를 관리하는 소수의 인력만 남게 될 것이다. 온라인 간편송금 서비스가 ATM 기기 사용량을 축소시키고, 이에 따라 전자금융 사무원, 담당 엔지니어와 보안 관련 경비수요가 급격히 감소할 것이다. 또한

〈**표 7-1**〉 핀테크 확산에 따른 금융업권 일자리 변화 전망

업종	세부 기능	직업명	변화
은행	고객접점	은행원, 은행창구사무원, 은행출납원, 지로담당원, 결산사무원	축소
	결제채널	전자금융사무원	유지
	신용공급	은행개인금융상담역, 은행기업금융상담보조역, 신용관련추심원, 은행대출감정사무원, 신탁대출사무원, 여신심사사무원, 은행상시감시원, 은행개인금융심사역, 은행기업금융심사보조역, 은행기업금융심사역	축소
	PB	개인자산관리사, 재무설계사, 프라이빗뱅커	축소
	투자은행	금융회사자산운용가	확대
카드	여신제공	카드신청서심사사무원, 카드정산사무원, 카드발급사무원	축소
	고객접점	카드정산사무원, 카드발급사무원, 카드판촉사무원	축소
	상품 기획·개발	신용카드고객데이터분석원, 신용카드신사업기획원	축소
	연계 서비스	카드제휴영업사무원	확대
증권	고객영업	증권출납사무원, 증권금융사무원, 주식투자상담원, 파생상품중개인, 투자신탁상품매매중개인, 채권매매중개인, 선물거래중개인, 법인유가증권거래중개인, 증권사채권인수주선사무원, 증권사해외영업원, 증권사영업지점상담원, 증권수탁사무원, 증권사운영사무원	축소
	PB	자산관리사, 재무설계사, 펀드매니저, 프라이빗뱅커	축소
	자산운용	선물자산운용가, 증권사주식운용원, 증권사장외파생금융상품운용원, 파생상품자산운용가, 금융회사자산운용가	축소
	리서치	해외증시동향분석원, 주식시황분석원, 금융리스크매니저, 증권분석사, 주식시장투자전략가, 애널리스트, 자본시장분석가, 외환딜러, 증권거래감리제도기획원, 유가증권상장등록심사원, 증권사파생상품운용원, 증권상장심사원	축소
보험	상품영업	생활설계사, 보험중개인, 보험영업기획원, 보험영업실적분석원, 보험영업지원사무원, 재무설계사	축소
	상품설계	보험동향분석원, 보험시장분석원, 방카슈랑스은행사무원	축소
	심사	보험계약심사원, 보험신계약담당원, 보험보유계약관리원, 보험사무지원사무원	축소
	보상	손해사정사, 보험금심사원	유지

자료: 오호영·주휘정·최대선(2016).

알고리즘과 빅데이터를 통해 모바일 기기나 PC로 자산 관리를 수행하는 로보어드바이저 등 자동화된 도구의 확대에 따라 고객과의 접점에 종사하는

창구사무원, PB직원들의 역할도 축소될 것이다. 반면에 자동화된 온라인 서비스 개발·관리자에 대한 수요는 증가할 전망이고, ML·인공지능으로 데이터를 관리하는 업무의 비중은 크게 증가할 것이다. 〈표 7-1〉에서처럼 은행업종 중에는 투자은행업무 관련 자산운용가만 확대되고, 결제채널은 유지되지만, 고객접점, 신용공급, PB업무 모두 고용축소를 예상했다. 반면에 표에는 제시되지 않았지만, 신용평가 관련 데이터 분석 인원의 수요 증가를 전망하기도 했다.다음으로 신용카드업은 은행의 지급결제서비스처럼, 간편결제서비스의 확대로 대폭 인력이 축소될 것으로 전망했다. 예를 들어 현재 플라스틱 신용카드 제조·발급, 관리 쪽의 일자리는 모바일 카드 사용의 확대나 바이오 인증에 기반을 둔 무매체 거래의 출현으로 축소될 것이다. 반면 은행업에서처럼 빅데이터 분석 등 IT 기술에 기반을 둔 다양한 서비스, 이와 연계된 멤버십 서비스가 신규로 출현하면서, 카드 상품기획/개발/운영 관련 업무는 신규로 늘어날 것으로 전망했다. 참고로 고엘(Goel, 2016)은 고객 거래 빅데이터를 분석하여 신용등급 산정, 개인고객 타깃 마케팅을 수행하는 인력에 대한 수요는 증가할 것이라고 전망했다. 특히 IT 기술 전문가의 수요가 증가할 것으로 예상했다.

증권업의 경우에는 온라인 증권 회사, 로보어드바이저, 비대면 본인확인 기술의 등장으로 고객과의 접점은 은행처럼 축소되겠지만, 온라인 서비스 담당자와 IT 기술 담당자에 대해서는 신규 수요가 발생할 것으로 전망했다. 현재 PB의 상당수는 로보어드바이저로 대체되지만, 시계열 분석 및 예측을 포함하는 데이터 분석 인공지능 기술은 마켓 리서치와 투자 업무에 집중적으로 사용되면서, 이쪽 업무를 담당할 데이터 분석가와 인공지능 기술 담당자에 대해서는 새로운 수요가 출현할 것으로 예상했다.

마지막으로 보험업의 경우, 은행의 온라인 송금처럼, 보험계약 체결도 비대면 본인확인 활용이 확대되면서 현재 다수의 보험설계사 일자리는 줄어들 것으로 전망했다. 또한 보험상품 기획·개발 업무도 인공지능을 활용한 빅데이터 분석, 개인별 맞춤형 상품 기획·개발로 전환될 수 있다고 전망했다. 한편 방카슈랑스처럼 판매 중개 면에서, 다른 금융업권에서 보험업으로의 진출 경쟁이 인공지능 기반으로 이루어짐에 따라 온라인 보험 설계·판매와 관련된 일자리에 대한 경쟁도 격화될 것으로 전망했다. 이런 한국직업훈련원의 분석은 프레이와 오즈번(Frey and Osborne, 2013, 2017)과 WEF(2016)의 보고서에 기반한 것인데, 이 두 보고서는 미래 일자리에 대한 비관론적 결과를 가지고 있다. 한편 한국직업훈련원이 연구 대상으로 택한 자료의 기간(2008~2015년)은 글로벌 금융위기 이후 금융권이 수익성 악화와 인력 구조조정의 심화를 겪은 시기여서 자료의 편의성(bias) 문제가 있을 것으로 추측된다.

관련해서 당시 은행, 증권 보험업권별로 진행된 구조조정을 개괄해 보면, 먼저 은행업은 2008년 글로벌 금융위기 이후 주택담보대출 확장에 의존한 외형 성장이 한계에 도달하고, 2012년 이후는 저금리기조 아래 순이자마진 하락에 따른 수익성 감소로 외국계 시중은행을 중심으로 인력 및 점포 구조조정이 시작되면서 국내 은행들도 비용 절감을 위해 구조조정 대열에 합류한 기간이었다. 이런 점을 고려하면, 한국직업훈련원의 분석 결과는 앞서 언급한 것과 같은 구조조정이 향후에도 지속될 것이라고 암묵적으로 가정한 상태에서 도출된 것일 가능성이 높다. 반면에 이 기간 중에는 인터넷뱅킹, 모바일뱅킹 이용률이 증가했고, 자연스러운 점포 구조조정도 있어서 분석 기간에 이루어진 구조조정이 미래에도 어느 정도 지속될 수 있다고 보는 것이 틀렸다고만 하기는 어려운 면도 있다.

증권업의 경우 2008년 글로벌 금융위기 이후 증시 침체가 장기화되면서 주식거래대금 하락 등으로 수익성이 하락했다. 이 결과 증권사의 판매관리

비가 상승했고, 판매관리비 중 비중이 가장 큰 인건비(59%) 축소 작업이 불가피해졌다. 즉, 증권업의 수익성이 향상될 경우, 확대될 인력충원 수요가 고려되지 못한 한계점은 있다. 보험업권의 경우에도 2008년 이후 저성장·저금리에 따른 자산운용의 한계가 문제가 되었는데 특히 생명보험사는 과거 고금리로 판매한 저축성보험상품의 역마진 문제로 수익성 악화가 2010년 이후 지속되었다. 이것은 2000년대 초반 보험사들이 외형 확대를 위해 늘려 온 저축성 보험의 부메랑 효과인데, 이로 인한 신규인력 충원 감소가 지속될 수밖에 없었다. 이처럼 보험업권도 증권업과 마찬가지로 수익성 악화로 인한 구조조정의 가능성이 필요 이상으로 반영되었을 수 있다.

결국, 이러한 금융산업의 구조조정기에 따른 자료의 편의성을 고려한다면 오호영 등(2016)의 연구 결과처럼 금융산업 일자리의 79% 대체 가능성은 발생하지 않을 가능성도 크다고 생각된다. 그러나 이처럼 빅데이터, 인공지능 도입으로 초래될 금융업권 일자리 축소 개연성도 부인할 수는 없다. 정작 관건은, 실제로 어느 정도의 일자리가 인공지능 도입으로 대체될 것인가이며, 79%의 대체는 과할 수 있다는 점이다.

2) 프레이와 오즈번(Frey and Osborne, 2017)

다음은 프레이와 오즈번(2017)의 연구이다. 앞서 언급한 한국직업능력개발원의 보고서는 이들의 연구에 기반하여 작성된 것이다. 연구 내용은 다음과 같다. 향후 컴퓨터화가 미국 노동시장 일자리에 미칠 영향을 추산하기 위해 702개 직무를 대상으로 한 O*NET 자료를 기반으로 로짓분석을 실시한 결과 값에 근거하여 이들 직무에 대한 일자리 축소 위험을 전망했다. O*NET 자료란 노동시장 분석가에 의해 수집되고, 각 직업별로 근로자와 전문가 서베이에 의해 업데이트되는 DB로 직업 내 직무별로 표준화된 측정 가능한 변수와 과업에 대한 서술형 정의를 포함하고 있다. 이들의 연구에 따르면, 미국 내 직업(occupation, 과업)의 47%가 향후 20여 년 안에 컴퓨터화로 인해 대체 가능성이 높은 고위험군으로 나타났다.

〈그림 7-3〉에서는 12개 직업군별(occupational employment, 대분류)로 고용의 대체 가능성을 표시하고 있다. 맨 하단의 직업군은 관리, 비즈니스 및 재무(management, business, and financial)로 전산화 위험이 고위험군보다는 저위험군에 집중된 것으로 분류되고 있다. 반면 12개 직업군 중 서비스(services), 영업 및 관련 업무(sales and related),사무실·행정관리 지원(office and administrative support) 과업은 전산화 대체 가능성이 매우 높게 나타나고 있

〈그림 7-3〉 12개 직업군의 전산화 위험

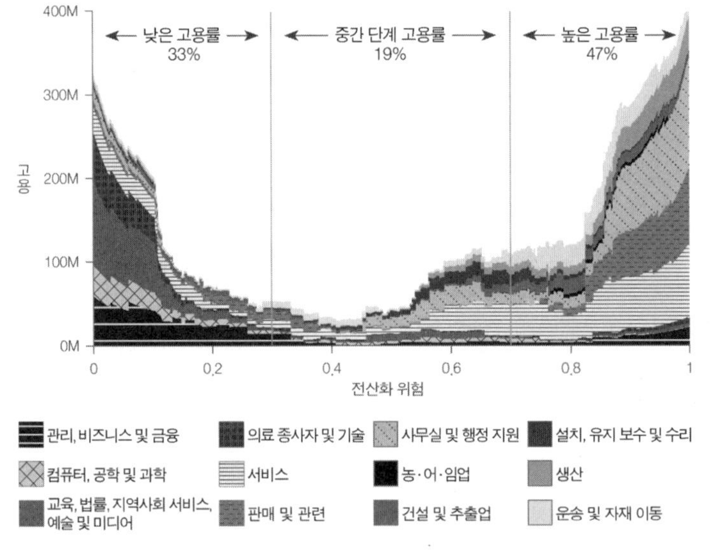

주 1: 12개 직업군에 대한 전산화 위험의 고·중·저별로 현재 근로자를 배치함.
주 2: 그래프의 아래 면적은 미국 내 총 고용량을 의미함.
자료: Frey and Osborne(2017).

다. 프레이와 오즈번(2017)의 연구 결과는 단순히 직업만을 사용해 구분한 한국직업능력개발원과 달리 경영·금융업이더라도 반복·표준화 가능성이 높은 과업이 아닌 경우 컴퓨터화로 인한 대체 가능성을 높게 보고 있지는 않다는 것을 알 수 있다.

반면 사무·행정관리 직업과 운수·로지스틱 직업은 컴퓨터로 대체 가능성이 높은 상태이다. 특히 4차산업혁명으로 반도체와 첨단센서 가격이 인하되면 이들 분야의 컴퓨터화는 더 빨라질 수도 있을 것이다. 사무·행정관리 업무는 빅데이터 알고리즘이 도입될 경우 대체 속도가 빨라질 수 있다. 생산 직종인 경우 산업용 로봇이 일상적 과업을 대행하고, 로봇의 지각 및 조작 능력이 급격히 향상된다면, 육체노동도 빠른 미래에 대체될 것으로 예상된다. 서비스, 판매·건설 직업군도 컴퓨터화 위험이 높은데, 그 이유는 다음의 근거를 따른다. 개인·가사 서비스 로봇시장의 연간 20% 성장, 사전조립(pre-fabrication)으로 상당수 건설노동이 일정한 통제조건 아래 작업 수행이 가능해질 것이라는 전제가 그것이다. 판매 직종의 경우 소통(communication, 감성적 대응) 요구가 높지만 단순반복 업무 성격이 강한 계산원, 카운터 및 렌털 직원, 텔레마케터는 자동화 위험이 높다고 예상한다. 반면 창조적·사회적 지능이 많이 요구되는 직무는 인공지능이나 전산화 대체 위험이 적은 것으로 설명한다. 예를 들어 휴먼 휴리스틱(human heuristics)적 접근을 요구하는 직종, 특수 직군, 새로운 아이디어나 모형(artifacts)의 개발을 요구하는 직종은 컴퓨터화 위험이 매우 낮다고 설명한다.

이들 연구는 O*NET DB를 활용하여 702개 직무의 컴퓨터화에 따른 직업 상실 위험을 로짓모형을 이용해 추산한 것이다. O*NET DB는 미국 노동성 산하 ETA(Employment and Training Administration)가 노동자와 고용자 측으로부터 일자리에 대한 자료를 주기적으로 수집하는 DB이다.

〈그림 7-4〉 미국의 O*NET DB

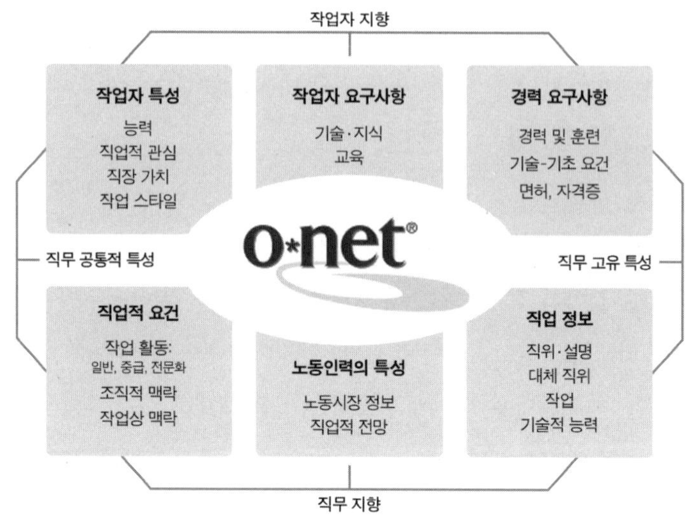

주: O*NET 시스템은 미국 경제전반의 직업 특성 및 근로자 요구사항 정보 DB로 정기적으로 업데이트되고 유지·관리됨. 필요한 지식, 기술 및 능력의 관점에서 직업을 설명하고 작업, 작업 활동 및 기타 설명자의 관점에서 작업이 수행되는 방식을 설명하는 자료임.
자료: https://www.dol.gov/agencies/eta/onet

수록된 전체 직무의 숫자는 702개인데 이 중 70개 직무에 대해서는 전문가에 대한 설문조사 결과 값을 집계하여 전산화 가능성을 0과 1 사이의 값으로 표시하는 소위, 기본 자료(훈련 데이터)를 구축한다. 완벽히 컴퓨터로 대체 가능한 직종인 경우 1의 값을 부여하고, 대체 가능성이 전혀 없는 직종이면 0의 값을 부여한다. 좀 더 자세히 부연하면, 미국 노동통계국(BLS)이 2010년 702개 직무 중 선별된 70개에 대해 "해당 과업이 빅데이터 활용 가능성에 따라 명시될 수 있는지, 현재 컴퓨터 제어 장비에 의해 수행될 수 있는지"를 전문가들에게 질문한 다음 이들이 응답한 컴퓨터화 위험도(위험률 0.3 이하는 저위험 직종, 0.3~0.7은 중위위험 직종, 0.7 이상은 고위험 직종으로 분류)를 집계한다. 예를 들어 3개 대범주(① 지각 및 조작 수준, ② 창의성, ③ 사회적 지능이라는 병목변수)별로 집계된 몇몇 직무들의 전산화 확률은 〈그림 7-5〉와 같다.

이후에는 70개 직무의 전산화 확률에 대한 전문가 설문조사 결과를 기본 자료로 삼아 나머지 632(702−70)개 직무를 실험 데이터로 하는 로짓모형을 구축한다. 이후 702개 직무에 대해서는 9개의 세부적인 병목변수(bottlenecks to computerization)별로 다시금 전산화 확률(위험)을 추정한다. 3개 병목변수의 대범주는 ① 지각 및 조작 수준, ② 창의성, ③ 사회적 지능인데, 이

〈그림 7-5〉 3개 병목변수에 대한 전산화 위험

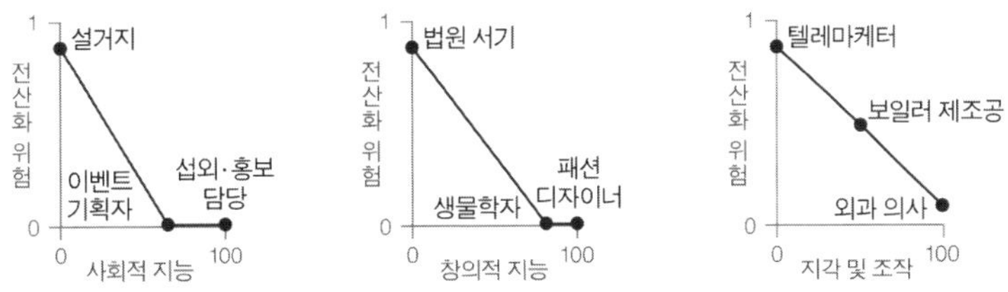

〈표 7-2〉 컴퓨터화 병목현상별 과업과 변수

병목과업 (computerisation bottleneck)	O*NET상 변수	설명(O*NET description)
지각 및 조작 (Perception & manipulation)	손가락 민첩성 (Finger dexterity)	한 손 또는 양손의 정교한 손놀림으로 매우 작은 물체를 잡거나, 조작하거나 조립할 수 있는 능력
	육체적 민첩성 (Manual dexterity)	손을 빨리 움직이거나 손과 발을 빨리 움직이거나, 두 손을 움직여 물체를 잡거나 조작하거나 조립할 수 있는 능력
	좁은 작업 공간, 불편한 작업 자세 (Cramped work space, awkward positions)	불편한 자세로 좁은 작업 공간에서 일하는 것을 요구하는 빈도
창의적 지능 (Creative intelligence)	창조성 (Originality)	주어진 주제나 상황에 대해 통상적이지 않거나 기민한 생각을 떠올리고 문제를 창의적 방식으로 해결하는 능력
	순수예술 (Fine arts)	음악, 댄스, 시각 미술, 드라마나 조각을 작곡, 생산 또는 연주하기 위해 필요한 이론과 기술의 보유

사회적 지능 (Social intelligence)	사회적 반응성 (Social perceptiveness)	타자의 반응을 인지하고 반응, 이유를 이해하는 것
	협상 (Negotiation)	타자를 함께 모으고 차이를 조정하기 위해 노력하는 것
	설득 (Persuasion)	타자를 설득하여 생각이나 행동을 바꾸게 하는 것
	지원하고 돌보기 (Assisting and caring for others)	동료, 고객 혹은 환자와 같은 타자에게 개인 서비스, 의학적 관심, 감정적 지원을 제공하는 것

들을 다시금 9개의 세부적인 병목변수로 나누어 분석한다. O*NET DB에는 이들 9개 변수에 대한 중요도(importance)와 수준(level)이 구분되어 있으나, 프레이와 오즈번(2017)의 수준에 대해서 척도점수(scale score)만을 직무별 전산화 확률 산정 시 사용했다. 702개 직무에 대해 9개 병목현상 변수별로 도출한 전산화 확률 분포는 〈그림 7-6〉과 같다.

마지막 단계에서는 9개 변수에 대한 수준별 척도점수를 사용하여 702개 과업 하나하나에 대한 최종적인 전산화 위험을 도출한다. 〈표 7-3〉은 프레이와 오즈번(2017)에서 도출된 직무별 전산화 위험도 중 금융업권과 유사한 변수 위주로 발췌하여 정리한 것이다.

〈표 7-3〉에서 Label이라는 항목에 0 또는 1로 기입된 변수와 그렇지 않은 변수가 있다. 이 중 숫자가 기입된 과업의 경우 전문가 설문조사 결과 전산화 확률이 특정된 과업을 의미한다. 총 70개 직무가 그렇다. 예를 들어 CEO 직무의 경우 70번째로 전산화 위험(1.5%)이 있는 것으로 나타났는데, 사전에 전문가 설문조사에서 전산화 위험이 0%라고 집계된 것과 동일하지는 않지만 유사하다는 것을 알 수 있다. 반면에 381번째 전산화 위험(69%)을 지닌 트럭운반 직무의 경우 사전에 100% 전산화 위험으로 설정했지만, 9개 병목변수에 대한 로지스틱 분석을 반복적으로 거친 결과 전산화 위험이 축소되

〈그림 7-6〉 9개 병목변수별로 도출한 702개 직무의 전산화 확률 분포

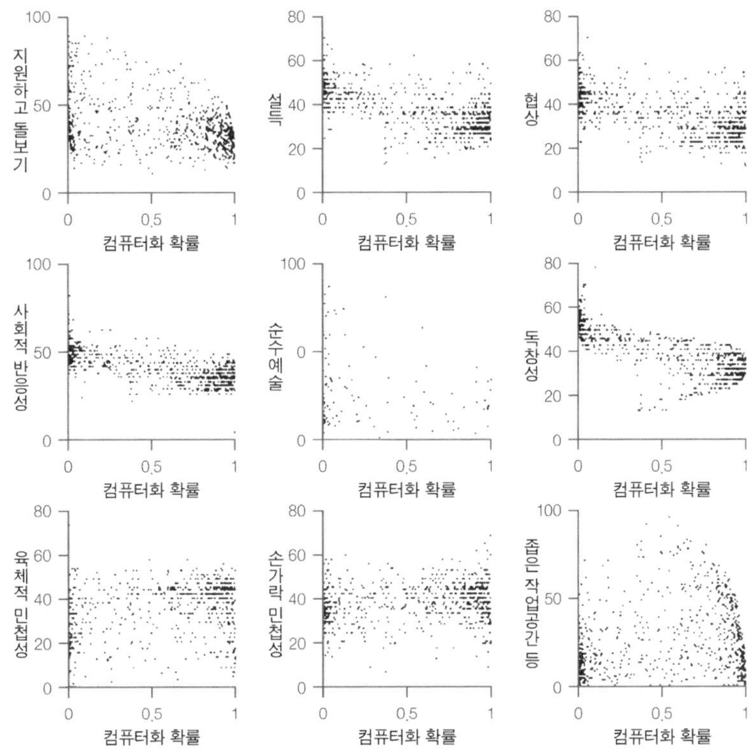

주: 컴퓨터화 확률의 함수로서의 9개 직업적 변수의 분포, 각 직무는 도표상 고유한 포인트임.

〈표 7-3〉 직무별로 전산화 위험도 오름차순 발췌

Rank	Probability	Label	SOC code	Occupation
1	0.0028	n/a	29-1125	Recreational therapists
15	0.0042	0	29-1060	Physicians and surgeons
42	0.0081	0	21-2011	Clergy
59	0.013	n/a	11-2022	Sales managers
67	0.015	n/a	11-2031	Public relations and fundraising managers
70	0.015	0	11-1011	Chief executives
126	0.04	n/a	13-2071	Credit counselors
152	0.069	n/a	11-3031	Financial managers

159	0.08	0	13-1041	Compliance officers
209	0.21	n/a	15-2011	Actuaries
217	0.23	n/a	13-2051	Financial analysts
245	0.33	n/a	13-2099	Financial specialists, all other
282	0.43	0	19-3011	Economists
293	0.48	n/a	15-1131	Computer programmers
324	0.58	n/a	13-2052	Personal financial advisors
337	0.61	n/a	13-1161	Market research analysts and marketing specialists
354	0.64	n/a	43-5081	Stock clerks and order fillers
366	0.66	n/a	43-9111	Statistical assistants
381	0.69	1	53-3033	Light truck or delivery services drivers
382	0.69	0	37-2012	Maids and housekeeping cleaners
401	0.73	n/a	11-3011	Administrative services managers
497	0.86	n/a	41-9022	Real estate sales agents
541	0.9	n/a	13-2021	Appraisers and assessors of real estate
565	0.92	n/a	41-3021	Insurance sales agents
589	0.93	1	13-2011	Accountants and auditors
629	0.96	n/a	43-9061	Office clerks, general
630	0.96	n/a	11-3111	Compensation and benefits managers
643	0.96	n/a	43-3021	Billing and posting clerks
657	0.97	1	41-2011	Cashiers
667	0.97	1	43-4041	Credit authorizers, checkers, and clerks
677	0.98	1	13-2041	Credit analysts
683	0.98	n/a	43-3071	Tellers
685	0.98	n/a	13-1032	Insurance appraisers, auto damage
686	0.98	1	13-2072	Loan officers
688	0.98	n/a	43-4011	Brokerage clerks
693	0.99	n/a	43-4141	New accounts clerks
698	0.99	1	13-2053	Insurance underwriters
702	0.99	n/a	41-9041	Telemarketers

주: ranks occupations according to their probability of computerisation(from least-to most-computerisable).

자료: Frey and Osborne(2017).

었다. 위험이 382번째인 가사도우미의 경우 사전에 전산화 위험을 0%로 설정했지만, 분석 결과 69%의 대체 위험이 있는 것으로 도출되었다. 참고로 금융기관 종사자 중 하나인 재무관리자의 대체 가능성은 152번째, 확률은 6.9%에 불과하다. 반대로 동일 금융기관 종사자라도 회계사(589번째), 신용분석사(677번째), 텔러(683번째), 대출심사인(686번째), 브로커(688번째), 보험계약인(698번째)처럼, 단순반복 업무이거나, 전산화가 용이한 직무들인 경우 전산화 위험은 93% 이상이다. 결국 동일한 금융업군 내에서도 과업별로 전산화 위험은 상당한 변이를 보임을 알 수 있다.

프레이와 오즈번(2017)의 연구에 대한 한계점으로 지적되는 것들은 다음과 같다. 설명변수를 병목현상을 표시하는 9개 변수에만 의존한 점, 70개 직무에 대한 전문가의 주관적 평가만을 기초로 702개 직무에 대한 전산화 위험을 추정했다는 점, 그리고 무엇보다 전산화 위험이 높은 직무의 비중이 47%에 달한다는 점에서 다른 연구자들로부터 공격 대상이 되고 있다. 그러나 〈표 7-3〉에서 알 수 있듯이 전문가들의 설문결과 값으로 설정한 70개 직무에 대한 초깃값(훈련 데이터의 labeling)이 상당히 설득력이 있고, 로짓분석의 결과치와도 상당 부분 일치하여, 나름대로 객관성을 확보한 것으로 보인다. 이들의 연구는 전산화 위험이 지나치게 높게 나타났다는 결함은 있지만, 전산화·인공지능화로 인한 일자리 대체 가능성에 대해, 가장 먼저 체계적인 프레임을 제시했다는 점에서는 높이 평가할 만하다.

한편 프레이와 오즈번(2017)의 경우 47%라는 높은 일자리 대체 가능성이 비판받고 있지만, 금융권 종사자 일자리 대체 확률은 한국직업능력개발원의 결과치(금융업권 전체의 대체 가능성 79%)보다 낮다는 점에 주목할 필요가 있다. 아마도 프레이와 오즈번이 한국직업능력개발원보다 직무의 종류와 그 특성 변수에 대한 자료를 보다 광범위하게 수집한 탓에 이러한 대체확률 산정의 차이가 발생했거나, 한국과 미국 간 직무별 대체 가능성에 대한 예측치가 다른 데 따른 것이 아닌가라는 의문을 제기해 본다.

3) 아른츠 등(Arntz et al., 2016)

전산화와 디지털화가 일자리에 미칠 영향을 프레이와 오즈번(2013, 2017)이 분석한 방식은 직무(occupation)별 단위 분석이었다. 반면 아른츠 등(Arntz et al., 2016)은 직무의 자동화 위험이 높더라도 이 중에는 여전히 자동화하기 어려운 과업(task)도 상당 부분 포함되어 있는데, 이러한 과업의 특성을 무시하고 직무 단위별로만 진행한 분석은 자동화(automation) 위험을 과장할 우려가 있다. 따라서 이들은 프레이와 오즈번(2017)의 직무기반 접근(occupation-based approach)과 달리 과업기반 접근(task-based approach)을 진행했다. 이처럼 과업기반 접근을 위해서 DB로는 OECD가 각국의 과업에 대해 작성한 개별 서베이 자료(Programme for the International Assessment of Adult Competencies: PIAAC)를 활용했다. PIAAC(국제성인역량조사)란 개인의 사회경제적 특성, 스킬, 일자리 관련 정보, 작업 및 역량 관련 정보를 포함하고, 동일 과업에 대해서도 국가별 발생하는 작업구조상의 차이를 반영한 DB로 이해할 수 있다. 자료 수집항목은 작업자에게 요구되는 기술(skill)을 문해력(literacy), 계산력(numeracy), 문제해결력(problem solving in technology rich environments)이라는 3개 범주, 그리고 상기 3개 범주를 내용(contents), 인지전략(cognitive strategy), 문맥(contexts)이라는 3개 항목에서 재분류한, 소위 3×3 범주 내의 측정을 설문조사를 근거로 만든 작업자 역량에 대한 DB이다. 아른츠 등(2016)은 먼저 미국을 기반으로 설명변수에 대한 모형을 추정한 뒤에, 21개 OECD 국가에 다시금 적용하여 각 작업별로 전산화 확률을 도출했다.

〈그림 7-7〉 과업기반 접근 vs. 직무기반 접근

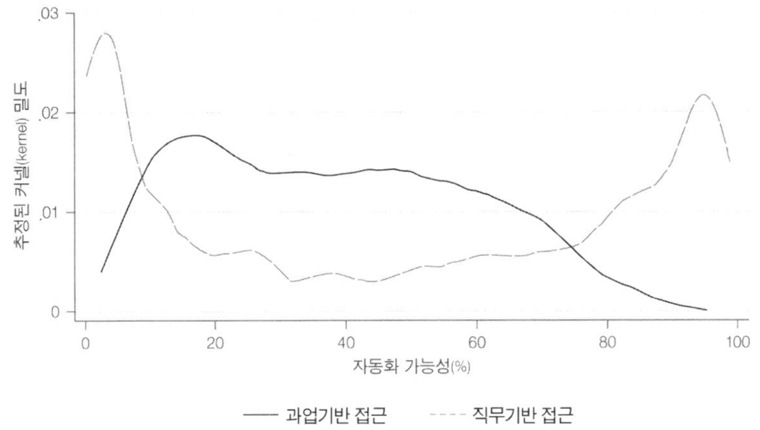

자료: Arntz et al.(2016).

동일한 과업이더라도 작업자별로 과업수행 방식이나 수준은 상이할 수 있다는 점을 감안한 분석이다.[1]

이처럼 개인들에 대한 서베이 자료를 활용한 작업기반 접근을 사용한 결과 프레이와 오즈번(2017)이 도출한 전산화 위험의 그림(〈그림 7-3〉)에서 나타난, 일자리 상실 위험에 대한 양봉형의 분포가 사라지고, 중앙값에서 밀도가 가장 높게 나타나는 단봉형 분포가 도출되면서, 양 극단치에서의 전산화(자동화) 가능성은 크게 축소되었다. 프레이와 오즈번(2013)에서 대다수 직무가 자동화 가능성이 매우 높거나, 혹은 매우 낮았던 것과 사뭇 대조적이다. 아른츠 등(2016)이 자신들의 산출 결과에 프레이와 오즈번(2017)의 직무별 전산화 위험(가능성)을 배열한 결과는 〈그림 7-7〉과 같다. 그림에서 보면, 아른츠 등(2016)이 도출한 전산화 위험 분포는 중간층의 빈도가 두툼한 오목형(concave)으로, 프레이와 오즈번(2017)의 양봉형과는 상이함을 알 수 있다.

아른츠 등(2016)의 분석 결과에 따르면, OECD 21개국에서 평균적으로 일자리 자동화 위험은 9%인 것으로 나타났다. 따라서 전산화로 인한 일자리 상실 위험은 프레이와 오즈번(2013, 2017)에 비해 대폭 낮아졌다. 한편 아른츠 등(2016)은 OECD 국가별로 발생하는 이질성을 추가로 발견했다. 예를 들어 한국의 경우 일자리를 위협받는 비중은 6%에 불과한 반면, 오스트리아는 12%에 달하는 것으로 나타났다. 이러한 일자리 대체 가능성에 대한 국가 간 차이는 직장 조직상의 차이, 자동화 기술에 대해 누적된 투자량의 차이, 근로자 교육 수준의 차이로 발생할 수 있다고 한다. 참고로 아른츠 등(2016)이 의미하는 자동화로 인한 일자리 위험군은 자동화 위험이 70%보다 높은 과업을 의미한다.

아른츠 등(2016)에서 일자리 전산화 위험이 프레이와 오즈번(2013, 2017)과 비교해 급격히 축소된 배경은 개인 수준에서의 작업 정보를 활용하면, 과업

〈그림 7-8〉 OECD 국가별 고자동화 위험(70% 이상) 분포

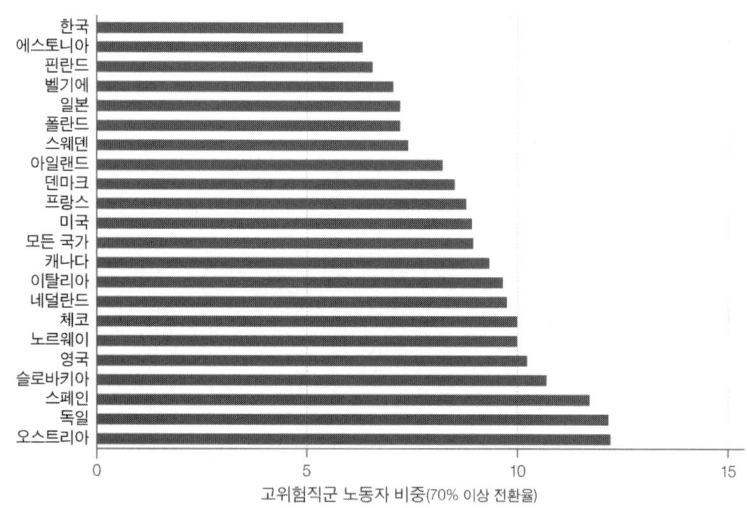

자료: Arntz et al.(2016), 개별 서베이 자료PIAAC)에 기반해 산출한 값임.

상 높은 자동화 위험에 처한 일자리여도 당해 종사자가 자동화하기 어려운 직무를 수행하는 경우가 빈번하기 때문이라고 한다. 〈그림 7-8〉은 OECD 국가별로 고자동화 위험(70% 이상) 직업군의 분포를 산출한 것인데, 한국이 이 중에서는 가장 낮다는 것을 알 수 있다

3. 미래 고용에 대한 견해

1) 일자리 대체의 한계

보건·의약 분야의 경우 머신러닝과 같은 인공지능 기법의 활용 가능성이 높다고 알려져 있다. 그 이유 중 하나는 통제군에서 확보된 자료의 신빙성이 높기 때문이다. 반면에 금융산업, 특히 금융시장의 주요한 변수인 금리, 환율, 주가의 결정에는 여러 가지 요소가 복합적으로 영향을 미친다. 상기 변수들의 경우 특정 값이 다른 국가, 다른 시기에 재현되더라도 국가별로 서로 다른 시장환경(산업의 경쟁구조, 금융감독 등 인프라, 규제 체계)과 서로 다른 전달 맥락(시기별로 상이한 재정/금융정책 환경, 인구구조)이 발생하기 때문이다. 그리고 투자자들의 쏠림(금융자산 이외 부동산, 가상화폐 및 원자재 시장 동향)이 사전에 예측하기 어려운 다양한 방식으로 발생하기 때문에 특정 수준의 시장변수 조합이 다른 환경에서도 같은 효과를 초래한다고 예단하기가 쉽지 않다. 또한 다양한 경제주체들의 경제활동이 집합적으로 반영되어 하나의 금융시장 균형이 나타나고, 과거의 트렌드를 고정적으로 따르기보다는 미래에 대한 피드백이 작용하기 때문에 나타나는 복잡성과 모호성을, 의약 분야의 엑스레이 판독 DB 축척을 기반으로 한 인공지능 기술로 미래를 예측하기

가 쉽지 않다.

제1장에서 언급한 미국의 서브프라임 모기지로 인해 초래된 2008년 글로벌 금융위기처럼, 수많은 차입자와 여러 금융기관의 자산운용 행태, 관련 투자자·사업자 등의 행태가 맞물려 작동하면서 만들어지는 자금 흐름을 예측하는 것은 엑스레이 판독을 정확하게 하는 능력만으로는 어려운 일일 것이다.[2] 단순한 엑스레이 판독을 넘어, 그 안에 담긴 패턴 인식이 가능하도록 딥러닝과 뉴럴 네트워크 모형을 이용하여 대규모 경제·금융 모형을 만들고, 국제적으로 데이터를 교환·공유하는 방식이 대안이 될 것으로 판단된다.

그런데 이러한 환경과 인프라가 현실적으로 구축될 수 있는지, 또 구축될 수 있더라도 그러한 시기가 향후 20~30년 내에 도래할 수 있는지는 또 다른 문제가 될 것이다. 반면에 금융의 디지털화, IT 기술의 도입에 따른 금융 사무의 전산화, 사무자동화·컴퓨터화는 더욱 가속화될 것이다. 나아가 신용평가 모형, 리스크 관리 등의 업무에서 계산 작업의 복잡성, 충분한 자료의 미입수로 인해 담당자의 여신 심사경력에 의존했던 부분도 거래 내역 데이터의 축적, 딥러닝 기술에 의해 컴퓨터로 업무 대체가 일정부분 이상 진전될 가능성이 높다. 따라서 이런 부분에서 여신 심사역과 리스크 관리자의 업무는 머신러닝이나 딥러닝에 사용된 모형·모수의 선택, 투입된 자료의 진실성과 그 한계에 대한 판단, 머신러닝의 결과에 대한 해석과 적용 여부를 결정하는 형태로 변모될 가능성이 높다고 생각된다.

또한 수리적 모형의 최적화 과정에서 편향된 데이터를 사용할 경우, 이를 바탕으로 한 선택은 편향된 오류를 가질 수밖에 없다는 문제점도 머신러닝이나 딥러닝 같은 인공지능 기술 도입의 한계점이다. 유사한 맥락에서 데이터 특정성, 즉 훈련에 사용된 데이터가 충분한 영역에서는 인공지능의 성과가 높게 나타나지만, 그렇지 못한 영역에서는 인공지능 분석의 정확도가 매

〈그림 7-9〉 기계학습 방법론의 예측 정확도와 설명 가능성 간 상충관계

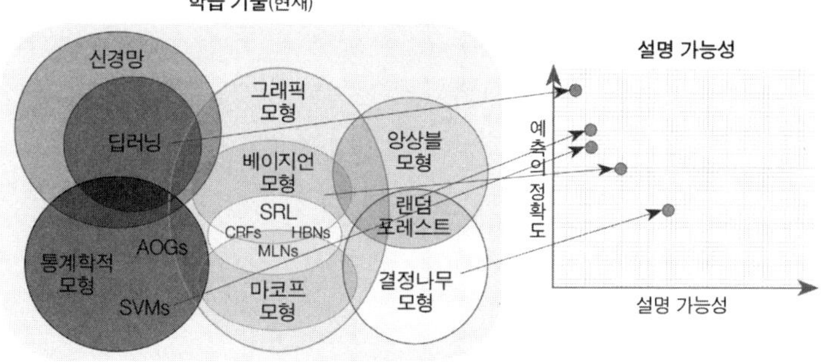

자료: 황종성(2017).

우 낮아지는 문제가 발생한다는 점도 잊어서는 안 될 것이다. 따라서 보다 광범위한 데이터의 체계적 수집, 분석 기법의 정교화, 발생 가능한 여러 가지 시나리오에 대한 조합을 매칭시키는 방식으로 인공지능의 분석 기법을 보다 정교화하는 새로운 직무 인력에 대한 필요는 오히려 강화될 수 있다.

인공지능이 분석한 결과를 활용해 금융상품을 추천하고, 자산운용을 결정하고 금융기관의 리스크 및 건전성을 관리하게 될 때 실무자에게는 분석에 대한 책임 소재를 규명하는 것이 매우 중요해진다. 다른 말로는 분석된 결과에 대한 '설명 가능성'이다. 이때 '설명 가능성'이란 '사람이 비슷한 의사결정을 할 때 요구되는 설명과 같이, 인공지능 시스템이 무엇을 어떤 이유로 하고 있는지에 대한 명확하고 완전한 설명이 이해하기 쉬운 형태로 제공되어야 함'을 의미한다. 그런데 인공지능 기술의 성능과 설명 가능성 간에는 〈그림 7-9〉와 같은 상충관계(trade-off)가 존재한다. 이러한 상충관계에서 설명가능성이 강제된다면 인공지능 분석이 최적의 예측력을 발휘하기 어렵다.

이 때문에 향후 금융시장에서 인공지능을 활용한 데이터 분석과 그 결과는, 보편적으로 활용되기보다는 보완적인 역할에 그칠 가능성이 높다. 그럼

에도 불구하고 최종적인 결정에서 인공지능의 활용 사례는 확대되는 것이 바람직하다. 이는 광대한 데이터에 대한 심도 깊은 분석에서 유도되는 결과를 활용하는 것이 효율성과 안정성 확보를 제공하기 때문이다.

따라서 한국직업능력개발원의 보고서(오호영, 2017)에서처럼 금융권 일자리의 79%가 자동화된다고 보기에는 한계가 있다. 물론 프레이와 오즈번(2017)에서처럼 49%가 모두 대체된다고 보기에도 무리는 있다. 그러나 아른츠 등(2016)에서처럼 일자리 대체 위험을 9%로 보는 것 또한 너무 낙관적이다. 그 이유는 언급한 편향된 데이터의 사용에 기인하다. 아른츠 등(2016)은 작업자들이 작성한 서베이 결과를 근거로 분석한 것인데, 여기에서는 같은 과업이라도 작업자들의 학력 수준이 높을수록 전산화 위험이 낮다고 대답하고 있기 때문이다. 즉, 설문조사의 일반적인 한계점이기도 한데 조사에 응한 작업자들의 전산화 위험 가능성에 대한 주관적인 대답을 기반으로 한 분석의 한계 때문이다. 한국의 경우 근로자들의 학력 수준이 전반적으로 높은 탓에 미국, 독일, 영국, 일본 등 다른 모든 OECD 국가들에 비해 자동화 위험이 가장 낮은 것으로 추정된 것이, 이러한 맹점을 반증한다.

상기 연구들이 공통적으로 지적한 것은 컴퓨팅 파워의 증가로 표준화가 가능하고, 단순반복 업무의 상당 부분은 자동화로 대체된다는 점이다. 예를 들어 은행의 텔러 업무와 자료와 규정을 뒤지던 사서 작업은 전산으로 완전히 대체될 것이고, 중간 관리자 업무도 많이 없어질 것이다. 반면에 앞서 언급한 여신 심사역과 리스크 관리자의 업무 중 머신러닝과 딥러닝으로 대체가 어려운 사각지대뿐만 아니라, 고객과 접점 업무 중 대체 불가능하거나 현장에서 심도 깊은 대면 작업이 필요한 업무, 또는 경영자의 판단이 필요한 업무는 향후에도 인간 노동자의 영역으로 유지될 가능성이 있다. 특히 고객과의 접점 중 상품을 추천하는 기능은 인공지능을 보완재로 사용하는 인간

노동자의 새로운 영역으로 진화할 가능성이 있다. 실제 머신러닝을 위한 라벨링 작업을 O2O와 같은 플랫폼을 사용해 아르바이트생을 고용하더라도, 고객의 자산 규모와 운영 형태가 여러 종류일 수 있다. 또한 투자자의 위험 선호도가 표면화되기는 쉽지 않다. 이처럼 숨겨진 고객의 선호를 고려해 상품을 추천하는 것이 여전히 고객 접점을 담당할 PB의 업무로 남겨질 가능성이 높다고 생각된다. 특히 금융상품은 상품 추천 시 번들링 상품 제조에 대한 한계비용은 매우 낮은 반면, 이로 인해 고객의 선호를 사로잡을 수 있는 가능성은 무궁무진하기 때문에, 고객을 모집함으로써 자금을 조달하는 PB 업무의 중요성은 더욱 커질 가능성이 있다. 이 외에 자료 비구조화가 불가피하거나, 인공지능의 컴퓨팅 파워 부족(구글 정도는 되어야만 가능한 분야 등)이 문제가 된다면, 그만큼에서는 인간 노동자의 대체 가능성에 좀 더 시일이 소요될 공산도 있다고 본다.

2) 신규 일자리 창출의 역설

19세기 초반 산업혁명으로 인해 '근로자의 일자리가 줄어들 것'이라는 예측이 일반적이었지만 실상은 그렇지 않았다. 오히려 산업혁명으로 인류의 생산력은 늘어났을 뿐만 아니라 사람들의 생산·소유 욕구 또한 더 빠르게 확대되었다. 이러한 결과를 놓고 혹자는 자본주의를 '폭주하는 기관차'라고 묘사하기까지 한다. 금융권에 인공지능이 도입된다면 단순 반복적이거나 정형화된 일자리인 경우, 회계사 같은 전문 직업군이라도 머신러닝이나 딥러닝 기법으로 대체될 가능성이 높다. 마치 산업혁명을 거치면서 마차의 사용이 줄어든 것처럼 말이다. 하지만 새로운 서비스가 탄생할 가능성 또한 높다. 앞서 언급한 소비자 접점에서 새로운 상품에 대한 욕구를 만족시키는 PB 영역 같은 것이 그러한 예 중 하나이다. 그리고 꼭 PB 업무가 아니더라도 현재의 금융서비스 가운데 소비자의 만족도를 충족시키지 못했던 분야에서 딥러닝이나 머신러닝과 같은 인공지능 기술의 보조를 받아 보다 세련된 방식으로 금융 소비자들의 욕구를 만족시키는 서비스가 탄생할 가능성이 충분해 보인다. 『직업의 재창조(Reinventing Jobs)』라는 책에서 제임스 베센(James Bessen)은 그의 저서 『경험학습(Learning by Doing)』을 언급하며 미국에서 ATM기 보급이 더 많은 창구 직원의 일자리를 창출한, 소위 역설(paradox)을 아래와 같이 설명한다.

> ATM 보급 이전에 은행 지점은 평균 20명의 직원을 고용했다. ATM 보급으로 은행 지점당 근무 인원은 약 13명으로 축소되었다. 하지만 ATM의 편리성 덕분에 은행 거래건수가 급증했고 은행은 더 나은 고객 서비스를 약속함으로써 서로 경쟁하기 시작했다. 이 결과 은행은 더 많은 직원, 더 많은 지점을 통해, 과거의 창구 직원이 처리하던 것보다 더 복잡한 작업을 처리하고 있다.[3]

이러한 ATM의 역설은 '인공지능이 인간 노동자의 일자리를 대체한다'라는 단순한 아이디어가 오해의 소지가 클 수 있다는 것을 보여 주는 한 사례이다. 단순한 수요 대체를 예측하는 방식으로는 작업과 자동화가 실제 어떻게 진화하는지를 예측하는 데 한계가 있다. 관건은 인간과 인공지능이 결합하면서 새롭게 진화하는 미래를 예견할 수 있느냐이다. 다음에서는 『직업의 재창조』라는 책에 인공지능과 기존 업무 간의 재결합으로 새로이 창출될 수 있는 일자리의 사례들은 소개한다. 먼저 콜센터 직원 업무가 인공지능과 결합되어 진화 가능한 사례이다.

콜센터 직원은 고객이 전화에 응답한 뒤에야 화가 났는지를 알게 된다. 문자나 채팅을 통해서만 고객과 상호 작용할 경우에는 이 고객이 얼마나 화가 났는지를 알 수 없다. 그 이유는 화가 난 고객들의 초기 반응이 매우 일반적이거나 그렇게까지 감정적이지 않기 때문이다. 이 때문에 화가 나거나, 실망한 고객을 상대하는 데 콜센터 직원이 최선은 아니다.[4]

이러한 콜센터 직원 업무를 인공지능과 접목해서 진화시킨 영국의 식료품 배달사의 대응은 다음과 같다.

영국의 식료품 배달사인 오카도 그룹(Ocado Group)은 구글의 인공지능 도구를 사용하여 고객의 언어를 분석하고 음성을 텍스트로 변환한다고 한다. 구글의 연구 결과에 따르면 이 인공지능 도구는 구글의 연구 결과에 따르면 분노, 좌절, 짜증과 관련된 이메일 및 전화 통화상의 언어 패턴을 찾아내서 분노한 고객을 효과적으로 잘 식별해 낸다고 한다. 그리고 고객관리 담당자는 고객과 전화로 응대하기 이전에 이미 인공지능 도구로부터 상대할 고객이 화가 났다는 알림을 미리 받고, 마음에 준비가 된 상태에서 고객에게 반응할 수 있어, 고객의 화를 누그러트리고, 심지어 회사를 비방하던 고객마저도 자사의 지지자로 전환시키기까지 한다고 한다.[5]

오카도 그룹의 이런 전략은 머신러닝, 딥러닝 등과 같은 인공지능 기법이 금융업에 적용될 경우 고객 접점을 담당하는 직원들의 미래 업무패턴을 예견해 볼 수 있는 좋은 사례가 될 것이다. 아래는 보험업 중 손해사정인(appraiser)의 직업이 재창조될 수 있는 또 다른 미래의 사례이다.

휴대폰 카메라와 드론이 보험사정인의 일상적인 현장평가 작업을 대체하게 된다.

인지 자동화(cognitive automation)는 일상적인 손상 추정(routine task of field appraiser) 작업을 대체할 것이다. 반면에 손해사정인의 주된 작업은 향후 ① 자동화된 분석을 검토하는 것으로 변모될 것이다. 또한 ② 관련 이해당사자(보험 계약자, 자동차 정비소, 기타 관련 운전자 등)에 대한 담당자로서의 판단이나 조정(human touch)에 더 집중하는 형태로 바뀔 것이다. 미래에 손해사정인의 업무는 일상적인 개별업무 실행에서 자동화된 분석 결과의 검토, 여러 이해당사자 간 상호작용에 대한 감독(overseeing) 및 전문 집사(concierge) 서비스 제공으로 변모할 것이다.[6]

손해사정인의 작업도 향후에는 인간 노동자와 인공지능 간 최적의 업무 조합이 발생하면서 사고 분석과 보험금 청구 절차는 이미 축적된 수천 개의 유사한 사례를 기반으로 보다 정확해질 것이다. 그 결과 자동차 수리점에 제시된 견적은 보다 완전하고 정확하며, 간과된 손상 부위를 발견하거나, 견적서에서 중요한 부품이나 인건비가 생략될 가능성은 더 축소될 것으로 예상한다. 그런데 이런 매력적인 결과는 단순히 알고리즘으로 분석을 대체하는 것으로는 달성되지 않을 것이며, 여러 작업과 프로세스를 재창조하는 과정을 통해 이루어질 것이다.

그리고 이러한 손해사정인의 담당 업무 프로세스가 보다 효율적이고 정확하게 개선되는 것은 물론, 한걸음 더 나아가 보험료 책정의 본질을 변경함으로써 보험사에는 더 큰 이윤을 창출할 것이다. 그 논거는 다음과 같다. 전통적인 보험료는 보험 계약자의 재무·신용 점수를 사고·지불 위험에 대한 대용(proxy)으로 사용하여 책정되었던 반면, 향후 머신러닝이나 빅데이터 분석과 같은 인공지능 인프라 구비로 개선되는 신규 절차(process)에서는 축적된 정보를 보험 가격에 반영할 수 있다. 보험사는 보험 가입자가 선호하는 운전 경로에서 역사적으로 발생한 사고의 빈도 등을 고려하여 보험료를 책정할 수 있게 될 것이다. 또한 보험 계약자가 소유한 특정 차량과 보험 계약자의 운전 스타일에 대한 데이터를 기반으로 부품 비용 및 인건비를 정확하게 산출하고 설명까지 할 수 있게 될 것이다. 이상의 예제들은 인공지능 환경이 기존의 표준화되고 반복적인 업무를 대체할 수 있을뿐더러, 새로운 보완재로서 금융인력의 등장에 기여할 수 있음을 시사한다.

3) 소결

금융산업에서 인간 노동자의 역할이 대체, 축소될 것인지, 아니면 새로운 일자리가 창출될 것인지는 지금 단계에서 예견하기 어렵다. 단순반복 업무, 정형화 가능 업무, 통계분석 관련 업무는 인공지능이 대체할 것이라고 예상된다. 구체적으로는 단순 고객응대, 영업 지원, 프로세스 효율화 및 자동화, 금융시장 분석·예측 등 표준화되어 있고 반복적인 업무를 중심으로 인공지능으로 대체가 이루어질 것이다. 반면 신용평가와 리스크 관리 업무처럼 인공지능 기법이 집중적으로 활용되지만, 적용할 모형이나 투입할 파라미터값을 결정하고 훈련 데이터를 선정하고 모형 결과에 대한 주관적 해석과 같은 작업을 위해서는 별도의 인력이 요구될 가능성이 높다. 즉, PB 업무나 손해사정인처럼, 인공지능과 융합한 새로운 형태의 업태, 또는 고객 서비스가 출현할 가능성을 배제할 수 없다. 다시 말해 금융산업에서 필요한 미래의 인재상은 변할 수밖에 없을 것이다. 그리고 인공지능과 머신러닝 등을 이용한 빅데이터 분석 관련 전문인력에 대한 수요는 더욱더 증가할 것이다. 다른 한편으로는 인공지능과 빅데이터 분석 등을 통해 도출되는 정보를 활용할 수 있는 인력, 즉 인공지능이 도출한 결과물에 대해 보완자적 역할을 담당할 유연한 사고와 합리적 판단력을 구비한 인재에 대한 필요성도 함께 늘어날 것이다. 또한 금융시장 불안 발생 가능성에 대한 사전 모니터링 인력이 새로이 요구될 수 있다. 즉, 컴테크/섭테크와 같은 규제 준수 및 감시 인력의 필요성이다. 마지막으로 인공지능 도입으로 새로운 금융 상품과 서비스가 출현할 경우 정보 프라이버시, 사이버 보안 등과 같은 위험관리 인력에 대한 수요도 발생할 것이다. 조심스럽게 전망을 해 본다면 금융산업에 신규로 취직하려는 젊은 세대들에게는 코딩 또는 빅데이터 분석 능력 구비에 대한 수요가 늘어날 것으로 예상된다. 그리고 이미 금융산업에서 상당한 경력을 쌓은 40대 전후 인력들에게는 직무의 전문성을 바탕으로 인공지능과 빅데이터 분석 결과를 현장에서 해석하고 적용하며, 고객에게 설명해 줄 수 있는 기술(skill)에 대한 재교육 수요가 늘어날 것으로 예상된다.

주

제1장

1. Henri Arslanian and Fabrice Fischer, *The Future of Finance* (Palgrave Macmillan, 2019), pp.169~170, p.183 참조.
2. Friedrich A. von Hayek, *The Sensory Order, An Inquiry into the Foundations of Theoretical Psychology* (The University of Chicago Press, 1952), p.189 참조.
3. Arslanian and Fischer, *The Future of Finance* 참조.
4. Hayek, *The Sensory Order, An Inquiry into the Foundations of Theoretical Psychology*.
5. Frank Rosenblatt, "The Perceptron: A Probabilistic Model for Information Storage and Organization in the Brain," *Psychological Review*, Vol.65, No.6(1958) p.388 참조.
6. Hayek, *The Sensory Order, An Inquiry into the Foundations of Theoretical Psychology*, pp.188~190 참조.
7. Alfred Gierer, "Brain, mind and limitations of a scientific theory of human consciousness," *BioEssays*, vol.30. issue 5(2008), pp.499~505 참조.
8. 엄밀하게 말하자면 다른 동물들도 생각하는 능력이 있다. 다만 인간에 비해 '생각하는 능력'의 크기가 현저하게 작을 뿐이다.
9. Stuart J. Russell and Peter Norvig, *Artificial Intelligence: A Modern Approach*, 3rd edition (Pearson Education, 2010), p.22 참조.
10. *Ibid.*, pp.1020~1033 참조.
11. Will Knight, "Put Humans at the Center of AI," *MIT Technology Review*, October 9(2017) 참조.
12. Rosenblatt, "The Perceptron: A Probabilistic Model for Information Storage and Orga-

nization in the Brain," p.386 참조.

13. Hayek, *The Sensory Order, An Inquiry into the Foundations of Theoretical Psychology*, pp.188~190 참조.

제2장

1. George A. Miller, "The Magical Number Seven, Plus or Minus Two, Some Limits on Our Capacity for Processing Information," *Psychological Review*, Vol.101, No.2(1956), pp.343~352 참조.
2. David Bates, "Cartesian Robotics," *Representations*, Vol.124, No.1(2013), pp.43~68 참조.
3. Anil K. Seth, "Interoceptive inference, emotion, and the embodied self," *Cell*, Vol.17, No.11(2013), pp.565~573 참조.
4. Ben Goertzel, "Artificial General Intelligence: Concept, State of the Art, and Future Prospects," *Journal of Artificial General Intelligence*, 5(1)(2014), p.40 참조.
5. 인간 이성을 중시한 데카르트도 기계적으로 작동하는 인지 체계(cognitive system)를 초월하는 영혼(soul)의 역할을 상정했으며, 영혼을 환경에 대한 새로운 반응의 형태로 설명했던 것으로 알려져 있다. Bates, "Cartesian Robotics," p.53 참조.
6. Luc Steels, "The symbol grounding problem has been solved, so what's next?," Manuel de Vega, Arthur Glenberg, and Arthur Graesser, *Symbols and Embodiment Debates on meaning and cognition* (Oxford University Press, 2008) 참조.
7. J. McCarthy, M. L. Minsky, N. Rochester, and C. E. Shannon, "A Proposal for the Dartmouth Summer Research Project on Artificial Intelligence," August 31(1955).
8. Rockefeller Foundation, "Grant-in-aid to Dartmouth College," Dec. 22(1955) 참조.
9. Rockefeller Foundation, "Report regarding John McCarthy and Claude Shannon," June 17(1955) 참조.
10. Stanislas Dehaene, *Consciousness and the Brain: Deciphering How the Brain Codes Our Thoughts*(VIKING, 2014) 참조.
11. Frank Rosenblatt, "The Perceptron: A Perceiving and Recogized Automaton," Cornell Aeronautical Laboratory Inc. Report No.85-460-1(1957) 참조.
12. Frank Rosenblatt, "The Perceptron: A Probabilistic Model for Information Storage and Organization in the brain," *Pychological Review*, Vol.65, No.6(1958), pp.386~408 참조.
13. David Eagleman, *The Brain: The Story of You* (Pantheon Books, 2015), ch.3 참조.

14. 물론 인간의 의식적 활동이 중요하지 않다는 이야기는 아니다. Roy E. Baumeister, Ellen Bratslavsky, Mark Muraven, and Dianne M. Tice, "Ego Depletion: Is the Active Self a Limited Resource?," *Journal of Personality and Social Psychology*, Vol.74, No.5(1998), pp.1252~1265 참조.

제3장

1. Stanislas Dehaene, *Consciousness and the brain: deciphering how the brain codes our thoughts* (VIKING, 2014), pp.224~225 참조.
2. 전문가 시스템(Expert System)은 개별 전문가의 지식과 기술, 판단을 컴퓨터 시스템이 행하게 함으로써 비전문가도 전문가와 유사한 수준의 업무를 수행할 수 있는 시스템이다.

제4장

1. 전 세계적으로 인공지능 스타트업에 대한 투자가 크게 증가한 것으로 나타났으며, 세계경제포럼(World Economic Forum)의 보고에 따르면 인공지능 스타트업 투자금액은 2011년 2억 8000만 달러에서 2015년 24억 달러로 급속하게 증가했고, 구글·바이두·인텔·애플 등 세계적인 기업의 인공지능 기업 인수·합병 역시 빠르게 전개되고 있다.
2. 앤트 그룹(Ant Group)의 140억 달러 펀딩 라운드 등으로 이전 핀테크 펀딩의 최대 분기였던 2018년 Q2의 기록을 넘어섰다. 614건의 거래에서 VC 지원 핀테크 기업은 228억 달러 자금을 끌어모았는데, 이는 각각 전년대비(YoY) 15% 및 98% 성장한 결과이다(CB Insights, "State Of Fintech Q1'21 Report: Investment & Sector Trends To Watch," 2021).
3. 한국핀테크산업협회, 「달아오른 핀테크 투자 열기 … 2021년 1분기 역대 최고 기록」, ≪Bi-Weekly FinTech Update≫, 2021년 5월 2주차, 2~4쪽.
4. 전자와 같은 정성적 정보를 연성 정보(soft information), 후자와 같은 정량적 정보를 경성 정보(hard information)라고 분류하기도 한다[Mitchell A. Petersen, "Information: Hard and Soft," Kellogg School of Management, Northwestern University, Working Paper (2004)]. 피터슨은 또한 정보기술의 발달이 정보의 경성화(hardening)로 이어졌으며 관계금융의 쇠퇴를 이와 관련지어 설명한다.
5. 이를 RegTech(Regulation+Technology)라는 별도의 용어로 지칭하기도 한다. RegTech에서 Regulation은 감독 당국이 요구하는 규제를 의미하는 것으로 금융회사 자체의 내부적인 컴플라이언스와는 차이가 있다(신경희, 「금융규제의 새로운 패러다임 레그테크(RegTech)」, ≪자본시장포커스≫, 2020-20).

6. 이는 흔히 알파(alpha) 수익률이라고 불리는 시장 수익률 이상의 초과 수익률을 추구한다는 의미로 해석하는 편이 보다 적절할 것이다.
7. 예를 들어, 독일 클라크(Clark) 사는 최초의 디지털 보험 중개 회사로 BDAI를 활용해 상품을 제안한다.
8. 김범근, "[은행 디지털 빅뱅] 10년간 은행원 7500명 짐쌌다", 이투데이, 2021.6.24.
9. 김남훈, 「Bot Economy와 챗봇의 부상」, 하나금융경영연구소 ≪하나CEO경영이슈≫, 2019-02; 김서영, 「인공지능 기반 주요 서비스의 금융권 활용 사례와 시사점」, 금융결제원 금융결제연구소 ≪지급결제와 정보기술≫, 제65호(2017.6).
10. 서진이, 「지능형 가상비서 서비스 동향과 전망: 개인 가상비서 시대가 도래한다」, KISTI 정보분석보고서, 2017-47.
11. 하나금융의 하이(HAI), 신한은행의 오로라(orora) 등을 예로 들 수 있다.
12. 이지현, 「글로벌 은행권의 AI활용 사례 점검」, 국제금융센터(2021).
13. 안명옥, 「금융산업 인공지능(AI) 기술 도입과 직무 변화」, KISDI ≪우정정보≫, 2020-02.
14. 여밀림, 「일본 금융기관의 인공지능 활용 사례」, 자본시장연구원 ≪자본시장포커스≫, 2018-17.
15. 산탄데르 UK(Santander UK)는 영국에 본사를 둔 대형 소매·상업 은행이며 주요 글로벌 은행인 스페인 방코 산탄데르(Banco Santander)의 전액 출자 자회사이다.
16. 정한민·황미녕, 「인공지능 기반 로보어드바이저 운용 및 기술 동향」, 정보통신기획평가원 ≪주간기술동향≫, 1948호(2020.5.27).
17. 서영미, 「글로벌 자산운용산업의 인공지능 기반 혁신 동향 및 사례」, 금융투자협회(2020).
18. 한국은행은 뉴스심리지수(New Sentiment Index: NSI, 뉴스 기사에 나타난 경제 심리를 지수화한 것)를 2021년 4월부터 시험 공개했다. 다만 뉴스 자체가 편향성을 가질 경우 뉴스심리지수가 다시 뉴스가 되는 자기 복제가 일어나면서 경제 현실을 왜곡할 수 있다는 지적도 있다(한광덕, "뉴스로 경제 예측? 전문가들 유용성에 갸우뚱", 한겨레, 2020.9.29).
19. 금융보안원, 「국내·외 금융권 머신러닝 도입현황」, 금융보안원 보안기술연구팀 보고서(2017.7.13).
20. 삼정KPMG 경제연구원, 「은행산업에 펼쳐지는 디지털 혁명과 금융 패권의 미래」, ≪Samjong INSIGHT≫, 73호(2021).
21. 조재범, 「보험을 변화시키는 인공지능 기술」, 하나금융경영연구소 ≪하나CEO경영이슈≫, 2020-05.
22. 금융보안원, 「국내·외 금융권 머신러닝 도입현황」.

23. 안명옥, 「금융산업 인공지능(AI) 기술 도입과 직무 변화」.
24. 같은 글.
25. 김경훈·김정언·정원준, 「공공민간 분야의 인공지능 융합·활용 활성화를 위한 정책방안 연구」, KISDI ≪정책연구≫, 2019-20.
26. 김보성, 「BDAI 활용에 따른 금융시스템 변화 및 감독상 대응방안」, 금융감독원(2019).
27. 이준배·안명옥·김민진·김지혜, 「금융산업에서 AI 활용과 인간의 역할에 관한 고찰」, ≪KISDI AI Outlook≫, 봄호(2020).
28. FSB(Financial Stability Board), "Artificial intelligence and machine learning in financial services," November 1(2017).
29. 레그테크(RegTech)를 적용 대상에 따라 컴테크(CompTech)와 섭테크(SupTech)로 구분하기도 한다. 컴테크는 준법감시(Compliance)와 기술(Technology)의 합성어로 금융회사 프로세스에 솔루션을 더해 업무 효율을 높이는 규제 대응 시스템이다. 섭테크는 금융감독(Supervision)과 기술(Technology)의 합성어로 규제기관을 대상으로 하며, 최신 기술을 활용해 감독기관의 데이터 접근성, 추출 정보 응용력 향상에 도움을 주어 효율적이면서도 효과적인 금융감독 업무를 구현하고자 하는 시스템이다[곽동철, 「규제관련 기술 레그테크(RegTech)의 국내 활용 전망」, 코스콤 뉴스룸, 2019.8.22].

제5장

1. 데이터(data), 정보(information), 지식(knowledge) 등은 이 장에서 유사한 의미로 사용되고 있다. 기초적인 자료에 해당하는 데이터가 적절한 분석을 통해 정보로 변하고 다시 이러한 정보는 고난도 기술(인공지능) 등을 통해 지식화되는 과정을 거쳐 사회 각 분야에 변화를 가져온다.
2. 오픈뱅킹은 은행의 핵심 금융기능을 표준화해 은행 외 제3자에게 개방하는 은행권 공동 인프라로서 은행 외 제3자가 은행과의 별도 제휴 없이 은행 API(Application Programming Interface)를 활용할 수 있도록 허용해 주는 것을 말한다.
3. 「개인정보보호법」, 「정보통신망 이용촉진 및 정보보호 등에 관한 법률」, 「신용정보의 이용 및 보호에 관한 법률」.
4. 마이데이터업은 본인 정보의 일괄 수집·조회 서비스를 기초로 본인 정보를 체계적으로 관리·지원할 뿐만 아니란 소비 패턴 등을 분석함으로써 개인의 신용·자산 관리 서비스를 제공한다.
5. 익명화로서 제2차적 정보처리 목적 달성이 가능한 경우에는 익명화 데이터 사용을 의무화하

고 있다.

6. GDPR 제1조 제1항: This Regulation lays down rules relating to the protection of natural persons with regard to the processing of personal data and rules relating to the free movement of personal data.
7. 추가 정보 없이는 특정 개인을 알아볼 수 없게 조치한 정보.
8. 완전히 개인을 알아볼 수 없게 조치한 정보.
9. 기존 플랫폼과 신규 진입자 간 데이터 양의 갭 → 서비스 품질의 갭 → 확보 이용자 수의 갭 → 매출의 갭 → 투자의 갭 → 데이터 갭 → … → 쏠림과 독점화로 귀결될 수 있다.
10. 옵트인은 당사자가 개인 데이터 수집을 허용하기 전까지 당사자의 데이터 수집을 금지하는 제도이다. 기업이 수신자의 동의를 얻어야 광고 메일을 발송할 수 있는 것도 옵트인 방식이다.
11. 온톨로지란 사람들이 세상에 대해 보고 듣고 느끼고 생각한 바를 상호 토론을 통해 합의하고 컴퓨터에서 다룰 수 있는 형태로서 표현한 모델로 개념 타입이나 사용상의 제약 조건들을 명시적으로 정의한 기술이다.
12. 고객이 온라인, 오프라인 구분 없이 자유롭게 상품과 서비스를 구매하고 동일한 고객 체험이 가능하도록 설계된 채널이다.
13. 탈중앙화를 통해 여러 경제 주체들을 연결하는 새로운 형태의 경제모델로서 플랫폼 경제의 대안으로 제시된다. 프로토콜 경제는 탈중앙화·탈독점화를 추구해 플랫폼 경제의 독점적 비즈니스 환경과 그에 수반하는 문제점을 해결할 수 있는 방안으로 거론되고 있다.
14. GAFA는 구글(Google), 아마존(Amazon), 페이스북(Facebook), 애플(Apple)의 앞글자를 딴 용어이다.
15. BATH는 중국의 IT 기업인 바이두(Baidu), 알리바바(Alibaba), 텐센트(Tencent), 화웨이(Huawei)의 앞글자를 딴 용어이다.
16. Very often, the data you need to compete is data about particular individuals. So any access to data would need to be in line with the data protection rules. And collecting data also takes effort and time. So if we insist that companies share it with others, without proper compensation, we could discourage others from putting in those efforts in the future(Vestager, 2019).
17. Under s. 50c(1), Federal and state competition and data protection authorities can exchange information, including personal data and operating and business secrets, to the extent that this is necessary for the performance of their respective functions,

and use such information in their proceedings.

제7장

1. 참고로 아른츠 등(2016)이 지적한 프레이와 오즈번(2013, 2017)에 대한 비판은 아래와 같다. "Frey and Osborne(2013, 2017) assume that occupations can be automated, assuming that workers within the same occupation have identical task structures. However, workers' task structures differ remarkably within occupations(Autor and Handel 2013). Hence, even within occupations, workers likely are very differently exposed to automation depending on the tasks they perform. Therefore, we follow an alternative task-based approach that copes with these issues. In short, we estimate the relevance of tasks for the automatibility of jobs in the US and use this empirical relationship to transfer the automatibility to other OECD countries."
2. 여담으로 IBM 왓슨에 나타난 엑스레이 판독의 한계를 극복하는 것도 현재로서는 어렵다는 이야기가 있다.
3. where the bank branches still stand as a brick-and-mortar presence, the tellers have started coming out from behind the window with smartphone or tablet in hand to help customers help themselves. But with thousands of those branches closing, you're more likely to find a teller online now. They've become the human face of an increasingly virtual world. It's a role exemplified in Bank of America's new experiment with hybrid banking, small unstaffed mini-branches that offer a direct link to tellers via video conference(*Reinventing Job*).
4. Call-center jobs are very interactive, and not always in a pleasant way. Traditionally, human call-center workers learn whether a customer is angry only after they answer the call. Or, they cannot even tell if a customer is angry because they interact only through text or chat. This means that the initial response to an angry or frustrated customer is often very generic or unemotional. Also, the particular call-center representative who receives the call might not be the best at handling irate or frustrated customers(*Reinventing Job*).
5. Ocado Group, a UK-based grocery delivery service, uses Google' AI tools to analyze language and convert speech into text. These tools identify the irate customers by spotting language patterns in emails and phone calls that Google' research shows are

associated with anger, frustration, and irritation. Now, customer-care specialists are notified that the customer is angry before they answer the call. They can respond with the appropriate empathy and emotion, defuse the tension, and perhaps even turn a detractor into a promoter (*Reinventing Job*).

6. The jobs of appraisers are reinvented. Cellphone cameras and drones substitute for the routine tasks of field appraisal. Cognitive automation now substitutes for the routine tasks of damage estimation. The job of appraiser doesn't go away, but it is reinvented. Now, the appraisers'tasks emphasize reviewing the automated analysis. They can also concentrate more on providing the "human touch" to the involved stakeholders(the policyholder, body shop, other involved drivers, etc.). The appraiser job evolves from executing routine individual transactions to reviewing the output from automation, overseeing multiple stakeholder interactions, and providing concierge-level service. This process now takes hours, rather than days. The damage analysis from the optimal combination of human and automated work is more precise, and the claim preparation is already based on thousands of similar cases. So, the quote presented to the repair shop is more complete and precise, reducing the chance that overlooked damage will be discovered, or that the quote will omit important parts or labor.

참고문헌

강경훈. 2017. 「핀테크 확산이 금융산업에 미치는 영향」. 한국은행 금융안정국 연구용역보고서.

강경훈·임요한·전성인·천정희. 2020. 「정보독점의 해소와 개인정보보호 간 상충문제의 해법과 정책과제」. 데이터 독점과 경쟁·소비자 이슈 학술심포지엄 발표자료, 8월 24일.

곽동철. 2019. 「규제관련 기술 레그테크(RegTech)의 국내 활용 전망」. 코스콤 뉴스룸, 8월 22일. (https://newsroom.koscom.co.kr/17492)

구본성·이순호. 2020. 「한국 금융산업의 2030 비전과 과제: 개관 — 코로나 위기 이후 금융의 디지털화를 중심으로—」. ≪KIF연구총서≫, 2020-01.

금융보안원. 2017. 「국내·외 금융권 머신러닝 도입현황」. 금융보안원 보안기술연구팀 보고서, 7월 13일.

_____. 2018. 「국내 금융권 챗봇 활용 현황 및 보안 고려사항」. 금융보안원 연구총괄팀 보고서, 3월 13일.

김경훈·김정언·정원준. 2019. 「공공민간 분야의 인공지능 융합·활용 활성화를 위한 정책방안 연구」. KISDI ≪정책연구≫, 2019-20.

김남훈. 2019. 「Bot Economy와 챗봇의 부상」. 하나금융경영연구소 ≪하나CEO경영이슈≫, 2019-02.

김민호 등. 2020. 「AI 기반 정부지원 통합체계 구축방안」. 한국개발연구원(KDI) 연구용역보고서.

김범근. 2021. "[은행 디지털 빅뱅] 10년간 은행원 7500명 짐쌌다". 이투데이, 6월 24일. (https://www.etoday.co.kr/news/view/2038393)

김보성. 2019. 「BDAI 활용에 따른 금융시스템 변화 및 감독상 대응방안」. 금융감독원.

김서영. 2017. 「인공지능 기반 주요 서비스의 금융권 활용 사례와 시사점」. 금융결제원 금융결제연구소 ≪지급결제와 정보기술≫, 제65호(6월).

김정훈·윤소정·여윤기·조성근. 2020. 「코로나 이후 금융업의 구조 변화」. KIS Special Report.

노현주. 2021.「금융 마이데이터 도입 현황과 시사점」. 보험연구원 ≪연구보고서≫, 2021-04.
미래창조과학부. 2016.「제4차 산업혁명에 대응한 지능정보사회 중장기 종합대책」. 대한민국 정책브리핑.
삼정KPMG 경제연구원. 2021.「은행산업에 펼쳐지는 디지털 혁명과 금융 패권의 미래」. ≪Samjong INSIGHT≫, 73호.
서영미. 2020.「글로벌 자산운용산업의 인공지능 기반 혁신 동향 및 사례」. 금융투자협회.
서정호·이병윤. 2020.「한국 금융산업의 2030 비전과 과제: 은행 ―코로나 위기 이후 금융의 디지털화를 중심으로―」. ≪KIF연구총서≫, 2020-02.
서진이. 2017.「지능형 가상비서 서비스 동향과 전망: 개인 가상비서 시대가 도래한다」. KISTI 정보분석보고서, 2017-47.
신경희. 2020.「금융규제의 새로운 패러다임 레그테크(RegTech)」. 자본시장연구원 ≪자본시장포커스≫, 2020-20.
안명옥. 2020.「금융산업 인공지능(AI) 기술 도입과 직무 변화」. KISDI ≪우정정보≫, 2020-02.
여밀림. 2018.「일본 금융기관의 인공지능 활용 사례」. 자본시장연구원 ≪자본시장포커스≫, 2018-17.
오호영. 2017.「제4차 산업혁명과 금융산업 일자리」. 한국직업능력개발원 ≪KRIVET issue report≫, 122호.
오호영·주휘정·최대선. 2016.「직업의 미래와 인적자원개발 전략」. 한국직업능력개발원 ≪기본연구≫, 2016-06.
이준배·안명옥·김민진·김지혜. 2020.「금융산업에서 AI 활용과 인간의 역할에 관한 고찰」. ≪KISDI AI Outlook≫, 봄호.
이지현. 2021.「글로벌 은행권의 AI활용 사례 점검」. 국제금융센터.
정한민·황미녕. 2020.「인공지능 기반 로보어드바이저 운용 및 기술 동향」. 정보통신기획평가원 ≪주간기술동향≫, 1948호(2020.5.27).
조재범. 2020.「보험을 변화시키는 인공지능 기술」. 하나금융경영연구소 ≪하나CEO경영이슈≫, 2020-05.
조혜경. 2021. 국내 은행의 영업점 변화 추이와 실태: 은행 디지털화의 영향을 중심으로(제1차 금융노동포럼). https://alternative.house/210119-impact-of-bank-digitization-cho/
한광덕. 2020. “뉴스로 경제 예측? 전문가들 유용성에 갸우뚱”. 한겨레, 9월 29일. (https://www.hani.co.kr/arti/economy/economy_general/964016.html)
한국핀테크산업협회. 2021.「달아오른 핀테크 투자 열기 … 2021년 1분기 역대 최고 기록」,

≪Bi-Weekly FinTech Update≫, 5월 2주차, 2~4쪽.

황종성. 2017.「인공지능시대의 정부」. 한국정보화진흥원 ≪ IT&Future Strategy≫, 2017-3.

Allen, Greg. 2020. *Understanding AI Technology*. Department of Defense.

Arntz, Melanie, Terry Gregory, and Ulrich Zierahn. 2016. "The Risk of Automation for Jobs in OECD Countries: A Comparative Analysis." OECD Social, Employment and Migration Working Papers. https://doi.org/10.1787/1815199X

Arslanian, Henri and Fabrice Fischer. 2019. *The Future of Finance*. Palgrave Macmillan.

Autor, David. 2015. "Why are there still so many jobs? The history and future of workplace automation." *Journal of Economic Perspectives*, Vol.29, No.3, pp.3~30.

Barrett, Lisa Feldman. 2017. *How Emotions Are Made: The Secret Life of the Brain*. Houghton Mifflin Harcourt.

Bates , David. 2013. "Cartesian Robotics." *Representations*, Vol.124, No.1, pp.43~68.

Baumeister, Roy E. et al. 1998. "Ego Depletion: Is the Active Self a Limited Resource?" *Journal of Personality and Social Psychology*, Vol.74, No.5, pp.1252~1265.

Bergerabc, Allen N., William Gouldingd, and Tara Ricee. 2014. "Do small businesses still prefer community banks?" *Journal of Banking & Finance*, Volume 44, pp.264~278.

Biancotti, Claudia and Paolo Ciocca. 2018. "Data Superpowers in the age of AI: A Research Agenda." Voxeu.org(October 23).

Broecker, Thorsten. 1990. "Credit-Worthiness Tests and Interbank Competition." *Econometrica*, Vol.58, No.2(March 1990), pp.429~452.

Campbell, J., A. Goldfarb, and C. Tucker. 2015. "Privacy Regulation and Market Structure." *Journal of Economic & Management Strategy*, Volume 24, Issue 1, pp.47~73.

Carter, Matt. 2007. *Minds and Computers: An Introduction to the Philosophy of Artificial Intelligence*. Edinburgh University Press.

CB Insignts. 2021. "State Of Fintech Q1'21 Report: Investment & Sector Trends To Watch". (https://www.cbinsights.com/research/report/fintech-trends-q1-2021/)

Chalmers, David J. 1996. *The Conscious Mind: In Search of a Fundamental Theory*. Oxford University Press.

Chivot, E. and D. Castro. 2019. "The EU Needs to Reform the GDPR To Remain Competitive in the Algorithmic Economy." CENTER FOR DATA INNOVATION(May 13).

Crane, Tim. 2016. *The Mechanical Mind: A Philosophical Introduction to Minds, Ma-*

chines and Mental Representation, 3rd Edition. Routledge.

Damasio, Antonio R. 1994. *Descartes Error: Emotion, Reason, and the Human Brain.* AVON BOOKS.

David, Bates. 2013. "Cartesian Robotics." *Representations*, Vol.124, No.1, pp.43~68.

de la Torre, Augusto, María Soledad Martínez Pería, and Sergio L. Schmukler. 2010. "Bank involvement with SMEs: Beyond relationship lending." *Journal of Banking & Finance*, Volume 34, Issue 9, pp.2280~2293.

Dehaene, Stanislas. 2014. *Consciousness and the Brain: Deciphering How the Brain Codes Our Thoughts.* VIKING.

Dehaene, Stanislas and Lionel Naccache. 2001. "Towards a cognitive neuroscience of consciousness: basic evidence and a workspace framework." *Cognition*, 79, pp.1~37.

Dennett, Daniel C. 1998. *Brainchildren: Essays on Designing Minds.* The MIT Press.

DeYoung, Robert, W. Frame, Dennis Glennon, and Peter Nigro. 2011. "The information revolution and small business lending: the missing evidence." *Journal of Financial Services Research*, vol.39(1), pp.19~33.

Eagleman, David. 2015. *The Brain: The Story of You.* Pantheon Books.

Economides, Nicholas and Ioannis Lianos. 2020. "Antitrust and Restrictions on Privacy in the Digital Economy." *Concurrences Review*, No.2-2020, pp.22~30.

Fodor, Jerry A. 1983. *The Modularity of Mind.* The MIT Press.

Frey, Carl Benedikt and Michael Osborne. 2013, "The Future of Employment: How susceptible are jobs to computerisation?" Unvi. of Oxford working paper.

_____. 2017. "The Future of Employment: How susceptible are jobs to computerisation?" *Technological Forecasting and Social Change*, Volume 114, pp.254~280.

Frost, Jon, Leonardo Gambacorta, Yi Huang, Hyun Song Shin and Pablo Zbindenet. 2019. "BigTech and the changing structure of financial intermediation." BIS Working Papers, No.779.

FSB(Financial Stability Board). 2017. "Artificial intelligence and machine learning in financial services." November 1. (https://www.fsb.org/2017/11/artificial-intelligence-and-machine-learning-in-financial-service/)

Furman, J. et al. 2019. *Unlocking digital competition: Report of the Digital Competition Expert Panel.* GOV.UK

Gal, M. and O. Aviv. 2020. "The Competitive Effects of the GDPR." *Journal of Competition Law and Economics*, March 2020.

Gierer, Alfred. 2008. "Brain, mind and limitations of a scientific theory of human consciousness." *BioEssays*, vol.30, issue 5, pp.499~505.

Goel, A. 2016. "How Big Data Analytics, AI and Machine Learnig is Being Leveraged Across Fintech?" April 19.

Goertzel, Ben. 2014. "Artificial General Intelligence: Concept, State of the Art, and Future Prospects." *Journal of Artificial General Intelligence*, 5(1), pp.1~46.

Hayek, Friedrich A. von. 1952. *The Sensory Order, An Inquiry into the Foundations of Theoretical Psychology*. The University of Chicago Press.

Jesuthasan, Ravin and John W. Boudreau. 2018. *Reinventing Jobs: A 4-Step Approach for Applying Automation to Work*. Harvard Business Review Press.

Knight, Will. 2017. "Put Humans at the Center of AI." *MIT Technology Review*, October 9.

Liberti, José María and Mitchell A. Petersen. 2019. "Information: hard and soft." *The Review of Corporate Finance Studies*, Volume 8, Issue 1, pp.1~41.

Ma, A. C. and J. Burgess. 1993. "Quality Competition, Welfare, and Regulation." *Journal of Economics*, 58(2), pp.153~173.

Marthews, A. and C. Tucker. 2019. "Privacy policy and competition." *ECONOMIC STUDIES AT BROOKINGS*, December 2019.

McKarthy, J. et al. 1955. "A Proposal for the Dartmouth Summer Research Project on Artificial Intelligence." August 31.

Miller, George A. 1956. "The Magical Number Seven, Plus or Minus Two, Some Limits on Our Capacity for Processing Information." *Psychological Review*, Vol.101, No.2, pp.343~352.

Minsky, Marvin. 2006. *The Emotion Machine: Commonsense Thinking, Artificial Intelligence, and the Future of the Human Mind*. Simon & Schuster.

Petersen, Mitchell A. 2004. "Information: Hard and Soft." Kellogg School of Management, Northwestern University, Working Paper.

Picker, R. 2008. "Competition and Privacy in Web 2.0 and the Cloud." *Northwestern University Law Review Colloquy*, Vol.103/1.

Posner, Eric and E. Glen Weyl. 2018. *Radical Markets*. Princeton, NJ: Princeton University Press.

Rockefeller Foundation. 1955. "Grant-in-aid to Dartmouth College." December 22.

_____. 1955. "Report regarding John McCarthy and Claude Shannon." June 17.

Rosenblatt, Frank. 1957. "The Perceptron: A Perceiving and Recogized Automaton." Cornell Aeronautical Laboratory, Inc. Report No.85-460-1.

_____. 1958. "The Perceptron: A Probabilistic Model for Information Storage and Organization in the Brain." *Psychological Review*, Vol.65, No.6, pp.386~408.

Russell, Stuart J. and Peter Norvig. 2010. *Artificial Intelligence: A Modern Approach*, 3rd edition. Pearson Education.

Ryle, Gilbert. 2009. *The Concept of Mind.* Routledge.

Schaefer, M., G. Sapi, and S. Lorincz. 2018. "The Effect of Big Data on Recommendation Quality. The Example of Internet Search." DICE Discussion Paper 284.

Searle, John R. 2004. *Mind: A Brief Introduction.* Oxford University Press.

Seth, Anil K. 2013. "Interoceptive inference, emotion, and the embodied self." *Cell*, Vol. 17, No.11, pp.565~573.

Shaked, A. and J. Sutton. 1982. "Relaxing Price Competition Through Product Differentiation." *Review of Economic Studies*, 49(1), pp.3~13.

Spence, M. 1975. "Monopoly, Quality and Regulation." *Bell Journal of Economics*, 6, pp.417~429.

Steels, Luc. 2008. "The symbol grounding problem has been solved, so what's next?" Manuel de Vega, Arthur Glenberg, and Arthur Graesser. *Symbols and Embodiment Debates on meaning and cognition.* Oxford University Press.

Stein, Jeremy. 2002. "Information production and capital allocation: Decentralized versus hierarchical firms." *Journal of Finance*, Vol.LVII, No.5, pp.1891~1921.

Stigler Center. 2019. *Stigler Committee on Digital Platforms: Final Report.* Chicago Booth.

Tucker, C. 2019. "Digital Data, Platforms and the Usual [Antitrust] Suspects: Network Effects, Switching Costs, Essential Facility." *Review of Industrial Organization*, 54 (4), pp.683~694.

Varian, H. 2018. "Artificial Intelligence, Economics, and Industrial Organization." WORKING PAPER 24839.

WEF(World Economic Forum). 2016. "The Fourth Industrial Revolution." Written by

Klaus Schwab, January14.

https://www.dol.gov/agencies/eta/onet

https://www.kiri.or.kr/report/reportList.do?catId=4&docId=37789

【설립 목적】

사단법인 한국금융연구센터는 금융부문에 전문적인 지식을 갖고 있는 연구자와 실무 전문가들이 금융을 중심으로 경제 영역의 문제점을 객관적이고 균형 잡힌 시각에서 분석하고, 이를 토대로 현실에 적용 가능한 정책적 대안 및 한국 경제와 금융의 장기적인 발전 방향을 제시하도록 노력해 왔다. 한국금융연구센터는 1990년부터 20여 년간 운영되어 온 '금융연구회'를 설립 모태로 하고 있다. 동 연구회는 금융 및 경제 분야의 연구자와 실무 전문가들의 모임으로서 매월 월례 토론회를 개최해 왔으며, 그동안 축적된 운영 성과와 연구 잠재능력을 체계적이고 지속적인 연구 성과로 발전시키기 위해 사단법인 한국금융연구센터를 창립했다.

【주요 연혁】

1990.12 금융연구회 발족
2009.2.21 한국금융연구센터 창립 총회
2009.3.13 사단법인 한국금융연구센터 설립(금융위원회 인가)
2009.3 최흥식 초대 이사장 취임, 전성인 연구소장 취임(사무국장: 원승연)
2009.3.31 기획재정부, 지정기부금 단체로 지정
2009.5.14 창립 심포지엄 개최
2009.11.5 홈페이지(www.fireckorea.org) 오픈
2011.3 정건용 제2대 이사장 취임, 정지만 연구소장 취임(사무국장: 원승연)
2013.3 윤동한 제3대 이사장 취임, 이기영 연구소장 취임(사무국장: 이건범)

2015.3　윤동한 이사장 연임, 김상조 연구소장 취임(사무국장: 강경훈)
2015.3　기획재정부, 지정기부금 단체 재지정
2017.3　윤동한 이사장 연임, 신관호 연구소장 취임(사무국장: 강경훈)
2018.6　서근우 연구소장 취임(사무국장: 한재준)
2019.3　임희택 이사장 취임
2020.3　이건범 연구소장 취임(사무국장: 이경원)
2021.3　임희택 이사장 연임
2022.3　원승연 연구소장 취임(사무국장: 이경원)

【주요 활동】

- 정책 심포지엄(연 2회)
  - 시의성이 있는 정책 과제를 중심으로 단기연구 결과를 발표
- 하나-FiREC 라운드테이블(연 1회)
- FiREC 금융정책 패널(연 2~3회)
  - 금융정책 민간그림자위원회를 설치, 금융정책과 관련한 이슈 발굴과 정책 검토를 시행하여 정기적으로 센터의 의견을 공개적으로 제시
- 연구 보고서 및 단행본 발간
  - 1년 이상의 연구용역 결과를 연구 보고서 또는 단행본으로 간행
- 금융 네트워크 및 커뮤니케이션 확대 사업
  - 매월 금융연구회 개최
  - 조찬간담회 개최
  - 온라인 워킹 페이퍼 시리즈 발간

지은이

서근우 한국금융연구센터 이사, 동국대학교 경영학과 석좌교수

여은정 한국금융연구센터 금융정책 패널 위원, 중앙대학교 경영학부 교수

강경훈 한국금융연구센터 운영위원 겸 금융정책 패널 위원장,
동국대학교 경영학과 교수

이경원 한국금융연구센터 운영위원 겸 사무국장, 동국대학교 경제학과 교수

한재준 한국금융연구센터 운영위원, 인하대학교 글로벌금융학과 교수

한울아카데미 2360
FiREC 금융총서 01

인공지능과 금융

금융인을 위한 인공지능 해설과 전망

기획 | 한국금융연구센터
지은이 | 서근우·여은정·강경훈·이경원·한재준
펴낸이 | 김종수
펴낸곳 | 한울엠플러스(주)
편집 | 배소영

초판 1쇄 인쇄 | 2022년 3월 7일
초판 1쇄 발행 | 2022년 3월 14일

주소 | 10881 경기도 파주시 광인사길 153 한울시소빌딩 3층
전화 | 031-955-0655
팩스 | 031-955-0656
홈페이지 | www.hanulmplus.kr
등록 | 제406-2015-000143호

Printed in Korea.
ISBN 978-89-460-7360-9 93320

* 책값은 겉표지에 표시되어 있습니다.